IS und al-Qaida

W0178178

Hassan Abu Hanieh · Mohammad Abu Rumman

IS und al-Qaida

Die Krise der Sunniten und die Rivalität im globalen Dschihad

Aus dem Arabischen übersetzt
und mit einem Glossar versehen
von Günther Orth

Bibliografische Information der Deutschen Bibliothek

Die Deutsche Bibliothek verzeichnet
diese Publikation in der Deutschen Nationalbibliografie;
detaillierte bibliografische Daten sind im Internet
unter *http://dnb/ddb.de* abrufbar.

ISBN 978-3-8012-0483-9

1. Auflage 2016

© 2016 by
Verlag J. H. W. Dietz Nachf. GmbH
Dreizehnmorgenweg 24, 53175 Bonn

Umschlaggestaltung: Ralf Schnarrenberger, Hamburg
Satz: Kempken DTP-Service | Satztechnik · Druckvorstufe · Layout, Marburg
Druck und Verarbeitung: CPI books GmbH, Leck

Besuchen Sie uns im Internet: *www.dietz-verlag.de*

Inhalt

Anhang

Vorwort zur deutschen Ausgabe

ANJA WEHLER-SCHÖCK, LANDESVERTRETERIN DER
FRIEDRICH-EBERT-STIFTUNG IN JORDANIEN UND IM IRAK

Durch den kontinuierlichen Machtgewinn von ISIS (Islamischer Staat im Irak und Großsyrien) markierte das Jahr 2013 einen Wendepunkt mit Blick auf den globalen Dschihad. ISIS nutzte neue Taktiken der Rekrutierung und der Propaganda und erreichte damit bislang ungekannte Dimensionen bei der Anwerbung von Kämpfern, insbesondere mit Blick auf Dschihadisten aus dem Westen. Im Laufe des Jahres 2014 schaffte es ISIS, al-Qaida als den bisher dominanten Akteur des globalen Dschihad weit hinter sich zurückzulassen. Seit es ISIS im Juni 2014 gelang, Mosul, die zweitgrößte irakische Stadt, im Sturm einzunehmen, gibt es kaum ein Thema, welches die internationalen Medien mehr beschäftigt als das Terrornetzwerk, das sich seit der Ausrufung des Kalifats wenig später als »Islamischer Staat« (IS) bezeichnet.

Zwar konnten die irakischen Sicherheitskräfte 2015 einen Teil des durch den IS im Irak besetzten Territoriums zurückgewinnen; ein endgültiger Sieg über das Terrornetzwerk ist jedoch nicht absehbar und in jedem Fall eng mit einer Lösung der Syrienkrise verwoben. Selbst dann ist es fraglich, ob eine vollständige Zerschlagung des IS zu erreichen sein wird; umso mehr angesichts der steigenden internationalen Ausbreitung von IS-Zellen. Wahrscheinlicher wäre ein Szenario wie bei al-Qaida im Irak (AQI), wo es nur zu einer temporären Zurückdrängung kam und es lediglich eine Frage der Zeit und der entsprechenden Umstände war, bis ein erneutes Erstarken möglich wurde.

Daher bleibt es unerlässlich, sich mit der Genese des IS auseinanderzusetzen sowie die ideologischen Grundlagen, die Ziele und die Struktur des Terrornetzwerkes zu analysieren. Das vorliegende Buch tut eben dieses. Die Autoren Dr. Mohammad Abu Rumman und Hassan Abu Hanieh diskutieren die Frage, ob es sich bei der Entstehung des IS tatsächlich um eine Einwirkung von außen handelt, wie es in arabischen Diskursen oft zu hören ist, oder ob diese mit internen Faktoren zu erklären ist. Sie legen dar, wie es dem IS gelang, nicht nur in rasantem Tempo militärische Stärke zu gewinnen, sondern auch staatsgleiche Strukturen zu entwickeln. Die Autoren analysieren in gleicher Weise die Nusra-Front und erläutern weiterhin, wie es zum Bruch zwischen al-Qaida und der Nusra-Front einerseits und dem IS andererseits kam, und plötzlich ein »Wettbewerb« um den globalen Dschihad entstand. Al-Qaida und der IS werden kontrastiert mit Blick auf ihre ideologische Ausrichtung und Kernmerkmale.

Dr. Mohammad Abu Rumman und Hassan Abu Hanieh bedienen sich für ihre Analyse nicht nur ihrer Detailkenntnis der dschihadistischen Szene in Jordanien und seinen Nachbarländern, sondern greifen auch auf eine Vielzahl bislang unerschlossener Quellen zurück. Das Buch ergänzt somit in bemerkenswerter Weise die Fülle an Werken, die in den letzten beiden Jahren zum Thema IS auf den Markt kam.

Im arabischen Original ist das Buch vom Büro der Friedrich-Ebert-Stiftung (FES) in Amman herausgegeben worden. Es ist der neunte Band in einer Reihe zum Politischen Islam und zu Extremismus, die seit 2007 erscheint. Ziel dieser Reihe ist es, die Debatten über die aktuellen Entwicklungen, die oftmals aufgeheizt und unsachlich geführt werden, mit verständlich geschriebener, akademisch fundierter Literatur zu unterfüttern und die Expertise arabischer Autorinnen und Autoren einem breiten Publikum zugänglich zu machen. Umso wichtiger ist es, dass das vorliegende Werk nun in deutscher Übersetzung im Verlag J. H. W. Dietz erscheint.

Mein Dank gilt den beiden Autoren des Buches, Dr. Mohammad Abu Rumman und Hassan Abu Hanieh, die sich in den vergangenen Jahren zu gefragten Experten auf dem Gebiet des Politischen Islam und des Dschihadismus entwickelt haben und die bereits mehrere Publikationen in Kooperation mit der FES Amman herausgebracht haben. Viel Lob gebührt auch Dr. Günther Orth, der mit seiner Übersetzung des Werkes aus dem Arabischen erneut unter Beweis gestellt hat, ein Meister seiner Kunst zu sein.

Widmung

Für alle, die von einer besseren Zukunft träumen und wissen, dass die arabischen Völker auf mehr hoffen als nur tyrannische Regime und konfessionalistische Milizen. Für die, die wissen, dass sie mehr Optionen haben als nur Chaos oder Bürgerkrieg. Und für alle, die erkannt haben, dass der einzige Weg in eine vielversprechende Zukunft der Kampf für pluralistische demokratische Systeme ist, die auf Menschenrechten, Freiheit und Würde aufbauen und deren Grundpfeiler Gerechtigkeit, Staatsbürgerschaft und Rechtsstaatlichkeit sind.

Zerrissenes Syrien

Kontrolle über Landesteile:

- Assad-Regime
- Syrische Rebellen
- Terrormiliz Islamischer Staat (IS)
- Kurdische Miliz
- Extremistische Al-Nusra-Front
- IS/Al-Nusra/Syr. Rebellen

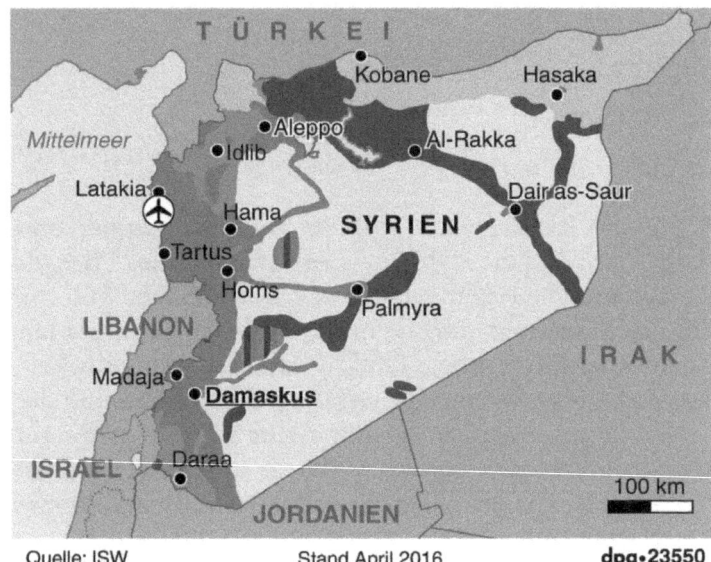

Quelle: ISW   Stand April 2016   dpa•23550

Einleitung

M it den Worten »Wir sind Opfer einer Aggression aus dem Ausland« erklärte ein irakischer Regierungsvertreter im Juni 2014, wie die Milizen des »Islamischen Staates« (IS) Mossul überrannten, die zweitgrößte Stadt des Irak, wie sie innerhalb weniger Tage auch die Kontrolle über weitere irakische Provinzen errangen und warum die irakischen Streitkräfte von dem Ansturm so jäh überwältigt worden waren. Auch sunnitische Widerstandsgruppen in Syrien bezeichnen den IS zuweilen als ein Instrument ausländischer Mächte, die sich dazu verschworen hätten, die syrische Revolution zu untergraben.

Vor dem Fall Mossuls und dem damit einhergehenden Schock für die Iraker und die arabische und die internationale Öffentlichkeit hatte sich kaum jemand für den IS interessiert. Erst jetzt beherrschte er die Schlagzeilen, und auf zahllosen Symposien und Konferenzen fragten die Teilnehmer, wie groß diese bis dahin kaum bekannte Terrorgruppe tatsächlich sei. Man suchte nach Erklärungen für das rätselhafte Scheitern sowohl der irakischen als auch der syrischen Armee – und für die beispiellose Brutalität der Dschihadisten, wie sie in Internetvideos dokumentiert war, die wiederum über Nachrichtensender und soziale Netzwerke grenzenlos weiterverbreitet wurden.

Öffentlichkeit und Presse waren noch damit beschäftigt, die jeweils neuesten Meldungen über den IS zu verbreiten und zu diskutieren, da rief die Terrormiliz auch noch ein »islamisches Kalifat« aus. Die Verwirrung war perfekt. Eine so junge Terrortruppe stieß die gesamte Ordnung der Region um, die Großmächte bangten um ihre Interessen, und die USA schufen rasch eine breite regionale und internationale Allianz, mit der sie erneut militärisch in der Region eingriffen (wenn auch bisher nur mit Luftschlägen) – womit sie zugleich alle

Analysen über den Haufen warfen, die davon ausgegangen waren, dass dies unter Präsident Barack Obama nicht mehr geschehen würde.

Der IS blieb von einem Schein des Unerklärlichen umgeben, allen Schlagzeilen zum Trotz. Bei den meisten Versuchen, sein plötzliches Auftreten zu analysieren oder zu verstehen, schimmerte eine Fassungslosigkeit durch, als habe man es mit etwas Magischem zu tun. Und weil auch viele gebildete Araber Verschwörungstheorien zuneigen, griffen die widersprüchlichsten Hypothesen Raum. Der IS habe es nur deshalb so weit bringen können, weil bestimmte Staaten der Region und der Welt ihn für eigene Agenden einsetzten, hieß es. Für die einen war die Miliz ein »Werkzeug des Iran«. Andere glaubten hingegen, nur die USA könnten so etwas ausgeheckt haben, um die Region anhand konfessioneller und ethnischer Linien neu aufzuteilen – wobei sie recht schnell Zitate zur Hand hatten, die fälschlicherweise der ehemaligen Außenministerin Hillary Clinton zugeschrieben wurden und in denen es hieß, der IS sei ein »amerikanisches Produkt«. Zudem wurden Fantasiegeschichten darüber kolportiert, der »Kalif« Abu Bakr al-Baghdadi sei vom israelischen Mossad ausgebildet worden. All das wurde mit Meldungen unterfüttert, die regionale Nachrichtenmedien an prominenter Stelle brachten, ohne auch nur ein wenig die Seriosität der jeweiligen Quellen unter die Lupe zu nehmen. Dass die eigene Glaubwürdigkeit unter den Meldungen leiden könnte, beirrte sie anscheinend nicht.

Mit solchen Fantastereien ging ein Ausblenden des politischen, kulturellen, sozialen und wirtschaftlichen Zusammenhangs einher, der den Grundstein für ein solches strukturelles und ethisches Debakel in der arabischen Welt gelegt hat. Man verortete die Terrormiliz ausdrücklich außerhalb der aktuellen gesellschaftlichen und politischen Realität im Irak und in Syrien. Intellektuelle, Prediger, Politiker und die breite Masse distanzierten sich gleichermaßen von jener »bestialischen

Miliz«, die »der arabischen Kultur fremd« sei. Sie leugneten, dass genau diese Bestialität mit der gelebten Realität zu tun haben könnte, mit korrupten Autokratien und sich immer weiter verschlechternden sozialen Bedingungen, mit geistlichem und geistigem Stillstand und Missständen, die schon zuvor zu konfessionellen und ethnischen Kämpfen geführt hatten. Diese Konflikte nahmen nun offenbar eine »identitäre« Wendung – ihre Grundlage war jedoch von ebenjenen Regimen gelegt worden, die aus den Spannungen Macht geschöpft hatten. In vielen arabischen Ländern gab es statt politischer Prozesse und parteipolitischer Konkurrenz gesellschaftlichen Zwist. Religiöse und ethnische Spannungen wurden geschürt, so dass große Teile der Bevölkerungen diskriminiert wurden und sich dies immer öfter in bewaffneten Konflikten entlud.

Das Eingeständnis, dass es sich beim IS weniger um eine von außen, sondern um eine aus der Gesellschaft selbst kommende Aggression handelt, findet sich im politischen und medialen Diskurs der arabischen Welt allzu selten. Das bringt uns zu der These, die wir im vorliegenden Buch diskutieren möchten. Wir werden die IS-Miliz analysieren, ihre Entstehung und Entwicklung nachzeichnen und die Ursachen benennen, die zur Herausbildung und zum jüngsten Aufstieg dieses Gebildes geführt haben.

Der IS ist im Grunde ein Auswuchs des globalen dschihadistischen Salafismus, er ging aus al-Qaida hervor. Allerdings wandelte sich das Verhältnis zwischen IS und al-Qaida von »Einheit und Brüderlichkeit« zu Feindschaft, ideologischem Bruch und bewaffneter Auseinandersetzung. Die Anhänger des Dschihadismus hat das schockiert. Doch auch wenn sie den Zwist im eigenen Lager zunächst nur für das Ergebnis psychologischer Kriegsführung oder Gegenpropaganda hielten – sie spalteten sich in jene, die sich für den IS und seinen Kalifen Abu Bakr al-Baghdadi aussprachen, und jene, die entweder dem al-Qaida-Anführer Aiman az-Zawahiri die Treue hielten oder auf die Nusra-Front (*Jabhat an-Nusra*) unter Abu Muhammad al-Jaulani setzten. Dieser Streit erfasste alle Gegenden und Gesellschaften, in denen es dschihadistische Salafisten gibt. Man verketzerte sich gegenseitig und bekämpfte sich zuweilen gnadenlos.

Die zweite These, die hier zu diskutieren sein wird: Die Grundlagen des Streits zwischen IS und al-Qaida gehen auf Abu Mus'ab az-Zarqawi zurück, den geistigen Vater und eigentlichen Begründer der Terrormiliz. Allerdings entwickelte sich dieser Streit seinerzeit erst allmählich. Offen brach er erst aus, als Jaulani als Anführer der Nusra-Front im April 2014 die Verkündung des IS-Führers Abu Bakr al-Baghdadi zurückwies, IS und Nusra hätten sich zum »Islamischen Staat in Irak und Syrien« zusammengeschlossen.

Vor diesem Hintergrund möchten wir in diesem Buch Antworten auf folgende häufig gestellte Fragen zum IS und zu seinem Verhältnis zu al-Qaida und zur Nusra-Front geben:

- Was sind die wichtigsten ideologischen Merkmale des IS?
- Wie ist es zu erklären, dass der IS so plötzlich und schnell auftauchte und im Irak und in Syrien militärisch zumindest bis zur Bildung der internationalen Anti-IS-Koalition so erfolgreich war?
- Welche Rolle spielte dabei das Beziehungsnetz, über das der IS verfügte, und welche regionalen Interessen stecken hinter der Organisation? Oder geschah der IS-Aufstieg aus eigener Kraft? Welche objektiven Ursachen lassen sich benennen, und wie komplex und vielfältig sind diese?
- Ist der Streit zwischen IS und al-Qaida nur ein Machtkampf, oder liegen ihm tatsächliche ideologische und politische Differenzen zugrunde?
- Wie ist der IS intern strukturiert? Über welches militärische und administrative Know-how verfügt die Miliz? Lässt sich die Stärke der Organisation in ungefähren Zahlen angeben?

- Was lässt sich aus den bisher bekannten Indikatoren über die Zukunft des IS aussagen, und welche Optionen hat er angesichts der internationalen Koalition gegen die Miliz? Wir wollen versuchen, den Schleier des Rätselhaften zu lüften und den widersprüchlichen Erklärungen für das Auftauchen des IS etwas Realistisches entgegenzusetzen. Wir werden die Entwicklung der Organisation über alle Etappen zurückverfolgen und die Gründe beleuchten, die dazu führten, dass sie so plötzlich emporkam, nachdem sie wenige Jahre zuvor noch im Rückzug begriffen war. Zudem wollen wir Überschneidungen und tatsächliche oder vermeintliche Unterschiede zwischen IS und al-Qaida herausarbeiten und begründen, warum es zum Bruch zwischen beiden Strömungen kam. Mit Blick auf Syrien werfen wir zudem einen Blick auf die Nusra-Front und ihren Konflikt mit dem IS. Dazu untersuchen wir die ideologische Struktur des Islamischen Staates im Vergleich zu Nusra und dem dschihadistischen Salafismus im Allgemeinen.

Wir beleuchten die interne Organisationsstruktur des IS und die Weise, in der sich die Miliz über die Jahre von einem kleinen Haufen zu einer staatsartigen Organisation entwickelt hat, die sich auf eine traditionelle islamische Rechtslehre beruft. Schließlich versuchen wir die Hauptindikatoren zu benennen, die Aufschluss darüber zu geben vermögen, wie die Zukunft des IS aussehen könnte und wie sich die Differenzen bei al-Qaida und im dschihadistisch-salafistischen Lager allgemein weiterentwickeln könnten.

Die Quellenlage ist ausgesprochen schwierig. Uns blieb kaum etwas anderes übrig, als den ideologischen Diskurs durch die Auswertung von Internet-Dokumenten zu analysieren. Auch das ist eine enorme Herausforderung. Viele Webseiten, die Dokumente enthalten, werden regelmäßig angegriffen oder gehackt oder von den Betreibern selbst gelöscht, was ihre Archivierung sehr erschwert. Die Quellen verschwinden oft schnell. Nach Abfassung dieser Studie mussten wir feststellen, dass viele der verwendeten und in Fußnoten angegebenen Links nicht mehr existierten oder unerreichbar geworden waren. Wir bemühten uns, neue Quellen für dieselben Inhalte zu finden. Doch selbst die neuen Internetadressen könnten schon bald nichts mehr hergeben. Unter anderem liegt das daran, dass der Krieg auch im virtuellen Raum geführt wird. [Wo Links zum Zeitpunkt der Übersetzung nicht mehr verfügbar waren, ist dies in den Nachweisen jeweils vermerkt; d. Ü.]. Die meisten »verschwundenen« dschihadistischen Inhalte können andernorts wiedergefunden werden. Oft genügt es, Stichworte und Verfasser in die Suchmaschine einzugeben, um die gewünschten Texte aufzuspüren. Dennoch werden die Probleme beim Umgang mit Online-Quellen jeden begleiten, der zu dschihadistischen Bewegungen forscht, zumindest solange die regionalen und internationalen Umstände so bleiben, wie sie derzeit sind.

ERSTES KAPITEL

Der »Islamische Staat«: Wurzeln, Entwicklung und Wandel

Einleitung

Im Frühjahr 2003, während die von Präsident George Bush geführte US-Administration den Sturz Saddam Husseins und das Ende der Kampfhandlungen im Irak feierte (»Mission accomplished«), saß in Bagdad ein junger Jordanier namens Ahmad Fadhil al-Khalayila alias Abu Mus'ab az-Zarqawi und baute eine kleine Gruppe auf, die sich dem Kampf gegen die jetzt beginnende Phase der amerikanischen Besatzung des Irak verschrieb.

Der Name Abu Mus'ab az-Zarqawi war damals nur wenigen Personen vertraut, obgleich der amerikanische Außenminister ihn einmal im Zusammenhang mit der angeblichen Verwicklung des ehemaligen irakischen Präsidenten Saddam Hussein in den Terrorismus genannt hatte. Jedenfalls wurde dieser wenig bekannte Mann schnell zum Anführer einer der bedeutendsten Gruppen, die im Irak Widerstand gegen die amerikanische Besatzung leistete. Und da er es verstand, seine Organisation deutlich zu vergrößern und spektakuläre Anschläge gegen US-Truppen, die neugegründeten irakischen Sicherheitskräfte und westliche Botschaften oder Interessen im Irak auszuführen, stand er bald auf der Liste der von den USA meistgesuchten Terroristen.

Zwei Faktoren begünstigten in diesen Jahren die Entstehung der Organisation az-Zarqawis: Die amerikanische Politik im Gefolge der Eroberung des Irak, insbesondere die Auflösung der irakischen Armee und die Annäherung an die irakischen Schiiten auf Kosten der bisher herrschenden Sunniten. Und der wachsende iranische Einfluss auf die schiitischen Kräfte des Irak, womit dem Iran eine dominierende Stellung im neuen politischen Gefüge des Irak zukam. Diese politischen Umstände schufen ein Klima, in dem Abu Mus'ab az-Zarqawi leicht Anhänger um sich scharen und Rückhalt in der sunnitischen Bevölkerung gewinnen konnte. Sie ist im Irak in der Minderheit gegenüber den Schiiten und sah ihre Interessen und ihre über die vorhergehenden Jahrzehnte gewonnenen politischen Errungenschaften durch die Umwälzungen akut bedroht.

Az-Zarqawi füllte ein politisches Vakuum. Für seine Organisation rekrutierte er unter anderem mehrere hundert Ausländer aus arabischen und anderen Ländern – sowohl solche, die für den Kampf an Saddam Husseins Seite gekommen waren und nun die Erosion von Husseins Armee und Sicherheitsapparat erlebten, wie andere, die zum Kampf gegen die Besatzung gekommen waren. Schon bald war er unter Dschihadisten und im weltweiten al-Qaida-Netzwerk bekannt und geachtet. Und weil auch Staaten wie Syrien, Iran und die Golfländer Angst vor dem amerikanischen Projekt und dem Diskurs der Neokonservativen von einer »Demokratisierung« der gesamten Region hatten, machten sich diese Regime zu Komplizen der arabischen Kämpfer, sie erleichterten ihnen das Einsickern in den Irak. So wurde das Zweistromland innerhalb weniger Jahre zu einer wichtigen Basis für al-Qaida, die von dort aus sogar Zellen in die arabische Welt und nach Europa schleuste.[1]

---

1 Siehe Naomi Klein: »*Baghdad Year Zero: Pillaging Iraq in Pursuit of Neocon Utopia*«. Harper's Magazine, September 2004 (http://harpers.org/archive/2004/09/baghdad-year-zero). Siehe auch Anthony Cordesman: »*Iraq: What is to Be Done*«. Center for Strategic and International Studies (CSIS), Washington, 2004 (http://csis.org/files/media/csis/pubs/iraq_whatdone.pdf).

2004 schwor Abu Mus'ab az-Zarqawi dem Chef von al-Qaida, Usama bin Laden, die Treue. Die schwierige Situation, in der sich die Zentrale der al-Qaida wegen des US-geführten Krieges gegen die Taliban-Herrschaft in Afghanistan seit Ende 2001 befand, ließ az-Zarqawis Stern dabei immer weiter aufsteigen. Bald wurde er als genauso bedeutsam gehandelt wie die alte Führung von al-Qaida. Über die ideologischen Differenzen mit ihm ging man hinweg, sprach nicht öffentlich darüber und versuchte sie möglichst zu überwinden. Aber man fand keine echte Gemeinsamkeit, der ideologische Dissens zwischen az-Zarqawi und al-Qaida verstärkte sich eher, und mit der Zeit traten die unterschiedlichen Prioritäten in Kampf und Selbstverständnis zwischen beiden Lagern immer offener zutage.

Der »Islamische Staat« entstand also nicht zufällig im Irak, und er tauchte auch nicht erst mit der Einnahme Mossuls im Juni 2014 auf. Er ist das Ergebnis eines langen Vorlaufs seit 2003.

Um die erste Phase der neu entstandenen Organisation nachzuzeichnen, werden wir im folgenden Kapitel die Jahre 2003 bis 2010 beleuchten, also die Zeit der US-Besatzung des Irak vom Einmarsch bis zum Truppenabzug. Dabei wird ein Schwerpunkt auf der ideologischen Ausrichtung der Miliz liegen. Anschließend befassen wir uns mit der Phase des rückläufigen Einflusses der az-Zarqawi-Gruppe, die mit der amerikanischen Truppenverstärkung und der Bildung der antiterroristischen sunnitischen *Sahwa*-Gruppen im Irak einherging. Schließlich analysieren wir die Phase des erneuten Aufstiegs der Miliz im Gefolge der arabischen Aufstände.

1 Abu Mus'ab az-Zarqawi als geistiger Vater des IS

Keiner seiner Jugendfreunde, aber auch niemand im jordanischen Sicherheitsdienst, wo er einst vernommen wurde, hätte sich vorstellen können, dass aus Ahmad Fadhil al-Khalayila, jenem orientierungslosen, widerspenstigen jungen Mann ohne besonderes Profil aus dem dicht bevölkerten Unterschichtsviertel Ma'sum im jordanischen Zarqa, einmal einer der bekanntesten Dschihadisten der Welt werden würde – Abu Mus'ab az-Zarqawi, der geistige Vater einer gefürchteten Terrormiliz.

Als junger Mann brach er 1989 in das pakistanische Jalalabad bei Peschawar auf. Dort befand sich damals die Basis arabischer und afghanischer Mudschahedin-Kämpfer gegen die Sowjets. Das »Haus der Unterstützer« (*Bait al-Ansar*), das der Organisation al-Qaida von Usama bin Laden unterstand, lag dort ebenso wie das »Büro für Dienstleistungen« von Abdullah Azzam, das die erste Station für eintreffende arabische Freiwillige war.

Noch im Frühjahr 1989 zog az-Zarqawi mit anderen Kampfgefährten weiter ins ostafghanische Khost. Abgesehen von einigen Schießereien islamistischer mit prokommunistischen Parteien kam er hier nicht mehr zum Einsatz; der Krieg gegen die sowjetischen Besatzer war gerade zu Ende gegangen.

Allerdings lernte Zarqawi bedeutende Dschihadisten kennen, darunter den Ägypter Abdurrahman al-Ali (alias Abu Abdullah al-Muhajir), sowie noch in Peshawar über den Palästinenser Abu l-Walid al-Ansari, der wiederum Abu Qatada al-Filastini nahestand, Isam al-Barqawi (Abu Muhammad al-Maqdisi).[2] Diese Männer, die später zu den führenden

---

2 Geboren 1959 in Barqa bei Nablus, Palästina. Zog als kleines Kind mit den Eltern nach Kuwait, wo er das Gymnasium abschloss. Studierte anschließend in Mossul, Irak, wo er mit Salafisten der Strömung um Muhammad Surur, Scheichs der Sayyid-Qutb-Schule und der Juhaiman-Gruppe in Kontakt kam. Reiste zwischen Kuwait und Saudi-Arabien hin und her

Theoretikern des dschihadistischen Salafismus wurden, beeinflussten Zarqawi beträchtlich.[3]

Nach seiner Rückkehr nach Jordanien im Jahr 1993 setzte sich Abu Mus'ab az-Zarqawi mit Maqdisi in Verbindung, der vor ihm ebenfalls nach Jordanien zurückgekommen war. Gemeinsam warben sie für den dschihadistischen Salafismus. Sie gründeten einen Geheimbund namens *Bai'at al-Imam* (»Huldigung des Imams«), von dem die Sicherheit jedoch erfuhr. Zarqawi wurde am 29. März 1994 festgenommen und anschließend mit Maqdisi und anderen zu fünfzehn Jahren Gefängnis verurteilt. Die Verfolgung durch die Justiz wurde zu einer neuen Wegmarke in Zarqawis Laufbahn, sein Plädoyer vor Gericht zeigte ihn als eiserne Führungsperson. Bei der wachsenden Anhängerschar des Dschihadismus hinterließ das einen bleibenden Eindruck.[4]

Anders als seinem Mentor Maqdisi gelang es Zarqawi, viele Anhänger des dschihadistischen Salafismus von der Notwendigkeit direkter bewaffneter Aktionen zu überzeugen, während Maqdisi es dabei beließ, in Jordanien und Palästina für den Dschihad zu werben, wie er selbst später angab.

---

und lernte so den Wahhabismus kennen. Es folgten Reisen nach Pakistan und Afghanistan, wo er sein Buch *Millat Ibrahim* schrieb. 1992 ließ er sich mit Familie in Jordanien nieder und warb ab nun für den dschihadistischen Salafismus. Eine Polemik gegen die Demokratie verfasste er in dem Werk *Ad-Dimuqratiya Din*. Seine zahlreichen Werke gelten als Standardliteratur für Dschihadisten in Jordanien und weltweit.

3   Die vielen zeitgleich stattfindenden Ereignisse wie der sowjetische Abzug aus Afghanistan, der in der Folge einsetzende Bruderkampf der afghanischen Mujahidin, das Ende des zweiten Golfkriegs, die einsetzende juristische Verfolgung der arabischen Freiwilligen etc. veranlassten die Dschihadisten zu unterschiedlichen Reaktionen. Abu Qatada floh nach London, Maqdisi blieb in Jordanien, während Muhajir und Zarqawi sich an den Kämpfen in Afghanistan beteiligten. Siehe dazu Mohammad Abu Rumman und Hassan Abu Hanieh: »The Jihadi Salafist Movement in Jordan after Zarqawi: Identity, Leadership Crisis, and Obscured Vision«. Friedrich-Ebert-Stiftung, Amman, Jordan, 2009.

4   Abu Mus'ab az-Zarqawi: »*Ifadat Asir: Ya Qaum ma-li ad'ukum ila l-Janna wa tad'uni ila n-Nar*« (http://www.tawhed.ws/r?i=ou3wjvb3).

Nachdem er am 23. März 1999 durch eine königliche Generalamnestie aus der Haft freikam, machte sich Zarqawi erneut auf den Weg nach Pakistan. Er ließ sich in Jalalabad bei Peshawar nahe der afghanischen Grenze nieder. Dort baute er in kürzester Zeit ein Netzwerk von Unterstützern und Helfern auf, wobei er sich auf seine alten Beziehungen zu Usama bin Laden, Abu Qatada und Abu Abdullah al-Muhajir stützen konnte.

Seit al-Qaida 1998 die »Globale Front zum Kampf gegen Juden und Kreuzfahrer« ausgerufen und im August desselben Jahres die blutigen Anschläge auf die US-Botschaften in Kenia und Tanzania verübt hatte, gingen die pakistanischen Sicherheitskräfte aber aktiv gegen Dschihadisten vor. Zarqawi wich nach Afghanistan aus und baute sich in der westlichen Provinz Herat eine eigene Basis auf. Dort galt er alsbald als der führende Dschihadist Jordaniens, Palästinas und Syriens. Er weitete sein Beziehungsnetz zu al-Qaida nahestehenden arabischen Gruppen in der Gegend aus.[5]

Bald danach, am 11. September 2001, erfolgten die von al-Qaida koordinierten Anschläge gegen die USA. In der Folge griff eine US-geführte Militärkoalition Afghanistan an, um die Taliban von der Macht zu vertreiben und al-Qaida auszuschalten. Zarqawi musste erneut ausweichen. Er ging mit seinen Anhängern zunächst nach Iran, dann in den Irak.

In dieser Zeit begann Zarqawi mit dem Aufbau eines globalen Dschihad-Netzwerks. Unter anderem gründete er Zellen in Syrien, wo er Syrer, Libanesen und Palästinenser re-

---

5   In dem Camp, das Zarqawi im Jahr 2000 in Herat gründete, lebten etwa achtzig Männer mit ihren Familien unter seinem Kommando und bildeten den Grundstein seines dschihadistischen Netzwerks. Auch in Irakisch-Kurdistan baute Zarqawi sich eine Basis auf und betreute dortige Trainingslager wie das von Serghat. Nach Angaben des Kämpfers Abu Mahmud ar-Ribati, den die Amerikaner in Irakisch-Kurdistan festnahmen und an Jordanien auslieferten, ermutigte Zarqawi ab 1999 Jordanier und andere, in die Lager in Afghanistan beziehungsweise Kurdistan zu gehen, wodurch eine multinationale Truppe von Kämpfern entstand.

krutierte, und ebenso im Irak, besonders in dessen kurdischer Provinz. Seit 1999 hatte er sich mit Islamisten in Kurdistan verbündet, wo vor allem jordanische Dschihadisten sicheren Unterschlupf finden sollten. Zarqawi drängte sie, sich in Ausbildungslager in Irakisch-Kurdistan und Afghanistan zu begeben.

Auch in Europa konnte er Zellen aufbauen. Die deutsche Polizei hob im März 2002 die sogenannte »*Tauhid*«-Gruppe aus, die zu Abu Mus'ab az-Zarqawi gehörte[6] und Beleg dafür war, dass er in der Lage war, ein solch weitreichendes Netz zu etablieren. Es folgten Ableger in Italien, Spanien und Großbritannien, und auch in anderen europäischen Staaten wurden Kreise entdeckt, die in Zarqawis Namen Kämpfer für den Irak zu rekrutieren, Geld zu sammeln oder sein logistisches Netzwerk zu erweitern versuchten.[7]

2 Die Gründung von *at-Tauhid wal-Jihad* im Irak

Als die US-Truppen am 9. April des Jahres 2003 Bagdad einnahmen und das Regime Saddam Husseins stürzten, war Abu Mus'ab az-Zarqawi, der damals noch nicht zu al-Qaida gehörte, bereits dazu entschlossen, die Konfrontation mit den Besatzern zu suchen.

Es ist ein grundlegendes Paradox, dass die »identitäre Politik«, die die Amerikaner im Irak strategisch verfolgten, um das Land besser kontrollieren zu können, maßgeblich dazu beitrug, Zarqawis ideologische Ausrichtung auf konfessioneller Grundlage zu festigen. Dies galt umso mehr, als die irakischen Schiiten zunehmend Einfluss auf den politischen

---

6 In der *Tauhid*-Gruppe waren Iraker, Kuwaiter und Jordanier. Der Iraker Yasir Hassan beziehungsweise »Abu Ali« hatte deutschen Ermittlungen zufolge unter Zarqawis Ägide Anschläge in Europa geplant.

7 Siehe Jean Charles Brisard, Damien Martinez: »*Zarqawi: The New Face of Al-Qaeda*«, Other Press, 2005.

Prozess im Land ausübten, was die amerikanische Besatzungsmacht unterstützte – und zugleich den iranischen Einfluss im Irak und in der Region verstärkte.[8]

Zunächst umgab sich der von Natur aus misstrauische Abu Mus'ab az-Zarqawi mit seinen engsten Vertrauten.[9] Ideologisch und theologisch nahm er sich seinen Mentor Abu Abdullah al-Muhajir[10] zum Vorbild, der ihn schon früh

---

8 Die Kurden bekamen Unterstützung für ihre Autonomieregion, die Sunniten wurden jedoch wegen ihrer Nähe zum Saddam-Regime und ihrer Gegnerschaft zur Besetzung des Irak marginalisiert. Unterdessen unterstützte die schiitische Führung die US-Intervention und wurde an der Macht beteiligt. Dies kehrte die Machtverhältnisse im Irak grundlegend um. Siehe zu den politischen Fehlern der USA im Irak Thomas Pickering, James R. Schlesinger, Eric Shwartz: »Iraq: The Day After«, The Council of Foreign Relations Press, Task Force Report No. 43, March 2003, sowie William R. Polk, »American Options in Iraq«, November 2004; Adam Roberts, »The End of Occupation: Iraq 2004«, The International and Comparative Law Quarterly, Vol. 54, No. 1, Cambridge University Press, (Jan 2005), pp. 27-48; Anthony Cordesman, »Iraq: What is to Be Done«, Center for Strategic and International Studies (CSIS), Washington DC, May 5, 2004; Phyllis Bennis (and IPS Iraq Task Force), »A Failed ›Transition‹: The Mounting Costs of the Iraq War«, Institute for Policy Studies and Foreign Policy in Focus, September 2004; und The International Crisis Group, »What Can the U.S. Do in Iraq?« Middle East Report No. 34, December 22, 2004. Die USA hatten ihren Irakfeldzug zudem mit dem Argument vorbereitet, das Saddam-Regime besitze Massenvernichtungswaffen und unterstütze Terrorismus. Zu derlei falschen Behauptungen siehe beispielsweise Bob Woodward, »Plan of Attack: The Definitive Account of the Decision to Invade Iraq«. Simon & Schuster, 2004.

9 Deren wichtigste waren Abu Hamza al-Muhajir, Abu Anas ash-Shami, Nidhal Muhammad Arabiyat, Mustafa Ramadhan Darwish (Abu Muhammad al-Lubnani), Auras Abu Umar al-Kurdi, Thamir al-Atruz ar-Rishawi, Abdullah al-Juburi, Umar Hadid (Abu Khattab), Muhammad Jasim al-Isawi (Abu l-Harith) Abu Nasser al-Libi, Abu Usama at-Tunisi sowie die Jordanier Muwaffaq Adwan, Jamal al-Utaibi, Salahuddin al-Utaibi, Muhammad as-Safadi, Mu'adh an-Nusur, Shahada al-Kailani, Muhammad Qtaishat, Mundhir Shiha, Mundhir at-Tamuni und Umar al-Utaibi.

10 Abu Abdullah al-Muhajir: Eigentlich Abdurrahman al-Ali, Ägypter. Seine Schriften werden unter Dschihadisten weltweit hoch geschätzt. Studierte Scharia in Islamabad, Pakistan und wurde zu einem engen Vertrauten Zarqawis. Ließ sich in Afghanistan nieder, wo er in Kabul, Khaldan, Herat und Kandahar Islam und Arabisch lehrte. Er war Kandidat für das Amt

beeinflusst hatte. Das galt besonders für die Priorität des Kampfes gegen den »nahen Feind« (also die vermeintlich vom rechten Glauben abgekommen arabischen und islamischen Regime) und die Verketzerung aller Anhänger der schiitischen Konfession. Die extremen theologischen Rechtfertigungen von Selbstmordanschlägen, des Zielens auf Zivilisten (*Tatarrus*), von Entführungen und Mord durch Köpfen sowie der Verbreitung von Angst durch Gewalt, die Zarqawi vertrat, gingen maßgeblich auf al-Muhajir zurück.

Es ist aufschlussreich, die Beeinflussung Zarqawis durch al-Muhajir zurückzuverfolgen, insbesondere anhand dessen Schrift *Fiqh ad-Dima'*. Sie prägte Zarqawis Organisation und deren Blick auf die Schiiten und andere Glaubensgruppen insgesamt stark. Ein Medienfunktionär Zarqawis, Maysara al-Gharib, sagte: »Unser Scheich Zarqawi, Gott habe ihn selig, liebte Scheich Abdullah al-Muhajir – Gott möge ihm Freiheit verleihen – und wünschte sich, dieser käme in den Irak. Die Umstände deuten darauf hin, dass Zarqawi ihm, wäre er ihm tatsächlich in den Irak gefolgt, das Amt des Scharia-Komitees übertragen hätte. Mich beauftragte er damit, seinen Anhängern das Buch Muhajirs »Herausragende sunnitische Gelehrte« zu unterrichten, und ich kopierte es und und unterrichtete es, zudem auch Muhajirs Werk *Fiqh ad-Dima'*, auf das wir in Falluja bis zur zweiten Schlacht um die Stadt warteten. Scheich Zarqawi sagte mir, dass er dieses Buch bei al-Muhajir vier Jahre lang studiert habe, wenn ich mich recht erinnere. So kam denn das Buch nach der zweiten Schlacht um Falluja in den Irak und wurde in hoher Auflage unter dem Titel *Masa'il min fiqh al-Jihad* (»Religionsrechtliche Fragen zum Dschihad«) nachgedruckt. Es ist ein gutes und

---

des Obersten Religionsgelehrten bei al-Qaida. Laut Maisara al-Gharib war Muhajir in Iran inhaftiert, bevor er nach der ägyptischen Revolution in sein Land zurückkehrte. Siehe zu seinem Verhältnis zu Zarqawi »*Bayan Haqiqat Alaqat al-Baghdadi bi-Amirina az-Zarqawi*«(http://www.sunnti.com/vb/showthread.php?t=15452).

eindrückliches Buch, das gekürzt und die Dschihad-Schüler gelehrt werden sollte.«[11]

Das im Zitat letztgenannte Werk[12] kann demnach als das theologische Grundlagenbuch für Zarqawi und seine Gruppe gelten. Es gilt bis heute als ideologische Bezugsquelle für den IS und erklärt das Verhaltensmuster der Miliz, wie noch zu zeigen sein wird.

Zudem entwickelte Zarqawi seine sektiererische Kampf-ideologie auf der Grundlage des sozialen Rückhalts, den er unter den Sunniten im Irak besaß. Die irakischen Sunniten waren in Sorge wegen der amerikanischen Politik, die sie als pro-schiitisch und anti-sunnitisch empfanden. Sie fühlten sich aber auch durch den Iran existenziell bedroht, der immer deutlicher Einfluss auf das Militär und die Sicherheitskräfte des Irak nahm.

So erfuhr das Zarqawi-Netzwerk ab 2003 einen bedeuten-den Aufschwung. Zulauf und militärische Stärke gewann es durch ehemalige Offiziere der irakischen Armee und kampf-erfahrene arabische Freiwillige, die sich ihm anschlossen.

Zarqawi gab seiner Kampfgruppe zunächst keinen be-stimmten Namen. Abu Anas ash-Shami berichtet, der Miliz-Chef habe darauf gewartet, dass sich irgendwann eine irakische Gruppierung gründen würde, der er sich dann anschlösse. Ash-Shami schlug jedoch vor, der Miliz schon jetzt einen Rahmen zu geben und sie *at-Tauhid wal-Jihad* (»Monotheis-mus und Dschihad«) zu nennen. Zarqawi zögerte. Er beriet sich mit dem *Shura*-Rat, dem seine engsten Vertrauten an-gehörten. Dann erklärte er sich einverstanden. Seit September 2003 erschienen alle Kommuniqués und Audio- und Video-botschaften seiner Gruppe unter dem genannten Namen.

---

11 Maysara al-Gharib: »*Min Khafaya at-Tarikh: Az-Zarqawi Kama araftuhu*«. Al-Furqan Institute for Media Production, part 2, p. 3.

12 Identisch mit dem vorher genannten »*Fiqh ad-Dima'*« (einsehbar unter http://ia601203.us.archive.org/19/items/kotobjehad/masael.pdf).

Die Organisationsstruktur wurden allmählich komplexer. Zarqawi war der Anführer der Organisation, ohne Stellvertreter, und es entstanden Komitees für Militärisches, Öffentlichkeitsarbeit, Sicherheit, Finanzen und religiöse Angelegenheiten. Letzteres leitete Abu Anas ash-Shami ab Ende September 2003.

Die Gruppe beging immer mehr und immer schwerere Anschläge, und sie begann mit der Rekrutierung von immer mehr Irakern aus allen Teilen der Gesellschaft, darunter auch Staatsbedienstete, Polizisten und Armeesoldaten. Je heftiger im Land Schiiten gegen Sunniten vorgingen, desto größere Unterstützung fand die Miliz in den sunnitischen Gebieten des Irak.

Es war Zarqawis Strategie im Irak, die konfessionelle Karte zu spielen, und entsprechend nahmen die sunnitisch-schiitischen Konflikte zu. Die Sunniten sollten in einen Krieg gestürzt werden, in dem sich der Kern einer »islamischen Armee« herausbilden würde.[13]

Aus der ersten Schlacht um Falluja, die für die Amerikaner ein politischer und militärischer Rückschlag war, ging Zarqawi gestärkt hervor. Er konnte sein Netz unter den irakischen Sunniten bedeutend ausweiten. Die amerikanische, auf willkürlichen Beschuss setzende Taktik brachte Zarqawi nur noch mehr Unterstützer im Irak und von außerhalb, und schiitische Todesschwadronen taten ein Übriges.

Und obgleich es ideologische Differenzen zwischen Zarqawi und Bin Laden gab, gab es auch gemeinsame Ziele, insbesondere den gemeinsamen Gegner USA. Deshalb schwor Zarqawi dem Chef von al-Qaida am 8. Oktober 2004 die Treue. Er nannte seine Gruppe in *Qa'idat al-Jihad fi Bilad ar-Rafidain* um: »Dschihad-Basis im Zweistromland« (AQI).

---

13   Abu Anas ash-Shami: *Yaumiyat Mujahid*, www.al-saf.net.

3 Das unbestimmte Verhältnis zu al-Qaida

Einer Eingliederung der irakischen Miliz in al-Qaida standen unterschiedliche strategische Prioritäten der Dschihad-Salafisten im Weg.[14] Es war jedoch Zarqawi, der al-Qaida dazu brachte, *seine* Vorgehensweise anzuerkennen, nicht umgekehrt, denn als schlagkräftiger Terrorfeldherr waren es seine strenge Ideologie und seine blutige Taktiken sowie seine Verbindungen zu Dschihadisten in aller Welt, die ihm Macht und Ansehen verschafften. Sein Netzwerk war mithilfe führender Dschihad-Theoretiker wie Maqdisi, Abu Qatada und al-Muhajir enorm angewachsen – während al-Qaida durch amerikanische Antiterroreinsätze viele Führungspersonen verlor, darunter Abu Hafs al-Masri, der bei einem Luftangriff starb, und Abu Zubaida, Ramzi Binalshibh und Khalid Scheich Muhammad, die verhaftet wurden. Hunderte muslimische Kämpfer aus der arabischen und islamischen Welt und auch aus Europa strömten zu Zarqawis Miliz.

Unterdessen entdeckten die amerikanischen Behörden ein Dokument, aus dem hervorging, wie groß die Differenzen zwischen Zarqawi und der eigentlichen al-Qaida waren. In einem Schreiben, das Zarqawi im Januar 2004 an die Führung von al-Qaida in Pakistan schickte, ersuchte er die Führung um die Annahme einer gemeinsamen Terrorstrategie und konkret um Unterstützung dabei, einen umfassenden Krieg gegen alle zu führen, die sich im Irak auf einen politischen Prozess mit der Besatzung einließen, seien diese Sunniten oder

---

14 Zwar war der dschihadistische Salafismus nach dem Kalten Krieg lokal entstanden, doch al-Qaida führte ihn weiter in Richtung Globalismus. Mit den arabischen Aufständen ab 2011 begannen Bemühungen, beide Ansätze zusammenzuführen. Siehe hierzu Hassan Abu Hanieh: »Al-Qaʿida wa-Indimaj al-Abʿad: Wilada Thalitha wa Nashʼa Mustaʿnafa« (auf http://www.aljazeera.net).

Schiiten. Wörtlich war von einem »konfessionellen Krieg im Irak« die Rede, den man führen wolle.[15]

Dieses Dokument ist grundlegend für das Verständnis der Strategie Zarqawis und seiner Priorität der »Bekämpfung des nahen Feindes« – im Gegensatz zum Ansatz von al-Qaida, den »fernen Feind« anzugreifen.

Für Zarqawi gab es zwei Schlachten zu schlagen: die eine mit klaren Fronten gegen einen »aggressiven, offen ungläubigen Feind« (die USA, den Hauptfeind von al-Qaida), und die andere, wesentlich schwierigere gegen einen »verschlagenen Gegner«, der als Freund auftrete, der »Einvernehmen vorspielt und zum Zusammenschluss aufruft, der aber üble Absichten hat und mit List zum Ziel zu kommen versucht, wie wir es von abtrünnigen Sekten aus der Geschichte des Islam kennen, und deren Narben dieser Gegner unauslöschlich in seinem Gesicht trägt« (gemeint sind hier Sunniten oder Schiiten im eigenen Land). »Solch ein Feind, wie der Schiit einer ist, der dazu noch Kollaborateure aus den Reihen der Sunna hat, ist die wahre Gefahr, der wir begegnen müssen.«[16]

Zarqawi weiter: »Unser Kampf gegen die Amerikaner ist ein Leichtes, denn dieser Feind ist klar erkennbar, er hat keinen Rückhalt, er kennt das Land nicht und er weiß nichts über die Dschihad-Kämpfer, weil er zu wenig geheimdienstliche Informationen hat. Wir wissen ganz genau, dass diese Kreuzfahrertruppen morgen oder übermorgen begraben sein werden.«[17] Über die Schiiten hingegen heißt es: »Die Glau-

---

15 Der Brief wurde zunächst in der *New York Times*, dann auf Arabisch am 12.2.2004 in *al-Hayat* veröffentlicht. Manche bezweifelten die Echtheit des Schreibens. Inhaltlich hat Zarqawi aber vieles davon an anderer Stelle wiederholt, und die Miliz hat es selbst später in einer Textsammlung des Anführers mit aufgenommen. Auch Maisara al-Gharib bestätigte die Echtheit in einer Publikation.

16 Abu Mus'ab az-Zarqawi: »Risala min Abi Mus'ab al-Zarqawi ila sh-Shaikh Usama bin Laden« vom 15. Februar 2004. In »Majmu' Rasa'il az-Zarqawi«, S. 59.

17 Ebd., S. 61.

bensverweigerer der Schia sind eine viel schwierigere Hürde. Sie sind eine lauernde Schlange, ein hinterhältiger Skorpion und warten nur auf eine Gelegenheit, ihr stinkendes Gift zu verspritzen.«[18] Sie seien eine ständige Gefahr und hätten enorme Ambitionen. »Sie hegen wachsende Hoffnungen, einen schiitischen Staat zu bilden, der sich von Iran über den Irak und Syrien bis nach Libanon erstrecken soll, ja bis in die papierenen Golfreiche hinein.«[19]

Zarqawi verweist immer wieder auf die Priorität des Kampfes gegen den »nahen Feind«, den für ihn die Schia darstellt. In einem Arbeitsplan schreibt er: »Die Schiiten haben den Muslimen einen verdeckten Krieg erklärt. Sie sind ein gefährlicher Feind für die Sunniten, auch wenn die Amerikaner ebenfalls ein Hauptfeind sind, aber die Gefahr, die von der Schia ausgeht, ist größer und ihr Schaden tödlicher für die *Umma*. Dass die Amerikaner zu bekämpfen sind, ist fast Konsens, denn sie sind ein offen aggressiver Feind. Der Kampf gegen die Schiiten dagegen ist ein Mittel, die *Umma* für die Schlacht zu gewinnen.«[20]

Schon kurze Zeit nach der Gründung der Organisation war die »Bekämpfung der Schia« ein Grundpfeiler von Zarqawis Projekt und Ausrichtung. Darauf wies er in seiner Korrespondenz mit al-Qaida nachdrücklich hin. Der Konfessionalismus wurde so allmählich von einer politischen Strategie zum Kern einer religiösen Stoßrichtung. Zarqawi schreibt: »Die Operationen nehmen im sogenannten sunnitischen Dreieck ständig zu, was die Amerikaner dazu zwingt, mit den Schiiten, den Feinden der Menschheit, einen Handel abzuschließen. Dieser beinhaltet, dass die Schiiten zwei Drittel der Beute abbekommen, wenn sie sich auf die Seite der Kreuzfahrer und gegen die Dschihadkämpfer stellen.«[21]

---

18 Ebd., S. 59.
19 Ebd., S. 62.
20 Ebd., S. 71.
21 http://www.shiaweb.org/News/al-nawaseb/zarqawi_al-shath.html.

Zarqawi geht so weit, die Schiiten insgesamt für Ungläubige zu erklären: »Der Schiismus ist eine Religion, die mit dem Islam nur so viel zu tun hat wie Juden mit Christen unter dem Vorzeichen, dass beide Glaubensgruppen Anhänger einer Buchreligion sind.«[22]

Zarqawi schließt sein Schreiben an die al-Qaida-Führung, indem er seiner Priorisierung des Kampfes gegen den nahen Feind weiteren Nachdruck verleiht. Er erklärt die Schia zum Angriffsziel, um dem »iranischen Projekt« in der Region entgegenzutreten, und macht dies zu einer unverhandelbaren Vorbedingung dafür, sich al-Qaida anzuschließen und diese im Irak zu vertreten: »Hiermit haben wir unsere Sichtweise dargelegt und unseren Weg erklärt. Wenn ihr euch damit einverstanden erklärt, euch diesem Vorgehen anschließt und unsere Überzeugung teilt, dass die abtrünnigen Glaubensgruppen zu bekämpfen sind, so stehen wir euch als Soldaten zur Verfügung, kämpfen unter eurem Banner und unterstellen uns eurem Befehl, ja wir bezeugen euch öffentlich die Treue.«[23]

Die Antwort der al-Qaida-Zentrale auf Zarqawis Strategie war deutlich. Aiman az-Zawahiri schickte ein Schreiben, in dem es hieß, es sei in erster Linie der »ferne Feind« zu bekämpfen, sprich die Vereinigten Staaten und die mit ihnen verbündeten »Juden und Apostatenregime«. Die muslimischen Massen seien »nur durch den Kampf gegen einen ausländischen Besatzer zu mobilisieren, zumal wenn es sich dabei in erster Linie um Juden und in zweiter Linie um Amerikaner handelt. Das [innermuslimische] konfessionelle Element ist demgegenüber klar zweitrangig.«[24]

Zusehends vertieften sich die Differenzen zwischen Zarqawi und al-Qaida in Bezug auf eine sektiererische versus

22 Zarqawi: »*Risala min Abi Mus'ab al-Zarqawi ila sh-Shaikh Usama bin Laden*«.
23 Ebd., S. 72-73.
24 Aiman az-Zawahiri: Risala ila z-Zarqawi, 16.7.2005 (http://www.muslm.org).

politisch-interessengeleitete Ausrichtung. Außerdem war das pragmatischere Verhältnis zwischen al-Qaida und Iran sichtbar geworden, als die USA nach den Anschlägen vom 11. September 2001 Afghanistan angegriffen hatten. Damals waren über 500 Mitglieder von al-Qaida mit ihren Familien aus Afghanistan nach Iran geflüchtet, wo sie in sicheren Wohnungen untergebracht wurden, unter ihnen Saif al-Adl, Saad bin Laden, Abu Hafs al-Muritani, Sulaiman Abu Ghaith und Abu Abdullah al-Muhajir. Der Gegensatz zwischen den sunnitischen Kämpfern und dem schiitischen Regime Irans blieb jedoch bestehen; allein das gemeinsame Interesse angesichts der amerikanischen Aggression brachte beide Seiten zusammen. Und die religiösen und ideologischen Gegensätze sorgten dafür, dass das Verhältnis gespannt blieb.[25]

Das Thema Schiiten nahm im Zarqawi-Netzwerk immer breiteren Raum ein und musste abschließend geklärt werden, um im Irak zu einer praktischen Strategie zu werden. Diese Aufgabe übernahm Abu Anas ash-Shami[26], der Scharia-Beauftragte bei *at-Tauhid wal-Jihad*. Er gab ein Buch mit dem einfachen Titel »Die Schia« heraus, das ganz auf Zarqawis Diskurs beruhte. Darin stellte er die historische Entwicklung der schiitischen Konfession bis zur Gegenwart dar und fragte: »Kann ein vernünftiger Mensch nach allem hier Erwähnten noch daran zweifeln, dass es sich bei der Religion der Schia um eine Intrige handelt, die nur dazu geschaffen wurde, den Islam zu zerstören?«[27] Ein weiteres Mitglied des Scharia-Ko-

---

25 Hassan Abu Hanieh: *Al-Qaida wa-Iran: Intahat al-Mut'a wat-Talaq ba'in* (http://arabi21.starware.net/Story/714567.)

26 Eigentlicher Name: Umar Yusuf Jum'a, Jordanier mit palästinensischen Wurzeln, geboren 1969. Arbeitete in Jordanien als Imam einer Moschee und in Bosnien für den Dschihad. War Direktor des Al-Bukhari-Zentrums, das der *Jam'iyat al-Kitab was-Sunna* gehörte. Mitte 2003 schloss er sich Zarqawi an und überzeugte ihn davon, die Miliz *at-Tauhid wal-Jihad* zu gründen. Er starb 2004 im Irak bei dem Versuch, das Abu-Ghuraib-Gefängnis zu stürmen.

27 Abu Anas ash-Shami: *Ash-Shi'a*. Minbar at-Tauhid wal-Jihad.

mitees, Abu Hamza al-Baghdadi, gab ein Buch heraus, das die Schiiten noch unverblümter verketzerte. Bei ihm heißt es: »Wir glauben, dass die Schiiten ungläubige Apostaten sind, denn sie betreiben Vielgötterei im Großen wie im Kleinen, sie glauben weder im Dogmatischen noch im Praktischen an die [wahre] Lehre und sie praktizieren Heuchelei im Großen wie im Kleinen.«[28]

Sicherlich versuchten *at-Tauhid wal-Jihad* unter Zarqawis Führung und al-Qaida unter Führung von Usama bin Laden weiterhin, die Gräben trotz der klar unterschiedlichen Standpunkte bezüglich der prioritären Stoßrichtung des Kampfes und der abweichenden Haltung zur Schia und zu Iran zu überbrücken. Doch zunächst wollte keine der beiden Seiten nachgeben.

Zarqawi kam zugute, dass al-Qaida vergeblich versuchte, auf der Arabischen Halbinsel Fuß zu fassen. Im Mai 2003 begann das Netzwerk mit einer Reihe von Terrorattacken gegen Ziele in Saudi-Arabien. Sie sollten das Vertrauen der USA in ihren Verbündeten schwächen und die Amerikaner dazu bringen, auch nach Saudi-Arabien Truppen zu schicken. Das Resultat der Anschläge war für al-Qaida katastrophal. Der Rückhalt, den Bin Ladens Gruppe in der saudischen Bevölkerung hatte, war zu gering, und die königlichen Sicherheitskräfte reagierten hart. Sie töteten al-Qaida-Führungspersonen wie Yusuf al-Ayiri, Salih al-Aufi und Abdulaziz al-Muqrin. Hinzu kam, dass immer mehr al-Qaida-Anhänger auch in Saudi-Arabien zu der Überzeugung gelangten, dass Zarqawis Strategie im Irak die erfolgreichere und effektivere war. Die verschiedenen Kommuniqués, Audio- und Videobotschaften des Terrorpaten taten ein Übriges. Selbst der genannte al-Aufi hatte vor seinem Tod in mehreren Publikationen das Vorgehen Zarqawis im Irak gelobt, und viele saudische al-

---

28 Abu Hamza al-Baghdadi: Limadha nuqatil? Wa-man nuqatil? Minbar at-Tauhid wal-Jihad.

Qaida-Anhänger schlossen sich seinem Netzwerk an, allen voran Abdullah ar-Rashud.[29]

Al-Qaida stand nun so schwach da wie nie, nachdem die Organisation zuvor ihr Rückzugsgebiet in Afghanistan verloren hatte und beim amerikanischen »War on Terror« führende Mitglieder in Afghanistan und Pakistan getötet oder verhaftet worden waren. Nach acht Monaten wechselseitiger Korrespondenz willigte die al-Qaida-Führung daher widerwillig in Zarqawis Bedingungen ein, ohne dass dieser ein Zugeständnis machen musste. Das Ergebnis war seine »Huldigung« Usama bin Ladens am 8. Oktober 2004.

Das Huldigungsschreiben macht deutlich, dass die al-Qaida-Zentrale sich der Zarqawi-Gruppe unterworfen hatte. Es heißt dort: »Es gab über acht Monate Kontakte zwischen Scheich Abu Mus'ab – möge Gott ihn erhalten – und den Brüdern bei al-Qaida, wobei Sichtweisen ausgetauscht wurden. Zwischenzeitlich brach der Kontakt ab, doch Gott war so gütig, diesen wieder herzustellen. Unsere ehrenwerten Brüder bei al-Qaida verstanden [schließlich] die Strategie von *at-Tauhid wal-Jihad* im Zweistromland, dem Land der Kalifen und erklärten sich mit der Linie der Gruppe einverstanden.«[30]

Nach der so erfolgten Gründung des Ablegers von al-Qaida im Irak und zunehmenden Auseinandersetzungen mit den US-Besatzungstruppen und ihren Verbündeten – überwiegend schiitische Kampfverbände, die von den Schaltstellen des neuen Staates aus gesteuert wurden – wurde das sektiererische Vorgehen der Organisation allerdings immer deutlicher. In der zweiten Schlacht um Falluja 2005 ließ Abu Mus'ab az-Zarqawi verlautbaren: »Was die Sunniten im Irak von den

---

29 Abdullah ar-Rashud galt als Leitfigur von al-Qaida in Saudi-Arabien und schloss sich auf Aufis Aufruf hin Zarqawi im Irak an. Dort kam er bei al-Qa'im bei einem amerikanischen Luftangriff im Mai 2005 ums Leben. Zarqawi bedauerte seinen Tod in einer öffentlichen Audiobotschaft.

30 Minbar at-Tauhid wal-Jihad.

schiitischen Enkeln des Ibn al-Alqami [der 1258 Bagdad den Mongolen übergeben und ihnen den Kalifen ausgeliefert hatte; d. Ü.] erleiden mussten und müssen, ist schrecklicher und abstoßender als alles, was der amerikanische Feind ihnen antut. Die hasserfüllten Schiiten sind uns schlimmere Feinde als die Kreuzfahrer.«[31]

Zarqawi richtete sich in seinen Äußerungen nun noch direkter an die Sunniten, um sie für den Krieg gegen die Schiiten zu gewinnen und wehrte zugleich den Vorwurf des Konfessionalismus ab. In einer Ansprache an die Sunniten sagte er 2006: »Macht euch bereit, das Gift der Schiiten-schlangen auszuspucken, die euch seit der Besatzung des Irak bis heute beißen und euch schlimmstes Leid verursa-chen. Lasst euch nicht beirren von jenen, die dazu aufrufen, den Konfessionalismus zugunsten der nationalen Einheit zu ächten. Letztere wird nur als Waffe gebraucht, um euch abzurichten und zurückzuhalten bis zur Kapitulation. Ihr sollt zu Feigheit erzogen werden, wenn ihr dem Hinterhalt und der Niedertracht jener ausgesetzt seid, die dem Besatzer den Hof machen und darauf aus sind, die Güter des Landes zu zerstören und zu rauben.«[32]

Abu Mus'ab az-Zarqawi ließ keinen Zweifel daran, dass er, anders als die zentrale al-Qaida, die Schiiten in ihrer Ge-samtheit als Ungläubige ansah. In seiner dogmatischen Refe-renzschrift heißt es: »Die Schiiten sind für uns Polytheisten und Apostaten«[33], und in einer ergänzenden Erklärung wird zum historischen Hintergrund ausgeführt: »Dazu, dass die Gelehrten früher angeblich uneins darüber waren, ob die Schiiten als Ungläubige anzusehen seien oder nicht, ist zu sagen, dass dies nicht die Schiiten waren, die wir heute ken-nen, sondern solche, die lediglich so genannt wurden, weil sie

---

31 Shabakat al-Barraq al-Islamiya, S. 254.
32 Ebd., S. 604.
33 Minbar at-Tauhid wal-Jihad.

behaupteten, den Abkömmlingen des Hauses des Propheten besondere Wertschätzung entgegenzubringen.«[34] Mit Bezug auf jene Sunniten, die der Verketzerung der Schiiten durch Zarqawis Organisation entgegentraten, heißt es weiter: »Wer sagt, wir unterschieden uns nur in den Details, der begeht einen großen Fehler und offenbart großes Unwissen. Der Unterschied [zwischen Sunniten und Schiiten] ist grundlegender Art, es ist wie der Unterschied zwischen Glaube und Unglaube, zwischen Islam und Vielgötterei. Ausgenommen davon sind nur die Zaiditen [muslimische Glaubensgruppe im Jemen; d. Ü.].«[35]

Man kann sagen, dass AQI unter Zarqawi die aktivste und tödlichste Terrorgruppe war, nicht nur im Irak, sondern regional und international. Von 2003 bis Anfang 2006 nahmen ihre Anschläge erheblich zu, erfuhren internationale Aufmerksamkeit und veränderten die gesamte Sicherheitsstruktur. Al-Qaida galt nun als noch gefährlicher, professioneller und komplexer und handlungsfähiger als zuvor, und Zarqawi wurde nicht nur zu einem geachteten Führer des globalen Dschihadismus – vielen galt er dem Gründer der Organisation, Usama bin Laden, als überlegen.[36]

Mitte 2005 spielte Abu Mus'ab az-Zarqawi angesichts seines zunehmenden Einflusses mit dem Gedanken, ein Emirat zu gründen, um noch mehr sunnitische Kämpfer an sich zu binden. Im Dezember wurde die Bildung eines »Shura-Rats der Dschihadkämpfer« bekanntgegeben, dessen Vorsitz Zarqawi formal an Abdullah Rashid al-Baghdadi übergab. Ihm schloss sich AQI als eine von zunächst sechs Gruppen an, aus

---

34 Abu Mariah al-Qurashi: Nur al-Yaqin: Sharh Aqidat Tanzhim al-Qaʿida fi Bilad al-Rafidayn, S. 26, (http://up1430.com/centralguide/pencil/gimf/dar/old/Nor-ALyaqen/index.html).

35 Ebd., S. 26.

36 Siehe Ely Karmon: »Al-Qaʿida and the War on Terror: After the War in Iraq«. Middle East Review of International Affairs, Vol. 10, No. 1 (March 2006).

denen bald acht, später zwölf wurden.[37] Abu Sa'id al-Karkhi hatte ihm am 5. September 2005 vorgeschlagen, die Provinz al-Anbar zu einem islamischen Emirat unter Besatzung zu erklären.[38] Am 25. April 2006 tauchte Abu Mus'ab az-Zarqawi in einem der seltenen Videos von ihm auf, die an die Öffentlichkeit gelangten. Er diskutierte mit Anhängern die Option, innerhalb von drei Monaten ein solches Emirat auszurufen.[39] Wenige Wochen später freilich, am 7. Juni 2006, wurde er getötet. Den »Islamischen Staat Irak« riefen erst seine Nachfolger aus.

4 Die Ausrufung des »Islamischen Staates Irak«

Abu Mus'ab az-Zarqawi hinterließ seinen Anhängern eine umfassend strukturierte und schlagkräftige Organisation mit streng sunnitischer Ausrichtung. Umso entschlossener waren sie, einen sunnitischen Staat auszurufen. Am 12. Oktober 2006 wurde zunächst das Bündnis *Hilf al-Mutayyabin* ausgerufen, dem dieselben Gruppen angehörten, die sich bereits vorher im Shura-Rat zusammengeschlossen hatten, dazu einige sunnitische Stammesführer[40.] Drei Tage später dann verkündete man den »Islamischen Staat Irak« (ISI).

Dieser Staat umfasste theoretisch mehrere sunnitisch dominierte Provinzen: Al-Anbar, Kirkuk, Ninive, Diyala,

---

37 Diese waren: *Jaish at-Ta'ifa al-Mansura, Jaish Ahl as-Sunna wal-Jama'a, Jama'at Jund as-Sahaba, Saraya l-Jihad al-Islami, Saraya Fursan at-Tauhid, Saraya Millat Ibrahim, Kata'ib Kurdistan, Kata'ib al-Murabitin, Kata'ib Ansar at-Tauhid, Kata'ib Ansar at-Tauhid was-Sunna, Kata'ib al-Ahwal, Kata'ib al-Ghuraba'* sowie Einheiten der *Jaish al-Fatihin, al-Jaish al-Islami, Ansar as-Sunna, Jaish al-Mujahidin, Kata'ib Thaurat al-Ishreen* und *Asa'ib al-Iraq al-Jihadiya.*

38 Siehe dazu im Detail Walid al-Rawi: Dawlat al-Iraq al-Islamiya. Amman, 2012, S. 134–146.

39 http://www.youtube.com/watch?v=93oHYWxxi_Q.

40 http://www.youtube.com/watch?v=60mgEeNc7Z8.

Salahaddin, Babylon und Wasit. In den meisten dieser Gebiete kontrollierte die Miliz bereits weite Landstriche. In der Gründungserklärung hieß es: »Bei der Ausrufung dieses Staates stützen wir uns auf die *Sunna* des Propheten, der seinerzeit Mekka verließ und in Medina den Staat des Islam errichtete. Heute rufen wir alle Kämpfer, Gelehrte, Stammesscheichs und die Allgemeinheit der Sunniten des Irak dazu auf, dem Befehlshaber der Gläubigen, Scheich Abu Umar al-Baghdadi, den Treueschwur zu leisten und ihm Gehorsam in guten und in schlechten Zeiten zu geloben, auf dass wir gemeinsam die Grundlagen dieses Staates stärken.«[41]

So wurde aus Abu Umar al-Baghdadi der Emir des Islamischen Staates Irak. Zarqawi hatte ihn vorher schon Usama bin Laden und Abu Hamza al-Muhajir empfohlen. Letzterer hatte AQI als Nachfolger Zarqawis geführt und war mit der Staatsausrufung zum Kriegsminister ernannt worden. Liest man die Namen der Regierungsmitglieder des Islamischen Staates Irak, fällt auf, dass an allen Schaltstellen Iraker saßen und außer Abu Hamza al-Muhajir keine Kämpfer aus anderen arabischen Ländern vertreten waren.[42]

---

41 In der Gründungserklärung, vorgetragen von Sprecher Muharib al-Juburi, wird die Ausrufung mit der Marginalisierung der Sunniten im Irak begründet: »Die Kurden im Norden haben Partei ergriffen, die Schiiten haben in der Mitte und im Süden Föderalismus mit Unterstützung der Juden im Norden und der Safawiden im Süden, geschützt durch Milizen von schwarzem Geist, Herz und Tat, die sich gegen unsere Sunniten wandten und sie in Blut badeten und schlimmste Verbrechen des Mordes, der Folter und der Vertreibung an ihnen begingen, so dass die Sunniten annähernd zu Waisen wurden. Daher ist es die Pflicht aller Ehrhaften und Freien unter den Sunniten, der Kämpfer, Gelehrten und Notabeln, ihren Brüdern und Söhnen etwas zu bieten, das ihre Würde schützt angesichts dieses Schmierenstücks namens Maliki-Staat, an dem sich leider auch sunnitische Verräter beteiligt und sich dabei hinter ihrer Religion versteckt und so absichtlich die Rechte ihres Volkes verraten haben.«(https://nokbah.com/~w3/?p=536).

42 Die Regierung des ISI umfasste mehrere Ministerien. Premierminister war Abu Abdurrahman al-Falahi, Kriegsminister Abu Hamza al-Muhajir, Minister für religiöse Einrichtungen Abu Uthman at-Tamimi, Minister für Öffentlichkeitsarbeit Abu Bakr al-Juburi, Minister für öffentliche Sicherheit

Nun war es so: 2006 war die Sicherheitslage im Irak aufgrund der immer extremeren Anschläge der AQI so schlecht geworden, dass die US-Besatzungsmacht schwierige Entscheidungen treffen musste. General David Petraeus trat als Retter auf. Er schlug eine neue Strategie bei der Aufstandsbekämpfung durch die zusätzliche Stationierung von über 30.000 US-Soldaten vor, die ein weiteres Abgleiten der Sicherheitslage verhindern sollten. Damit stieg die Zahl der amerikanischen Truppen im Irak auf 160.000. Zugleich sollten solche sunnitischen Kräfte und Stammesverbände gestärkt werden, die bereit waren, gegen den ISI zu kämpfen. *Sahwat* (»Erweckungsmilizen«) sollten diese Kräfte heißen.[43]

Am 10. Januar 2007 verkündete Präsident George Bush den Plan, 20.000 zusätzliche Soldaten nach Irak zu entsenden. Inoffiziell hatte die Truppenverstärkung schon im Dezember

---

Abu Abduljabbar al-Janabi, Minister für Medien Abu Muhammad al-Mashhadani, Minister für Märtyrer und Gefangene Abu Abdulqadir al-Isawi, Minister für Öl Abu Ahmad al-Janabi, Minister für Landwirtschaft und Fischerei Mustafa al-A'raji, Minister für Gesundheit Abu Abdullah al-Zaydi. Siehe: Al-Kitab al-Jami' li-Kalimat Qadat Daulat al-Iraq al-Islamiya, 2010.

43 *Sahwa* (Pl. *Sahwat* oder *Sahawat*) stand für das »Erwachen« der Stämme angesichts des Vorgehens von AQI. Diese Stämme wurden von den irakischen Streitkräften und von den USA unterstützt und finanziert und zu paramilitärischen Truppen ausgebildet. Ihre Kampferfahrung war jedoch gering, und viele der gezahlten Gelder versickerten durch Korruption. Die *Sahwa*-Stämme lassen sich in »alte« und »neue« aufteilen. Zu ersteren gehörten die Stammeskämpfer unter Führung von Abdussattar Alburisha in al-Anbar; sie wurden in den Staatsdienst eingegliedert und gründeten später die Partei *Mu'tamar Sahwat al-Iraq*. Im Osten von al-Anbar entstanden die »neuen« *Sahwat* unter Wisam al-Hardan, westlich von Falluja unter Muhammad al-Hayis und westlich von Ramadi unter Na'im al-Ka'du. Diese Verbände wurden zu einem Gürtel um Bagdad unter Leitung von Thamir at-Tamimi (Abu Azzam) zusammengefasst. Zudem gab es die »Sahwat der Salafisten, der Muslimbrüder und der Baath-Unterstützer«, zu denen *al-Hizb al-Islami*, *al-Jaish al-Islami* und *Kata'ib Thaurat al-Ishrin* gehörten. Mehr dazu bei Hisham al-Hashimi: »*Sahawat al-Fasa'il as-Sunniyya*« (http://www.ynewsiq.com).

durch den »Leitfaden **Aufstandsbekämpfung** 3-24«[44] begonnen. In ihm legten Petraeus und andere Militärs dar, wie der Krieg mit einer größeren Truppenstärke noch gewonnen werden könne.[45]

Die neue Strategie bereitete dem ISI Probleme. Er hatte es jetzt nicht bloß mit einer größeren Anzahl amerikanischen Soldaten zu tun, sondern auch mit irakischen Regierungsverbänden, die von schiitischen Milizen und Todesschwadronen unterstützt wurden, und den sunnitischen *Sahwat*-Stämmen. Hinzu kamen weitere militante sunnitische Gruppen, die sich dem ISI nicht unterwerfen wollten, wie *Kata'ib Thaurat al-Ishrin* und *al-Jaish al-Islami*.

Zugleich galt es einen verdeckten Kampf mit der zentralen al-Qaida auszufechten – wegen der Ausrufung des Staates und des brutalen Vorgehens von ISI bei der Verbreitung seiner religiösen Vorstellungen. Die Propagandaabteilung des ISI, die nun dessen »Ministerium für Religiöse Einrichtungen« unterstand, veröffentlichte ein Dokument, das die Staatsausrufung untermauern sollte. Verfasser war der Leiter des Schariarates Uthman bin Abdurrahman at-Tamimi. Er führte Belege dafür an, dass die Errichtung eines islamischen Staates eine religiöse Pflicht sei: »Das Projekt Islamischer Staat Irak ist die praktische Umsetzung einer wichtigen Pflicht gemäß der Scharia, und die Anhänger des Dschihad sind der Ansicht, dass die Umstände diesem Vorhaben breiten Raum geben.

---

44 Aufstandsbekämpfung zielt auf das »oberste Level« der sozialen Beziehungen, die dadurch beschädigt und kaum wieder hergestellt werden können. Sie vernichtet das Kooperationspotenzial einer Gesellschaft und damit ihre Grundkomponente. Während die traditionelle Kriegsführung auf Landgewinn und Zerstörung der gegnerischen Armee beruht, will die Aufstandsbekämpfung eine Gesellschaft kontrollieren. Siehe dazu Oliver Belcher: The Best-Laid Schemes: Postcolonialism, Military Social Science and the Making of US Counterinsurgency Doctrine, 1947–2009. Blackwell Publishing, Antipode, Vol. 44, Issue 1, 2012, S. 258-263.

45 Siehe Steve Dobransky: »Why the U.S. Failed in Iraq: Baghdad at the Crossroads«. The Middle East Quarterly, Vol. 21, No. 1, Winter 2014. (www.meforum.org/3680/iraq-us-failure).

Thematisch und programmatisch ist dieser Staat vorbereitet, und ihm steht Fläche zur Verfügung. Seine Ausrufung fußte auf einer komplexen Mischung aus religiösen Erwägungen auf Grundlage von Koran und Sunna und der Beurteilung der physischen und politischen Lage auf der Grundlage von Erfahrung und Stärke.«[46]

Die Staatsausrufung blieb ein weiterer Quell für Verstimmung in der unterschwelligen Krise zwischen der eigentlichen al-Qaida und »al-Qaida im Irak.« Ein AQI-Kommuniqué vom 13. Februar 2007 sprach jene an, die noch immer die Bezeichnung al-Qaida verwendeten. Es heißt dort, der Islamische Staat Irak habe mehrfach unter Beweis gestellt, dass die Mitglieder der ehemaligen »al-Qaida im Irak« nun Bestandteil der »Staatsarmee« geworden seien, die zudem Dutzende anderer Kampfgruppen und Tausende weiterer Dschihad-Kämpfer umfasse.

Die Problematik beim Verhältnis zu al-Qaida bestand darin, dass AQI nun Bestandteil des Islamischen Staates Irak war. Das bedeutete, dass Zarqawi in seiner Eigenschaft als Anführer von *at-Tauhid wal-Jihad* zwar Bin Laden die Treue geschworen hatte, diese Organisation aber nun im ISI aufgegangen war. Emir Abu Umar al-Baghdadi bestätigte dies in einer Audiobotschaft von Dezember 2006: »Al-Qaida [im Irak] ist lediglich eine von vielen Gruppen des Islamischen Staates«. In einer anderen, für die weitere Entwicklung bedeutsamen Aufnahme führte er aus: »Der Emir der al-Qaida Abu Hamza al-Muhajir hat meiner Wenigkeit gegenüber öffentlich einen Treue- und Gehorsamsschwur abgelegt, und jene Organisation ging somit im Islamischen Staat Irak auf.«[47]

---

46 Uthman bin Abdurrahman at-Tamimi: »I'lam al-Anam bi-Milad Dawlat al-Islam«. Al-Furqan for Media Production (www.jihadica.com/wp-content/uploads/2014/08/ilam-al-anam.pdf).

47 Die hier als Quellen angegebenen Webseiten sind nicht mehr verfügbar; d. Ü.

Die Ausrufung des Staates wurde zu einem Hauptstreit-punkt unter Dschihadisten allgemein und zwischen ISI und al-Qaida im Besonderen. Dieser Zwist, der noch Jahre später zu einer breiten Debatte zwischen Zawahiri und dem al-Qaida-Ableger im Irak führte, drang zwar erst spät an die Oberfläche, und medial wurde er wenig beachtet. Aber er stellte ein großes Problem dar. Darauf deutet auch ein an die Führung der al-Qaida-Zentrale gerichteter Brief des Scharia-richters des ISI, Abu Sulaiman al-Utaibi. In dem Schreiben (das später zu seiner Absetzung führte) sprach er sich gegen die Ausrufung des Staates aus, weil sie AQI geschwächt habe.[48]

Trotz des Unmuts, der in der damaligen al-Qaida-Zentrale unter Usama bin Laden wegen der Staatsausrufung herrsch-te, und der Linie, die die irakische Organisation verfolgte, kam es aber nicht zu einem endgültigen Zerwürfnis. Der dritthöchste Mann bei al-Qaida, Atiyatullah al-Libi (Jamal Ibrahim Ishtiwi al-Misrati) übte im Dezember 2006 in einem Artikel zwar Kritik am ISI, verdammte diesen jedoch nicht. Er äußerte Vorbehalte gegen die Bezeichnung »Staat«, für die er lieber den Namen »Emirat« hätte, und distanzierte sich von dem Prädikat »Befehlshaber der Gläubigen«; stattdessen schlug er den einfacheren Titel »Emir« vor. Er begründete dies damit, dass die erstere Bezeichnung impliziere, der Titel-träger habe das Recht auf absoluten Gehorsam aller Muslime, zumal wenn er einen Stammbaum habe, der auf die Familie des Propheten zurückgehe.[49]

Beide Seiten versuchten, eine größere Auseinanderset-zung zu vermeiden. Allerdings entwickelte sich AQI seit

---

48 Abu Sulaiman al-Utaibi, ein Saudi-Araber, wurde durch den Iraker Abu Ishaq al-Iraqi ersetzt. Utaibis Brief (Arabisch) findet sich auf http://justpaste. it/dolq.

49 Von diesem Stammbaum Abu Umar al-Baghdadis war in der Staatsver-kündung noch nicht die Rede, er wurde von AQI in einer Ansprache von Abu Hamza al-Muhajir im November 2006 nachgereicht (Weblink nicht mehr verfügbar).

der Ausrufung des Staates tatsächlich in Richtung größerer Unabhängigkeit von der Zentrale. Und die Kräfteverhältnisse innerhalb der AQI verschoben sich. Immer mehr Iraker gaben den Ton an, Kämpfer aus anderen Ländern verloren an Einfluss.

Seit der Staatsverkündung versuchte die Organisation, alle sunnitischen Gebiete des Irak dem eigenen Machtbereich einzuverleiben. Das führte freilich dazu, dass viele Sunniten rebellierten, was auch der Petraeus-Strategie zu verdanken war. Sie konnte Erfolge dabei verbuchen, sunnitische Stämme gegen den ISI zu bewaffnen und sie so von Unterstützern der Dschihadisten zu Komplizen der amerikanischen Truppen zu machen. Am Ende hatten die USA über 100.000 *Sahwat*-Stammeskämpfer ausgerüstet und finanziert.[50] Der Kampf gegen den ISI war besaß Schlagkraft.

In der Staatsverwaltung des Irak stiegen Sunniten indes nicht auf. Im Gegenteil, in den Jahren 2008 bis 2014 erlebte der Irak eine ständig wachsende Dominanz der Schiiten im Staatsapparat, und nur wenige *Sahwat*-Kämpfer wurden ins Militär und in die staatlichen Sicherheitskräfte integriert. Die Sunniten fühlten sich damit erneut ausgegrenzt, und *Sahwat*-Scheichs drohten, dass die Zustände wieder so werden könnten wie 2006 und 2007, sollte die Integration nicht weitergeführt oder den *Sahwat* die Waffenscheine abgenommen werden.[51] Viele Sunniten landeten außerdem in Regierungsgefängnissen, oder sie fielen Attentaten zum Opfer.[52] Das Feuer des Konfessionalismus brannte weiter.

---

50 Siehe Hisham al-Hashimi: Sahawat al-Fasa'il as-Sunniya, a. a. O.

51 Omar Ashour: »Al-Qaeda in Iraq: Eliminating Leaders Will Not Necessarily Cut Lifelines«. The Carnegie Endowment for International Peace, Juni 2010 (http://carnegieendowment.org/2010/06/30/alqaeda-in-iraq-eliminating-leaders-will-not-necessarily-cut-lifelines/gboy).

52 Eine Studie aus der Zeit kurz vor der Truppenaufstockung zeigt, dass es im Irak eine ethnische Säuberungswelle gegeben hatte. Viele potenzielle Opfer waren schon tot oder außer Landes geflohen. Auch den Rückgang der Gewalt in Bagdad führt der Autor darauf zurück, dass die konfessio-

Die Miliz war geschwächt, aber verschwand nicht. Um das Jahr 2009 war sie im Niedergang begriffen. Sie war isoliert und ideologisch nicht mehr attraktiv, und es mangelte ihr sowohl an Geld und Personal wie an geografischer Tiefe, um dem gegen sie geführten Abnutzungskrieg standzuhalten. Sie schrumpfte.

Die Lagebewertung der Amerikaner war aber in erster Linie von politischen Zielen geleitet. Ihnen ging es um einen baldigen Truppenabzug mit möglichst geringen Verlusten. Bis Anfang 2009 hatte der »Sicherheitsplan Bagdad« dazu geführt, dass sie mit den dschihadistischen Gruppen nicht mehr direkt konfrontiert waren; zudem waren diese oft auf allen Ebenen unterwandert, so dass die Verluste für die US-Armee geringer wurden, und die Besatzer zogen sich in abgelegene Stützpunkte zurück. Stattdessen fielen nun zunehmend *Sahwat*-Milizionäre und irakische Regierungssoldaten im Kampf und bei Anschlägen.[53]

Dem passte sich der ISI an. Die Terrororganisation ging dazu über, die *Sahwat*-Führer direkt anzugreifen, statt immer neue Gebiete für kurze Zeit zu kontrollieren. Ihre Botschafter unterstrichen, dass die Sunniten politisch noch

---

nelle Gewalt ihren Höhepunkt bereits überschritten hatte. Siehe Andrew Gavin Marshall: »Empire Under Obama, Part 4: Counterinsurgency, Death Squads, and the Population as a Target«. The Hampton Institute, Oktober 2013 (http://www.hamptoninstitution.org/empireunderobamapartfour. html#.VPmvfPnFSo).

53 Eine Untersuchung des Combating Terrorism Center at West Point Academy diagnostizierte im März 2009: »Al-Qaʻida in Iraq (AQI) is a shadow of its former self [...] Al-Qaʻida in Iraq squandered a tremendous opportunity to build a safe-haven in Iraq, but the organization is unlikely to be completely destroyed. Political tension between Sunni and Shi'a, Arab and Kurd, will continue and is likely to create social space for radicals like al-Qaʻida. AQI will likely remain capable of intermittent terrorist attacks and could strengthen in the future if Iraq's tribal Sunnis remain politically marginalized.« Aus: Brian Fishman: »Dysfunction and Decline: Lessons Learned from Inside Al-Qaʻida in Iraq«. Combating Terrorism Center at West Point, March 16, 2009 (https://www.ctc.usma.edu/posts/dysfunction-and-decline-lessons-learned-frominside-al-qaida-in-iraq).

immer nichts erreicht hätten und Schiiten an allen wichtigen Schaltstellen des Staates säßen. Eine Audiobotschaft von Abu Umar al-Baghdadi von 2009 machte dies besonders deutlich.[54] Man kehrte zur früheren Zarqawi-Strategie zurück: zu Selbstmord- und Bomben-Anschlägen. Die fanden zwar nicht mehr so häufig statt wie in den ersten Besatzungsjahren, blieben aber eine große Gefahr für den Staat. Die Kampagne hieß *Ghazwat al-Asir* (»Feldzug des Gefangenen«)[55]. Sie zielte in erster Linie auf Regierungsgebäude, und der größte Anschlag war jener auf das Außenministerium und das Finanzministerium in Bagdad im August 2009, denen im Oktober und Dezember desselben Jahres weitere spektakuläre Anschläge folgten.

Auf diesem Wege erholte sich der ISI nach und nach. Er konnte die Angriffe auf ihn abfedern und gewann Schlagkraft zurück. Im September 2009 verkündete die Organisation eine »Kabinettsumbildung« unter dem alten und neuen Emir Abu Umar al-Baghdadi.[56]

Am 19. April 2010 wurde dabei zwar bekannt, dass Abu Umar al-Baghdadi zusammen mit seinem Kriegsminister Abu Hamza al-Muhajir getötet worden sei. Doch die Organisation

---

54 Audiobotschaft vom 11. März 2009. Er spricht den neuen US-Präsidenten Obama als »Herrscher des Kreuzstaates und Verbündeter der Juden« an und beschuldigt ihn, für das Erstarken der Schiiten auf Kosten der Sunniten im Irak verantwortlich zu sein. Zudem droht er mit weiterem Kampf gegen die Besatzung und den »nahen Feind«, d. h. die »Ungläubigen« unter den Irakern, im Rahmen einer neuen Offensive.

55 Diese ging mit der Veröffentlichung von fünf Videos einher, in denen die Amerikaner beschuldigt werden, im Irak die Schiiten zu unterstützen. Die »Serie« trug den Titel *Ghazwat al-Asir.*

56 Die zweite Regierung des ISI wurde im September 2009 verkündet und bestand aus: Ministerpräsident und Kriegsminister Abu Hamza al-Muhajir, Minister für Religiöse Einrichtungen Abdulwahhab al-Mashhadani, Minister für Öffentlichkeitsarbeit Muhammad al-Dulaimi, Minister für Öffentliche Sicherheit Abdurrazzaq al-Shammari, Minister für Medien Ahmad at-Ta'i, Minister für Märtyrer und Gefangene Hassan al-Juburi, Minister für Öl Usama al-Lahibi, Minister für Gesundheit Abdullah al-Qaisi, sowie Finanzinister Yunis al-Hamdani.

brach nicht zusammen, so wie sie auch durch den Verlust einst gehaltener Gebiete nicht zusammengebrochen war. Mit dem neuen Anführer Abu Bakr al-Baghdadi begann vielmehr eine neue, sehr konspirative und von noch brutaleren Taktiken geprägten Phase.

Der ISI wechselte seine gesamte Führung aus, und mit der neuen Führung rückten militärisch erfahrene Männer in der Organisation auf, die einen noch strengeren salafistischen Dschihadismus vertraten und strategisch noch geschickter vorgingen als ihre Vorgänger. »Zwei sind gegangen, drei sind gekommen«, hieß es in einer Erklärung vom 16. Mai 2010. Und weiter: »Nach dem von Gott gewollten Vorfall, in dem die beiden verehrten Scheichs Abu Umar al-Baghdadi, der Befehlshaber der Gläubigen des Islamischen Staates Irak sowie sein erster Minister Abu Hamza al-Muhajir getötet wurden, trat der Shura-Rat des Islamischen Staates unverzüglich zusammen, um die neue Staatsführung zu regeln.« Man sei darin übereingekommen, »Scheich Abu Bakr al-Baghdadi al-Husseini al-Qurashi als Befehlshaber der Gläubigen des Islamischen Staates Irak die Treue zu bekunden. Zudem wurde Scheich Abdullah al-Hasani al-Qurashi zu seinem ersten Minister und Stellvertreter ernannt.« Als neuer Kriegsminister wurde an-Nasir li-Dinillah Abu Sulaiman angeführt.

5 Die »sunnitische Identität« als Kampfpriorität

Nicht nur die Frage, ob es richtig war, im Irak einen islamischen Staat auszurufen, war ein Streitpunkt zwischen der al-Qaida-Führung und der Organisation von Abu Mus'ab az-Zarqawi. Die Differenzen bestanden, wie erwähnt, auch durch die starke Ausrichtung auf die Sunniten, und genau darum kreisten die Verhandlungen zwischen beiden Lagern bis zum Anschluss der Zarqawi-Gruppe an al-Qaida.

Zwar ist dokumentiert, wie Abu Mus'ab az-Zarqawi sich gegen die al-Qaida-Zentrale durchsetzte, indem diese akzeptieren musste, dass der Irak aufgrund der konfessionellen Gegebenheiten ein Sonderfall war. Aber al-Qaida tat dies nur widerwillig und nicht aus Überzeugung. Daher schwelte der Konflikt auch nach Zarqawis Treuebekundung weiter, zumal Letzterer die konfessionellen Gegensätze weiter zuspitzte – er machte sie zum Grundpfeiler seiner Ideologie. Seine Feindschaft zur Schia ging so weit, dass er sie insgesamt für ungläubig erklärte (*Takfir*), eine Haltung, die weder die al-Qaida-Zentrale noch die führenden Scheichs des dschihadistischen Salafismus so vertraten.

Hier muss man nochmals betonen: Zarqawis Schia-feindliche Haltung und sein Eintreten für die Sunniten waren ganz grundsätzlich mit der Dynamik des Umbruchs im Irak infolge der amerikanischen Besetzung verknüpft. Seit Ende des Saddam-Regimes dominierten Schiiten den politischen Prozess, während die sunnitische Minderheit sich ausgegrenzt und bedroht sah.

Zarqawis Miliz versuchte vom sunnitisch-schiitischen Gegensatz zu profitieren. Sie machte sich die »sunnitische Frage« zu eigen und verankerte sie in Dogma, Diskurs und Handlung, ja sie wurde Teil ihrer strategischen Vision, indem sie später im Gefolge der demokratischen arabischen Aufstände die Sunniten des Irak sowie Syriens und des Libanon einschloss.

Dass Zarqawi anders als die al-Qaida-Führung auf die Schiiten blickte, bedeutete andere Prioritäten in Kampf und Ideologie. Dieser Unterschied trat mit der Zeit immer klarer zutage, und unter Zarqawis Nachfolgern entwickelte sich daraus ein grundlegender Gegensatz, der bis heute besteht.

Es ist in diesem Zusammenhang festzustellen, dass Zarqawis Konfessionalismus anfangs noch nicht im engeren Sinn religiös begründet wurde, sondern politisch. Zunächst zielte er auf die Besatzungsmacht USA und alle konfessionellen und ethnischen Gruppen, die sich mit ihnen verbündeten.[57] Aber je stärker der schiitische Einfluss im Staat und schiitische Milizen im Sicherheitsapparat wurden, desto sektiererischer wurden seine Begründungen.

Am 19. August 2003 zerstörte ein von ihm geplanter Terroranschlag das Gebäude der Vereinten Nationen in Bagdad. 22 Menschen starben, unter ihnen der UN-Vertreter für den Irak Sérgio Vieira de Mello. Die USA setzten daraufhin eine Prämie von 5 Millionen Dollar aus, die erhalten sollte, wer Informationen liefert, die zur Ergreifung von Abu Mus'ab az-Zarqawi führen würden.

Zugleich richtete sich Zarqawis Vorgehen schon früh gegen die Schiiten. Zehn Tage nach dem Anschlag gegen die UNO wurde mit einer Autobombe die schiitische Imam-Ali-Moschee in Najaf zerstört. Dabei starben der Vorsitzende des »Hohen Rates der Islamischen Revolution im Irak«, Muhammad Baqir al-Hakim und mindestens 83 weitere Personen. In einem Bekennerschreiben unter der Überschrift »Meine teure *Umma*« bekannte sich Abu Mus'ab az-Zarqawi zu dem verheerenden Anschlag.

Am 27. Dezember desselben Jahres wurde das schiitische Heiligtum in Karbala Ziel von Anschlägen mit 19 Toten, darunter sieben Soldaten des US-Militärbündnisses, und über 200 Verwundeten. Am 2. März 2004 forderten zeitgleich verübte Selbstmordanschläge gegen Schiiten in einer Moschee von Karbala während des *Ashura*-Festes 170 Todesopfer und über 550 Verletzte.

Schon im Februar hatten die US-Behörden im Irak nach weiteren Anschlägen in Kazhimiya die Verdoppelung des Kopfgelds auf Zarqawi auf 10 Millionen Dollar verkündet.

---

57 Beispielhaft dafür steht eine Erklärung der Zarqawi-Miliz vom 20. September 2005, die in Bagdader Moscheen verteilt wurde und in der die schiitische Sadr- und die Khalisi-Bewegung sowie die von Ahmad al-Hasani al-Baghdadi von Anschlägen ausgenommen wurden, weil sie gegen die US-Besatzung Stellung bezogen hatten.

Und am 17. Mai wurde der schiitische Vorsitzende des regierenden Übergangsrates Abd az-Zahra Uthman Muhammad, bekannt als Izzaddin Salim, in Bagdad per Autobombe getötet.[58]

Einer der engsten Vertrauten Abu Mus'ab az-Zarqawis, Abu Maisara al-Gharib, erklärte allerdings, dass der Terrorchef bis 2005 die Schiiten noch nicht aus rein sektiererischen Gründen angegriffen habe. Laut Gharib erfolgte der Prioritätenwechsel hin zur Einstufung der Schiiten als grundsätzliche Feinde neben den Amerikanern auf der Grundlage der Schriften von Abdullah al-Muhajir zwischen der ersten und der zweiten Schlacht um Falluja (April beziehungsweise November 2004). Al-Gharib bestätigt dies mit dem Satz: »In der Zeit nach der ersten epischen Schlacht der Muslime in Falluja hatte die Konfrontation mit den Enkeln des Ibn al-Alqami [die Schiiten; s. o.] noch nicht begonnen.«[59]

Erst 2006 wurde klar, dass der Konfessionalismus zum ideologischen Kern der Organisation Zarqawis geworden war.[60] Der Irak stand am Rande eines sunnitisch-schiitischen Bürgerkriegs, und Zarqawi erklärte, die Ziele seiner Angriffe umfassten amerikanische und mit ihnen verbündete ausländische Truppen im Irak genauso wie alle, die mit den Besatzern kooperierten: Die irakische Regierung, der Übergangsrat, die staatliche Armee, die Polizei sowie alle Schiiten, insbesondere solche, die sich der Besatzung angedient hätten, gemäß dem Motto *al-Wala' wal-Bara'* (sinngemäß: »Allianz und Distanz«): »Es gibt keinen Unterschied zwischen einem ohnehin ungläubigen Feind von außen und einem aus dem

---

58 Zu Zarqawis Anschlägen jener Zeit siehe Jean Charles Brisard, Damien Martinez: Zarqawi: The New Face of Al-Qaeda. Other Press, 2005.

59 Maysara al-Gharib: »Muqatalat ash-Shi'a fi l-Iraq: Al-Hukm wal-Hikma«. Al-Furqan Media Productions, Folge 4.

60 Siehe »The Next Iraqi War? Sectarianism and Civil Conflict«. The International Crisis Group, Middle East Report No. 52, February 27, 2006 (www.crisisgroup.org/en/regions/middle-east-northafrica/iraq-iran-gulf/iraq/052-the-next-iraqi-war-sectarianism-and-civilconflict.aspx).

Land selbst, denn dieser ist als vom Glauben abgefallen anzusehen. Es gibt keinen Unterschied zwischen einem Amerikaner und einem Iraker, sei dieser Kurde, Araber, Sunnit
oder Schiit«, so Zarqawi.

Diese Ausrichtung war mit einer immer deutlicheren, von
Abu Mus'ab az-Zarqawi vertretenen sunnitischen Identitäts-
politik verbunden (die sich zugleich in der Verketzerung,
Entführung und Ermordung von Schiiten niederschlug). Sie
war heikel, denn während man im globalen Dschihadismus
den Kampf gegen die Vereinigten Staaten und ihre Verbündeten im Rahmen der Globalisierung als politisches Anliegen
darstellte, war Zarqawis Stoßrichtung eine andere.

Dennoch liegt die Saat des Konfessionalismus und der
Verketzerung von Schiiten schon im Salafismus und insbesondere in dessen dschihadistischer Variante.[61] Abu Mus'ab
az-Zarqawi entwickelte lediglich weiter, was er bei seinen
Mentoren Abu Muhammad al-Maqdisi und Abu Qatada
gerade in Bezug auf das genannte Konzept *al-Wala' wal-Bara'*
und die Priorisierung des Kampfes gegen den »nahen Feind«
gelernt hatte.[62] Zarqawi, der salafistisch-dschihadistischen
Kreisen entstammte, hatte keine Probleme damit, daraus
eine identitäre Haltung zu entwickeln. Der moderne Sala-

61 Siehe dazu Guido Steinberg: »Jihadi-Salafism and the Shi'is: Remarks about
the Intellectual Roots of Anti-Shi'ism«, in: Roel Meijer (Hg.): Global Salafism: Islam's New Religious Movement, London, Hurst 2009, S. 107-125.

62 Abu Qatada beharrt auf der Unterscheidung zwischen Gläubigen und
Ungläubigen wie folgt: »Zu den Erfordernissen des Grundsatzes *al-Wala' wal-Bara'* gehört, dass der Muslim Ungläubige und Heuchler als Feinde
behandelt, ohne ihre Nationalität, Herkunft oder Sprache zu beachten. Denn
es gibt nur zwei Lager: das der monotheistischen Gläubigen unabhängig
von Geschlecht, Hautfarbe oder Sprache, seien sie Araber oder Ausländer,
und das der Ungläubigen und Heuchler, seien diese Araber, Juden, Christen
oder Angehörige abweichender Sekten wie die Schiiten oder in heutiger Zeit
Nationalisten und Baathisten.« Abu Qatada: »Bayan Munasara lil-Mujahidin
al-Murabitin fi Aknaf Bait al-Maqdis«, o. O., o. J.

fismus baut, anders als der doktrinäre und religionsrechtlich orientierte, klar auf identitären Grundlagen auf.[63]

Al-Qaida und Zarqawi versuchten jahrelang, nicht öffentlich über ihre Differenzen zu reden. Abu Muhammad al-Maqdisi, bei dem Zarqawi selbst gelernt hatte, schrieb allerdings ausgerechnet in jener Zeit einen Brandbrief an den Miliz-Chef, in dem er gegen eine Ausweitung von Selbstmordattentaten, die Verketzerung der Schiiten und die Rücksichtslosigkeit gegenüber Zivilisten Stellung nahm – also alles, was Zarqawi im Irak und anderswo immer extremer tat. Er schrieb: »Ich warne vor einer Geringschätzung des Blutes, des Besitzes und der Ehre von Muslimen, auch wenn diese illoyal und sündig sein sollten. Das Vergießen des Blutes von Schutz verdienenden Menschen wiegt am Jüngsten Tag schwer. Ich bekräftige dies angesichts dessen, was wir an immer schlimmerem Chaos im Irak beobachten. Ein solches Vorgehen führt dazu, das strahlende Bild des Dschihad zu entstellen, indem Autobomben oder Sprengstoff auf öffentlichen Straßen gezündet oder Mörsergranaten auf öffentliche Plätze oder Märkte geschossen werden. Dazu gehört auch das wahllose Zielen auf die Allgemeinheit der Schiiten. Hier wird vom Kampf gegen den Besatzer und seine Anhängsel abgelenkt, indem man auf Moscheen von Schiiten und anderen zielt.«[64]

Maqdisi und den salafistisch-dschihadistischen Scheichs, die al-Qaida nahestanden, war nicht entgangen, dass Abu Mus'ab az-Zarqawi in einer nie dagewesenen Weise auf Selbstmordanschläge setzte. Der rechtfertigte sein Vorgehen mit dem Konzept des *Tatarrus*, dem zufolge das Töten von Zivilisten dann zulässig sei, wenn diese sich in der Nähe legitimer Ziele befänden. Zarqawi verband dieses Konzept wie jenes von *al-Wala' wal-Bara'* und des »nahen Feindes«

63 Siehe hierzu Mohammad Abu Rumman: Ich bin Salafist. Bonn: Dietz, 2015, S. 158-163.
64 Minbar at-Tauhid wal-Jihad, S. 9-12.

zu dem Grundsatz, dass die Tötung von amerikanischen und verbündeten Soldaten, mit ihnen kooperierender Kräfte wie der irakischen Regierung, der Armee, der Polizei und von Schiiten zulässig sei, insbesondere solcher, die der Besatzung zuarbeiteten. Zwischen einem äußeren und inneren Feind sei nicht zu unterscheiden.

Die Kritik Maqdisis führte jedoch nicht dazu, dass Abu Mus'ab az-Zarqawi seine Strategie überdachte. Implizit drohend und vorwurfsvoll erwiderte er stattdessen auf den Brief seines Lehrers: »Nimm Zuflucht zu Gott, statt den Schritten Satans zu folgen und dabei unterzugehen. Nimm dich in Acht, verehrter Scheich, vor der Verschlagenheit der Feinde Gottes, und lass dich nicht dazu verlocken, die Reihen der Dschihadkämpfer zu spalten.«[65]

Zwar meinen auch die meisten Theoretiker des dschihadistischen Salafismus, dass der Zweig der Schiiten dem Unglauben näherstehe als dem Islam, aber es gibt unterschiedliche dschihadistische Lehrmeinungen darüber, wie man mit ihnen umzugehen habe. Während Abu Muhammad al-Maqdisi die breite Masse der Schia der der Sunniten gleichstellt und meint, man dürfe diese nicht allein wegen ihrer konfessionellen Zugehörigkeit angreifen, antwortet ihm Zarqawi:

»Wir haben mehrfach geäußert, dass nicht wir es waren, die den Kampf angefangen haben. Wir haben unsere Pfeile nicht auf sie gerichtet. Sie hingegen haben Angehörige der Sunna exekutiert, vertrieben und ihre Moscheen und Häuser gewaltsam in Besitz genommen. […] Aber vor allem sind sie den Kreuzzüglern gegenüber loyal. Und nach alldem sollen wir nicht gegen sie kämpfen? Was nun die Behauptung betrifft, die Allgemeinheit der Glaubensverweigerer (*rafidha*) sei der der Sunniten gleichzustellen, so liegt darin ein Unrecht

---

65 Abu Mus'ab al-Zarqawi: »Bayan wa-Taudhih li-ma atharahu al-Shaikh al-Maqdisi fi liqa'ihi ma'a Qanat al-Jazira«. 12. Juli 2005, Shabakat al-Buraq al-Islamiya, S. 322.

gegenüber den Sunniten. Sind denn die, die sich im Grundsatz zu dem einen Gott bekennen, denen gleich, die im Grundsatz al-Hussein und die Nachkommen der Prophetenfamilie anrufen? Was sie in Karbala und anderswo treiben, kann keinem verborgen bleiben, der Augen hat! Sie glauben an den Schutz durch ihre Imame und an deren Allmacht und betreiben andere Arten der Vielgötterei, und niemand kann behaupten, davon nichts zu wissen. Wer den Irak kennt, weiß genau, dass es bei ihnen keine Allgemeinheit in dem von dir gemeinten Sinne gibt. Sie sind zu Soldaten des ungläubigen Besatzers geworden, und sie spionieren gegen die aufrechten Kämpfer des Dschihad. [...].«[66].

Die Tötung Zarqawis Mitte 2006 führte nicht dazu, dass die Differenzen mit al-Qaida abnahmen. Die »Irakisierung« der Führung des ISI brachte es im Gegenteil mit sich, dass der Konfessionalismus in der Miliz zunahm. Schon bei der Ausrufung des »Islamischen Staates Irak« wurde betont, dass dieser ein sunnitischer sei, und Abu Umar al-Baghdadi sagte über die Schiiten nur: »Die Glaubensverweigerer [der Schiiten] sind eine Konfession der Vielgötterei und der Apostasie, weswegen sie sich einer Vielzahl islamischer Riten enthalten.«[67]

In einer Ansprache an die Schiiten sagte Baghdadi später: »Was habt ihr in vier Jahren erreicht? Erstens: Dogmatisch und religionsrechtlich gesehen habt ihr euren Unglauben nur noch weiter getrieben und habt euch dem Glauben noch weiter entfremdet, indem ihr dem ungläubigen Besatzer zur Seite sprangt. Selbst Söhne alteingesessener arabischer Stämme sind heute Werkzeuge in den Händen der Perser.«[68] Iran drohte er mit Krieg und rief die Sunniten auf, sich Iran und der Schia entgegenzustellen und zählte detailliert angebliche Verbrechen wie Mord und Folter von Schiiten gegen Sunniten auf. Das

---

66 Ebd., S. 325.
67 Vom 13. März 2007; in: Abu Umar al-Baghdadi: Inni ala Bayyina min Rabbi. Al-Majmu' li-Qadat Daulat al-Iraq al-Islamiya, 2010.
68 Ebd.

Schreiben enthält auch eine implizite Kritik des Verhältnisses der al-Qaida-Zentrale zu Iran: »Wir geben den Persern im Allgemeinen und den Herrschern Irans im Besonderen zwei Monate Zeit, jede Art der Unterstützung im Irak zu beenden und jede direkte oder indirekte Einmischung in die Belange des Staates des Islam zu unterlassen. Solltet ihr dem nicht nachkommen, so macht euch auf einen unerbittlichen Krieg gefasst, der euch vernichten wird. Wir haben uns auf diesen vier Jahre lang vorbereitet und müssen lediglich seinen Beginn befehlen. Und wir werden keinen Handbreit in Iran oder anderen Staaten der Region davon ausnehmen.«[69]

Die Rhetorik Abu Umar al-Baghdadis war in den Jahren seiner Führerschaft geradezu geprägt von Hetze gegen die Schiiten und gegen Iran. In einer Schrift von 2009, die den Titel »Kollaborateure und Lügner« trug, richtet er sich an die Sunniten: »Ihr Anhänger der Sunna, die Schiiten sind eure Feinde! Ihre Geschichte und ihre Gegenwart sind voll mit Verrat und Verschwörung gegen euch. Traut ihnen nicht und lasst euch nicht von ihren süßen Worten betrügen, denn hinter ihnen steht Arglist so schwarz wie die Nacht.«[70]

Auch Abu Hamza al-Muhajir, Zarqawis Nachfolger bei AQI und Kriegsminister im ISI, schloss sich ganz der von Zarqawi und Abu Umar al-Baghdadi vorgegebenen Linie an. In einer Ansprache von 2006 trieb er die sektiererische Wortwahl auf die Spitze und drohte den Schiiten mit einem Vernichtungskrieg: »Was euch *Majus* [»Magier«; abwertende Bezeichnung für Schiiten] betrifft, so lasst euch sagen, dass der Tag eurer Bestrafung und die Stunde der Abrechnung mit euch gekommen ist. Bei Gott, ihr seid zu niederträchtig, um auch nur einer Fahne würdig zu sein, und kein Ziel sollt ihr je erreichen. Bagdad, die Stadt des Kalifen Harun ar-Rashid, wird von keinem regiert werden denn Nachkommen von

---

69 Ebd.
70 Ebd.

Saad und Ibn al-Walid [Prophetengenossen und islamische Feldherren]. Seht, wie eure Herren sich schon anschicken zur Flucht, ohne sich nach Kollaborateuren und Verrätern umzusehen. Euer Schicksal wird dasselbe sein wie das eurer Vorfahren vom Schlage eines at-Tusi und Ibn al-Alqami, die Bagdad an die Tataren verkauften. Aber wisset auch, dass eure Hinwendung zum wahren Weg, eure Rückkehr zur Vernunft, eure reuige Umkehr zu Gott und eure Abkehr von der Glaubensverweigerung und der Unterstützung des Besatzers uns lieber wäre als alles in der Welt. Solltet ihr euch allerdings widersetzen und das Schwert vorziehen, dann wartet auf das, was euch von uns bevorsteht. Es wird schlimm und bitter sein.«[71]

Der ISI wurde unter der Führung von Abu Umar al-Baghdadi und Abu Hamza al-Muhajir politisch und konfessionell immer extremer, je mehr Iraker in Führungspositionen aufrückten und je schwächer der Einfluss anderer Araber und von Ausländern wurde. Eine neue Generation, die noch blutigere Auseinandersetzungen mit der Umgebung suchte, übernahm und wandte brutale Taktiken selbst gegen solche Widerstandsgruppen an, die dem ISI zuvor nahegestanden hatten, wie *al-Jaish al-Islami*, um den eigenen Einfluss zu vergrößern und die eigene Agenda durchzusetzen.[72]

Die Fixiertheit auf die »sunnitische Frage« erreichte ihren Höhepunkt unter Abu Bakr al-Baghdadi, als die Entwicklungen im syrischen Krieg immer stärkeren Einfluss auf den Irak hatten und der Iran und die Hizbullah dort immer sichtbarer intervenierten. Der Iran unterstützte sowohl den damaligen irakischen Premier Nuri al-Maliki als

71 Ansprache von Abu Hamza al-Muhajir, 13.6.2006; Link nicht mehr verfügbar.
72 Siehe »Iraq after the Surge I: The New Sunni Landscape.« The International Crisis Group, Middle East Report No. 74, April 30, 2008 (www.crisisgroup.org/en/regions/middle-east-northafrica/iraq-iran-gulf/iraq/074-iraq-after-the-surge-i-the-new-sunni-landscape.aspx).

auch das syrische Regime von Bashar al-Assad – was den Konfessionalismus des ISI weiter anfachte und somit auch den Graben zwischen der irakischen Miliz und al-Qaida vertiefte. Besonders sichtbar wurde dies später, als der Anführer der Nusra-Front in Syrien, Abu Muhammad al-Jaulani, dem »Kalifen« al-Baghdadi die Gefolgschaft verweigerte. Davon wird noch die Rede sein.

Fazit

Es gilt festzuhalten:

1. Die Ausrufung eines islamischen Kalifats im Juni 2014 war das Ergebnis einer stufenweisen, wenn auch nicht linearen Entwicklung, die mit *at-Tauhid wal-Jihad* begann, gegründet von Abu Mus'ab az-Zarqawi nach der amerikanischen Besetzung des Irak 2003. Daraus wurde 2004 »al-Qaida im Irak« (AQI), nachdem Zarqawi Usama bin Laden Treue geschworen hatte. Zarqawi hatte kurz vor seiner Tötung noch darüber sinniert, im Irak ein Emirat zu schaffen, was seine Nachfolger mit der Ausrufung des »Islamischen Staates Irak« (ISI) 2006 umsetzten.

2. Trotz der Treuebekundung von Abu Mus'ab az-Zarqawi gegenüber Usama bin Laden blieb das Verhältnis zwischen beiden Seiten zwiespältig und angespannt. Hauptgrund dafür waren unterschiedliche Prioritätensetzungen. Al-Qaida war auf das Globale und die Konfrontation mit den USA (dem »fernen Feind«) fixiert, seit man 1998 die »Globale Front zum Kampf gegen Juden und Kreuzfahrer« ausgerufen hatte. Zarqawis Miliz im Irak dagegen betrachtete die Schia als einen mindestens so gefährlichen Feind wie die USA und erhob daher den Kampf gegen beide Gegner im Irak zum Programm.

3. Die Fixierung der Zarqawi-Gruppe auf die Sunniten im Irak bestimmte den ideologischen Diskurs, den theologischen Bezugsrahmen und das Handeln der Organisation. Zwischen

2003 und 2005 entwickelte die Miliz ihre Haltung zur Schia. Sie erklärte deren Anhänger insgesamt für Ungläubige, die man zu bekämpfen habe und töten dürfe, und erhob dies zur Priorität. Ein von den USA abgefangenes Schreiben Zarqawis an al-Qaida gibt Einblick in die Strategie seiner Organisation, die Schiiten zum Hauptfeind zu erklären und die Massen durch konfessionelle Zuspitzung zum Kampf zu mobilisieren. Die Führung von al-Qaida schwenkte auf diese Linie nicht ein. Ab 2006 eskalierte der sunnitisch-schiitische Gegensatz im Irak, und die identitär-sunnitische Ausrichtung des ISI festigte sich weiter.

4. Abu Mus'ab az-Zarqawi war zwar von Maqdisi und dessen Konzept der *Hakimiya* (»Herrschaftsgewalt Gottes«) beeinflusst, aber sein grundlegender theologischer und ideo-logischer Bezugsrahmen ging vor allem auf das Buch von Abu Abdullah al-Muhajir *Masa'il min Fiqh al-Jihad* zurück, aus dem sich, wie noch zu zeigen sein wird, weitgehend die Haltung von Zarqawis Miliz zum Umgang mit Zivilisten, zu Selbstmordanschlägen und zur Tötung von Opponenten erklären lässt.

5. Die Ausrufung eines Staates führte zu einem schweren Konflikt zwischen AQI und der zentralen al-Qaida. Das hatte zwei Gründe: Die Staatsausrufung widersprach dem, was al-Qaida als Kampfpriorität ansah, denn al-Qaida zielte auf die Konfrontation mit den USA, ohne dabei Gebiete und politische Macht zu erobern. Demgegenüber wollte Zarqawi im Zeichen der neuen politischen Verhältnisse im Irak eine Entität errichten, unter deren Banner die Sunniten leben sollten. Dieser »Staat« schuf aber im Irak auch eine neue Situation – AQI erklärte sich zu einem Teil von ihm und huldigte dessen Führer, der wiederum nicht Usama bin Laden die Treue geschworen hatte, sondern sich als Nachfolger des Propheten Muhammad bezeichnete. Dies bedeutete, obgleich AQI formell mit al-Qaida verbunden war, dass AQI de facto organisatorisch und politisch weitgehend unabhängig von der

al-Qaida-Zentrale war. Diese Dialektik blieb der Kern des Streits zwischen al-Qaida und dem, was später der IS wurde.

6. Eine bedeutsame Entwicklung war die »Irakisierung« der Organisation. Waren anfangs und bis zur Staatsausrufung noch arabische Kämpfer aus dem Ausland tonangebend, rückten nun Iraker an die Spitze der Miliz, ganz besonders nach dem Tod von Abu Umar al-Baghdadi und Abu Hamza al-Muhajir, also unter Abu Bakr al-Baghdadi, der heute den IS als »Kalif« führt. Die neue irakische Führung der Miliz integrierte ehemalige Offiziere der irakischen Armee in den ideologischen Apparat al-Baghdadis und seiner Anhänger. Durch diese Irakisierung nahm das Bestreben der Miliz zu, sich den irakischen Sunniten als Sachwalter anzudienen, was wiederum den Graben zu al-Qaida vertiefte.

7. Mehrere Faktoren erklären die aktuellen tiefen Differenzen zwischen der al-Qaida-Mutterorganisation und ihrem irakischen Ableger. Schon die ursprüngliche ideologische Ausrichtung von Abu Mus'ab az-Zarqawi war radikaler als der relative Realismus beziehungsweise Pragmatismus von al-Qaida, zumal in Gestalt ihres heutigen ägyptischen Anführer Aiman az-Zawahiri. Dazu kamen unterschiedliche dogmatisch-theologische Grundlagen; so war der Einfluss der extremen Ansichten von Abdullah al-Muhajir auf Zarqawi für dessen Haltung zur Schia, zum Umgang mit Zivilisten bei Anschlägen, zu Selbstmordattentaten etc. maßgebend. Und schließlich stand die Ausrichtung der AQI auf den Irak und dessen sunnitische Bevölkerung der globalen Sichtweise der zentralen al-Qaida entgegen.

Zweites Kapitel

Gründung, Aufstieg und Krise der Nusra-Front

Einleitung

Bis zur syrischen Revolution, die Mitte März 2011 begann, gab es al-Qaida in Syrien praktisch nicht, und auch der dschihadistische Salafismus war hier nur sehr begrenzt vertreten. Anders als in vielen anderen arabischen und muslimischen Ländern gedieh der Dschihadismus in Syrien nicht. Stattdessen herrschte eine sufische beziehungsweise volkstümliche Frömmigkeit im öffentlichen Raum, und selbst die reformistische, akademische und nationalistische Variante des Salafismus hatte einen schweren Stand. Zudem war der politische Islam, wie ihn die Muslimbrüder verkörperten, in Syrien praktisch ausgerottet worden, nachdem die Muslimbrüder zwischen Ende der siebziger und Anfang der achtziger Jahre des letzten Jahrhunderts versucht hatten, das Baath-Regime gewaltsam anzugreifen.[1]

Es erscheint wie eine Ironie, dass der syrische Dschihadismus sich in der Diaspora entwickelte, nachdem das Regime dessen Vertreter im Inland bezwungen hatte.[2] Die Reste

---

1 Siehe Mohammad Abu Rumman: Al-Islamiyun wad-Din wath-Thaura fi Suriya. Amman: Friedrich-Ebert-Stiftung, 2012, S. 26-31.

2 Der syrische Dschihadismus geht zurück auf Marwan Hadid, einen Qutb-Anhänger innerhalb der Muslimbrüder, die in Hama bereits 1964, ein Jahr nach dem Baath-Putsch, die Konfrontation mit dem syrischen Regime suchten. Mitte der siebziger Jahre gab Hadid dieser Bewegung mit *at-Tali'a al-Muqatila* einen organisatorischen Rahmen, die zwar aus den Muslimbrüdern hervorging, aber bis den Massakern von Hama 1982 eine gewisse Unabhängigkeit bewahrte. Dazu siehe Raphael Lefevre: »The Syrian Brotherhood's Armed

der »Kämpfenden Avantgarde«, wie sich die Muslimbrüder in Syrien genannt hatten, schlossen sich nun dem globalen dschihadistischen Salafismus an. Syrer wie Abu Mus'ab as-Suri oder Abu Basir at-Tartusi wurden zu Theoretikern beziehungsweise Propagandisten des weltweiten Dschihad. Andere schlossen sich Ablegern von al-Qaida an, namentlich dem irakischen unter Abu Mus'ab az-Zarqawi.

Seit 2011 trug das syrische Regime jedoch selbst in verschiedener Weise dazu bei, dass auch in Syrien ein Ableger von al-Qaida entstand. Es erhoffte sich, internationale und regionale Legitimität zurückzugewinnen, indem es den »Krieg gegen den Terror« scheinbar mittrug. Die enorme Unterstützung, die das Assad-Regime aus Iran bekam, und insbesondere das Eingreifen der libanesischen Hizbullah und schiitischer Milizionäre aus dem Irak in Syrien gaben al-Qaida den passenden Vorwand, sich einzuschalten. Auch in Syrien waren nun, ähnlich wie im Irak, »sunnitische Gefühle« erwacht, die syrischen Sunniten fühlten sich als Hauptopfer der Repression des Regimes. Und AQI, der irakische Ableger von al-Qaida, half dabei, in Syrien die sogenannte *Jabhat an-Nusra* (»Unterstützungsfront«) aufzubauen.

Die Nusra-Front bekannte sich zunächst nicht zu al-Qaida, und zwar auch dann nicht, als die USA sie als terroristische Organisation gelistet hatte. Erst als der Anführer des »Islamischen Staates Irak« behauptete, die Nusra sei Teil des »Islamischen Staates in Irak und Syrien« (*ad-Daula al-Islamiya fil-Iraq wash-Sham*, arabisches Akronym: *Da'ish* beziehungsweise deutsch ISIS), meldete sich Nusra-Chef Abu Muhammad al-Jaulani zu Wort, um die Fusion abzustreiten. Nun bekannte er sich zu al-Qaida. Zwar gab es Schlichtungsversuche des al-Qaida-Anführers Zawahiri. Sie führten aber lediglich dazu, dass der früher unterschwellig ausgetragene Streit zwischen al-

---

Struggle«. The Carnegie Middle East Center, Dezember 2012 (http://carnegie-mec.org/2012/12/14/syrian-brotherhood-s-armed-struggle/exfu).

Qaida und AQI beziehungsweise ISI ab jetzt offen ausgetragen wurde. Als Folge spaltete sich der irakische Ableger offiziell von al-Qaida ab. Und Vertreter beider Lager attackierten sich in Syrien ideologisch, politisch und militärisch. Man stritt sich, verketzerte sich und bekämpfte sich mit Waffen.

Im folgenden Kapitel rekonstruieren wir die Wurzeln und den Aufstieg der Nusra-Front in Syrien. Wir beschreiben ihr Verhältnis zu al-Qaida und ISIS und versuchen zu ergründen, welcher identitären Ideologie die Nusra-Front anhängt und wie dies nicht nur zu Konflikten mit dem IS, sondern auch zu einer Krise in der Front selbst geführt hat.

1 Wie das syrische Regime ein günstiges Umfeld für al-Qaida schuf

Der amerikanische Einmarsch im Irak 2003 brachte dschihadistische Salafisten in Syrien in Bewegung. Syrien wurde zum Haupttransitland für Dschihadisten aus allen Ländern, die in den Irak reisten, es bot ein günstiges Umfeld für deren Mobilisierung und Rekrutierung. Und auch wenn es offiziell nie verkündet wurde: Das syrische Regime ermöglichte es den Dschihadisten, in den Irak zu ziehen. Das säkulare Minderheitenregime in Damaskus glaubte, tausende Islamisten aus dem eigenen Land loswerden zu können, indem man sie in einen Krieg schickte, aus dem die meisten nie zurückkommen würden. Außerdem war dies eine Möglichkeit, die US-Besatzung im Irak zu destabilisieren und George Bush die Lust zu vergällen, weitere diktatorische Regime zu stürzen.

So wurde Syrien zu einem regelrechten Sammelpunkt für Dschihadisten, die darauf aus waren, sich dem Widerstand im Irak anzuschließen. Das Assad-Regime aktivierte derweil eigene salafistische Agenten. Unter ihnen war Mahmud Qula Aghasi alias Abu l-Qaʿqaʿ, ein salafistischer Scheich aus Aleppo. Seine Anhänger versorgten Abu Musʾab az-Zarqawis

AQI im Irak mit syrischen Kämpfern. Und Abu l-Qaʻqaʻ arbeitete so erfolgreich, dass die Syrer anfangs eine der größten Gruppen ausländischer Kämpfer im Irak stellten. Vier Jahre später kalkulierte das syrische Regime allerdings anders. Es entschied, die Grenzübertritte einzuschränken, und Abu l-Qaʻqaʻ starb unter ungeklärten Umständen durch einen Kopfschuss. Zu diesem Zeitpunkt waren 85 bis 90 Prozent der ausländischen Kämpfer im Irak über Syrien eingereist, und das syrische Dschihadisten-Netzwerk war die wichtigste Nachschublinie für sie. Das Assad-Regime unterstützte die Islamisten nicht direkt, sie handelten aber mit Wissen des syrischen Geheimdienstes.[3]

Assad blieb bis zum syrischen Aufstand 2011 davon überzeugt, er könne den Dschihad sponsern und zum eigenen Nutzen manipulieren. Bis zu jenem Jahr strömten ausländische Kämpfer nach Syrien, und sie bauten eine Infrastruktur auf, mit der Assads Regime heute bekämpft wird. Er bereitete seinen Feinden sozusagen selbst den Weg. Und dabei überrascht wenig, dass die dschihadistischen Netzwerke im beginnenden Krieg in Syrien zuerst in den östlichen Landesteilen nahe der Grenze zum Irak auftauchten.[4]

Während der ersten Phase der friedlichen Proteste in Syrien sorgte das Regime ebenfalls dafür, dass Extremismus entstand. Das repressive Vorgehen gegen die Proteste und das willkürliche Töten und Foltern von Demonstranten führten dazu, dass syrische Soldaten in großer Zahl desertierten und die »Freie Syrische Armee« (FSA) bildeten, um Demonstranten zu schützen.[5]

---

3 Muhammad Habash: Abu l-Qaʻqaʻ. Dhikrayat. At-Tariq ila Daʼish. Mudawwant Judran, 17.10.2014.

4 Peter Neumann: »Suspects into Collaborators: Peter Neumann Argues that Assad has Himself to Blame«. London Review of Books, Vol. 36, No. 7, April 2014, S. 19-21 (http://www.lrb.co.uk/v36/n07/peter-neumann/suspects-into-collaborators).

5 Mehr zur Entstehung der FSA und der Herausbildung dschihadistischer Gruppen siehe »Tentative Jihad: Syria's Fundamentalist Opposition«. The

Nach etwa drei Monaten, ab Sommer 2011, wurde die syrische Revolution immer militanter und immer mehr Oppositionelle sprachen vom »Dschihad«. Salafistisch-dschihadistische Gruppen traten an die Öffentlichkeit, darunter die »Abdullah-Azzam-Brigaden«, die bereits 2004 von Salih Abdullah al-Qar'awi auf Geheiß von Abu Mus'ab az-Zarqawi gegründet worden waren und sich als syrischer Ableger von al-Qaida verstanden. Hinzu kamen Gruppen wie *Fath al-Islam*, deren Gründung auf den November 2006 zurückging und die von Shakir al-Absi geführt wurde. Bekannt geworden war sie durch Kämpfe mit der libanesischen Armee im palästinensischen Flüchtlingslager Nahr al-Barid im Libanon; dort wurde sie besiegt, aber al-Absi entkam. Ebenso traten *Jaish as-Sahaba fi Bilad ash-Sham* und die *Kata'ib Ahrar ash-Sham* in Erscheinung.[6]

In den Verlautbarungen des Assad-Regimes ging es seit Beginn der Proteste um nationale, regionale und internationale »Sorge« und »Interessen«. Die Protestbewegung wurde als »terroristisch« und »sektiererisch« bezeichnet, um den Charakter des Konflikts umzumünzen. Mit einem solchen Vokabular erweckte das Regime den Anschein, als trage es die internationale Politik mit, die seit dem Ende des Kalten Krieges »Krieg gegen den Terror« führte und »humanitär intervenierte«, um Minderheiten zu schützen. Assad wollte auf diesem Wege verlorengegangene Legitimität wiederherstellen, um die eigene autoritäre Macht- und Unterdrückungspolitik weiterbetreiben zu können.

Das Regime benügte sich dabei nicht mit politischer Rhetorik. Am 31. Mai 2011 erließ Präsident Assad eine Amnestie für die Häftlinge in Sednaya, einem Gefängnis bei Damaskus, in dem eine Vielzahl von Islamisten inhaftiert war. Auch ara-

---

International Crisis Group, Middle East Report No. 131, October 12, 2012.

6 Siehe auch Akram Hijazi: »Al-Thawra al-Suriyya wa Masarat al-Tadweel, Kharitat al-Quwa al-Musallaha« (Link nicht mehr verfügbar).

bische Freiwillige, die in Syrien auf Durchreise in den Irak waren, um dort gegen die Amerikaner zu kämpfen, befanden sich dort, neben Mitgliedern dschihadistischer und salafistischer Gruppen, kurdischer Parteien, kleiner islamistischer Zirkel sowie Scheichs und andere führende Persönlichkeiten des bewaffneten Dschihad.[7]

Wenig später bildeten die so freigekommenen Häftlinge das Rückgrat der bewaffneten islamistischen Opposition in Syrien. Unter ihnen waren allein drei, die jeweils zum Anführer bekannter Kampfgruppen im syrischen Krieg wurden: Zahran Allush, der *Liwa' al-Islam* gründete (später *Jaish al-Islam*), Hassan Abbud (Kampfname Abu Abdullah al-Hamwi), der zum Anführer der *Harakat Ahrar ash-Sham* wurde, und Isa ash-Shaikh, der die *Suqur al-Islam* führte. Sie alle waren seit 2004 in Haft gewesen.[8]

Anfang 2012 war der syrische Aufstand bereits stark militarisiert. Zu den über fünfhundert bewaffneten Gruppen, die entstanden, zählten nationalistisch orientierte Gruppen wie die FSA, aber auch islamisch geprägte, und diese dominierten die Szenerie mit der Gründung der *Jabhat Thuwwar Suriya* (»Front Syrischer Revolutionäre«). Sie wurde zu einem Sammelbecken für Islamisten wie *Ahrar ash-Sham* aus Idlib und *Ahfad al-Umawiyin* aus dem Umland von Damaskus, zerfiel aber bald wieder – bis aus ihr am 12. September 2012 die *Jabhat Tahrir Suriya al-Islamiya* (»Islamische Befreiungs-

---

7 Zur Geschichte und Funktion des Sednaya-Gefängnisses siehe Haitham Manna': »Sijn Saidnaya, baina l-Haqiqa wat-Tauzhif«. www.aljazeera.net.

8 Basil al-Junaidi: Qissat »Asdiqa' Saidnaya«. Aqwa thalathat Rijal fi Suriya al-Yaum. http://aljumhuriya.net/19328. Vielen Berichten zufolge war Nusra-Führer Jaulani ebenfalls in Sednaya gefangen. Vertrauenswürdige Quellen berichten aber davon, dass er im Sommer 2011 mit sieben Gefährten (fünf Syrer, ein Saudi und ein Jordanier) heimlich vom Irak nach Syrien kam und dort von ehemaligen Sednaya-Häftlingen empfangen wurde. Im Irak soll er im amerikanischen Camp Bucca eingesessen haben. Anm. d. Ü: Der im Text genannte Allush kam bei einem vermutlich russischen Luftangriff im Dezember 2015 ums Leben.

front Syrien«) wurde, die die wichtigsten dschihadistischen Gruppen umfassen sollte. Letztlich wurde bekanntgegeben, dass die Front die *Suqur as-Sham, Kata'ib al-Faruq, Ansar al-Islam, Liwaʿ al-Fath, Liwaʿ al-Iman,* und den »Rat der Revolutionäre der Provinz Deir ez-Zor« sowie einige kleinere Verbände umfasse. Am 11. Januar 2013 trat dann noch *Liwaʿ at-Tauhid* bei, während die *Ansar al-Islam* die Front wieder verließen. Aufgrund von Konflikten, die im letzten Moment auftraten, waren die *Ahrar ash-Sham* dem Zusammenschluss nicht beigetreten.

Zehn Tage vor Ende des Jahres 2012 entstand die zweite islamistische Front, *al-Jabha al-Islamiya as-Suriya* (»Syrische Islamische Front«), welche *Ahrar ash-Sham, Harakat al-Fajr al-Islamiya, at-Tali'a al-Islamiya, Kata'ib al-Iman al-Muqatila, Ansar ash-Sham, Liwaʿ al-Haqq, Jaish at-Tauhid* und andere Kampfverbände umfasste. Auch *Liwaʿ al-Iman* aus Hama wechselte zwei Monate danach von der »Befreiungsfront« zur »Islamischen Front«. Später gingen die vier erstgenannten Gruppen in einem neuen Zusammenschluss auf, der sich *Harakat Ahrar ash-Sham* (»Bewegung der Freien Syrer«) nannte und der damit zum Hauptfaktor der Islamischen Front wurde.

In der zweiten Jahreshälfte 2013 fanden Bemühungen statt, die beiden Fronten zu vereinen. Am 22. November wurde *al-Jabha al-Islamiya,* die »Islamische Front« ausgerufen, der tatsächlich die größten aktiven Kampfgruppen beitraten, nämlich: *Harakat Ahrar ash-Sham al-Islamiya, Jaish al-Islam, Suqur ash-Sham, Liwaʿ at-Tauhid, Liwaʿ al-Haqq, Ansar ash-Sham* sowie *al-Jabha al-Islamiya al-Kurdiya.* Zugleich wurde die Auflösung der beiden Vorgängerfronten bekanntgegeben.[9]

---

9 Siehe Mujahid Diraniya: »Khara'it Mutaharrika: Al-Quwa al-Askariya fi th-Thawra as-Suriya«. http://studies.aljazeera.net/reports/2013/12/20131223111212549392.htm.

Und al-Qaida? Die dschihadistischen Umtriebe in Syrien blieben al-Qaida und ihrem Ableger im nahen Irak nicht verborgen. Schon seit Juli 2011 gab es Kontakte zwischen den aktiven Dschihadisten in Syrien und im Irak auf der einen und der al-Qaida-Zentrale auf der anderen Seite. Aiman az-Zawahiri, der Nachfolger Usama bin Ladens, verbreitete damals eine Videobotschaft unter dem Titel »Damaskus ist der oberste Stolz des Orients«[10].

2 Der Aufstieg der Nusra-Front: Verschlungene Wege

Der Aufschwung dschihadistischer Aktivitäten in Syrien[11] veranlasste al-Qaida, einen syrischen Ableger zu gründen. So strömten auch durch die Koordination von al-Qaida und ihrem irakischen Ableger Glaubenskämpfer nach Syrien. Beide Organisationen traten jedoch nicht unter ihrem Namen auf. Zum einen wollte man die Fehler vermeiden, die im Zusammenhang mit AQI passiert waren. Zum anderen wollte man die Geheimdienste nicht auf die eigene Fährte locken.

---

10 (Link nicht mehr verfügbar).

11 Die Golfstaaten, allen voran Saudi-Arabien, unterstützten den Aufstand in Syrien, um den iranischen Einfluss in der Region zu schwächen, und stärkten zu diesem Zweck politisch und religiös den Konfessionalismus. Fishman schreibt: »The fight in Syria has narrowed the rhetorical gap between jihadists and Arab regimes that want to see al-Assad deposed, especially in Saudi Arabia. [...] On February 25, 2012, Saudi Foreign Minister Prince Saud al-Faisal called the al-Assad regime an ›occupying force‹. The argument was widely reported in Arab media, welcomed heartily by the FSA, and subsequently referenced in jihadist geopolitical analysis. Two weeks later, the Saudi Mufti 'Abd al-'Aziz al-Shaykh said that ›it is the duty of every Muslim to assist the Syrian people, according to his abilities. [...] Anyone who can do so must wage jihad against [the Alawites] with his soul [or] with money, and those who cannot, must at least support [the Syrians] with words [...]‹«. Brian Fishman: »The Evidence of Jihadist Activity in Syria«. Combatting Terrorism Center at West Point, May 22, 2012 (https://www.ctc.usma.edu/posts/the-evidence-of-jihadist-activity-in-syria).

Außerdem war die lokale Kontaktaufnahme zu bewaffneten Gruppen in Syrien einfacher, wenn man den Namen al-Qaida nicht gebrauchte. Zawahiri erläuterte diese Strategie so: »Es erging die Anweisung der zentralen Führung, keine Präsenz von al-Qaida in Syrien zu verkünden. Darin waren wir uns auch mit den Brüdern im Irak einig.«[12]

Die Entstehung der Nusra-Front geschah somit vor einem mehrdeutigen ideologischen Hintergrund und auf der Grundlage zweier unterschiedlicher Bezugspole und Praktiken. Einerseits bestand eine politische Nähe zur zentralen al-Qaida und zu ihrer an die Gegebenheiten seit dem »Arabischen Frühling« angepassten Ausrichtung, indem man in unterschiedlichen Ländern statt unter eigenem Namen als *Ansar* (islamisch gefärbter Terminus für »Unterstützer«) auftrat. Andererseits verfolgte die Nusra-Front einen identitären Ansatz nach irakischem Vorbild, der ein größeres Maß an Selbstständigkeit implizierte, dem Kampf aber zugleich eine konfessionelle Richtung gab.

Die Mehrdeutigkeit wurde bereits bei der Gründungsverkündung der *Jabhat an-Nusra li-Ahl ash-Sham* (»Unterstützungsfront für die Bewohner Syriens«) deutlich, die am 24. Januar 2012 per Videobotschaft erfolgte. Diese von Abu Muhammad al-Jaulani geführte Organisation gab es, wenn auch ohne Namen, schon seit Juli 2011, doch nun wurde Jaulani als »Oberhaupt der Front« mit dem Titel *al-Fatih* (»der Eroberer«) eingeführt. Das Vorgehen erinnerte an die irakische Fraktion unter Abu Mus'ab az-Zarqawi. Auch dort benutzte man Kampfnamen, anders als bei der Mutterorganisation al-Qaida und deren engeren Ablegern. Jaulani wurde jedoch nicht als »Emir« betitelt, und das Video erschien zunächst auf der Plattform *Shabakat ash-Shumukh al-Jihadiya*, was auf eine Nähe zu al-Qaida und ISI zugleich hindeutete.

---

12 (Link nicht mehr verfügbar).

Die Nusra-Front, so Jaulani, sei entstanden, »um Gottes Herrschaft auf Erden wiederherzustellen« – auch dies ist eine Gemeinsamkeit mit dem Vokabular von al-Qaida und AQI/ISI, und auch bei Jaulani ist Palästina präsent: Im Hintergrund des Videos ist die al-Aqsa-Moschee in Jerusalem sichtbar. Undeutlicher wird es bei der Feindbenennung. Hier heißt es nur, man lehne jede Zuhilfenahme »des westlichen Feindes ab, um sich vom baathistischen Feind [dem Assad-Regime] zu befreien. Eine Aufforderung [an den Westen zur Intervention] wäre abartig, falsch, verbrecherisch und ein Missgriff, den Gott nie verzeihen würde.« Wer solches fordere, dem »wird die Geschichte bis in alle Ewigkeit nicht verzeihen.« Entsprechendes gelte für die Hoffnung auf ein Eingreifen der Türkei oder der Arabischen Liga, denn diese seien Komplizen der USA und des Westens. »Eine Veränderung kann nichts Gutes bewirken, wenn ein Unrecht mit einem neuen abgelöst wird und eine Sünde mit einer anderen. Dies wäre nur Verderbnis in neuem Gewand.«

Das sektiererische Vokabular der irakischen Sektion ist aber auch im Gründungsvideo der Nusra-Front feststellbar. Es wird zum Widerstand gegen den Iran und die »Safawiden« aufgerufen, ein Lieblingsbegriff des ISI, wenn vom »schiitischen Projekt« in der Region die Rede ist, dem man mit sunnitischer Identität begegnen müsse. Das Verhältnis Syrien-Iran erklärt Jaulani ebenfalls als ein konfessionelles und spricht vom »beharrlichen, seit Jahren bestehenden iranischen Streben danach, das Safawidentum in diese gesegnete Erde einzupflanzen, um das persische Reich wiederzuerrichten.«[13]

Die Nähe zwischen Nusra und al-Qaida war trotz aller Verschleierungsversuche unverkennbar. Der oberste Vertreter von al-Qaida, Aiman az-Zawahiri, gab kurz nach der Gründung der Nusra-Front, am 12. Februar 2012, ein Video heraus, das den Inhalt der Ansprache Jaulanis praktisch wiederholt.

---

13 (Link nicht mehr verfügbar).

Hier werden fast dieselben Worte benutzt: »Syrische Brüder! Verlasst euch nicht auf den Westen und Amerika und auch nicht auf die Regierungen der arabischen Staaten und der Türkei. Ihr wisst am besten, was diese für euch aushecken. Stützt euch nicht auf die Arabische Liga und deren korrupte Regierungen, denn wenn einer etwas nicht hat, kann er es auch niemand anderem geben. Traut nicht dem Westen und der Türkei, denn diese haben mit diesem [dem syrischen] Regime jahrzehntelang kooperiert. Erst jetzt, wo sie sehen, dass es wankt, haben sie sich von ihm abgewandt. Verlasst euch auf Gott allein, und ferner auf eure Opferbereitschaft, Beharrlichkeit und Standfestigkeit.«[14]

Zwar mischt Zawahiri in seiner Ansprache bei den Ausführungen zum syrischen Regime politische und identitäre Inhalte, aber er bleibt der Linie von al-Qaida treu, die USA und ihren Verbündeten Israel als Hauptfeind zu benennen. Dabei vermeidet er, den Gesamtkonflikt als einen konfessionellen darzustellen, wie es der irakische Ableger tat. Bei Jaulani ergibt sich derselbe Befund: Er spricht zwar von Iran als »Safawiden und Persern«, bleibt aber bei der Beschreibung des Syrienkonfliktes prinzipiell im Rahmen des Diskurses der zentralen Führung von al-Qaida. Diese Zweigleisigkeit zwischen Anleihen beim Diskurs von al-Qaida einerseits und dem damaligen ISI andererseits war die grundlegende strukturelle Schwäche der syrischen Nusra-Front auf ideologischer, administrativer und strategischer Ebene.

3 Der Grunddissens mit dem ISI

Die ursprüngliche Benennung, wie sie im Gründungsvideo auftaucht, deutet an sich schon auf den unbestimmten Charakter der Front und das Schwanken zwischen der al-

---

14 (Link nicht mehr verfügbar).

Qaida-Mutterorganisation und dem irakischen Ableger: Die Nusra nennt sich dort »Unterstützungsfront für die Bewohner von *ash-Sham* von den Kämpfern aus *ash-Sham* an den Dschihad-Kampfgebieten«. Dieser lange Name wurde auch in den folgenden Kommuniqués beibehalten. Man beabsichtigte wohl, vor allem Dschihadisten aus den Ländern der Gesamtregion *ash-Sham* anzusprechen (also nicht nur aus Syrien, sondern auch Jordanien, Libanon und Palästina), was offenbar auch gelang.

Die Nusra-Front bestand zur Zeit ihrer Verkündung hauptsächlich aus Syrern, Jordaniern, Libanesen und Palästinensern, wobei die Syrer in der Mehrzahl waren. Viele dieser Kämpfer hatten Erfahrung aus Afghanistan, Tschetschenien und dem Irak oder von anderen Kriegsschauplätzen mitgebracht. Aber rekrutiert wurde auch darüber hinaus, als immer mehr arabische und sonstige ausländische Männer in den syrischen Krieg zogen. Die Nusra-Front wuchs. Sie lieferte sich immer mehr Gefechte mit Regimetruppen, und schon im Gründungsvideo wurden Szenen mit Kämpfern aus allen möglichen Gegenden Syriens gezeigt: Damaskus, Aleppo, al-Mayadin und Albukamal am Euphrat, aus Idlib, Daraa und Deir ez-Zor. Das belegt ebenfalls, dass die Front schon vorher existiert haben muss.

Die Ambiguität, die die Entstehung der Nusra-Front umgab, lässt sich gut nachzeichnen. Abu Muhammad al-Jaulani unterbreitete Abu Bakr al-Baghdadi anfangs ein vierzig Seiten umfassendes Dokument, in dem er ihm sein Projekt vom Dschihad in Syrien erläuterte. Baghdadi erklärte sich im Grunde damit einverstanden. Ein »Front-*Shura*-Rat« entstand, dem beide Anführer angehörten. Jaulani verwies später selbst noch einmal in einer Audiobotschaft auf dieses Dokument, allerdings war nun der Anlass, dass er der Vereinigung von Islamischem Staat und Nusra eine Absage erteilte, nachdem Baghdadi diese in einer Ansprache verkündet hatte.

Anfangs hatte Jaulani noch versucht, die beiden Ansätze, den eher »politischen« der al-Qaida-Führung und den »identitären« des irakischen Ablegers, zusammenzuführen. Sein Pragmatismus brachte Jaulani aber nach und nach dazu, sich eher al-Qaida und Zawahiri zuzuwenden und sich vom ISI zu distanzieren. Schon die Eigenbezeichnung »Unterstützungsfront« deckte sich mit der von al-Qaida vorgegebenen Linie seit dem Beginn der arabischen Revolutionen, wie erwähnt.[15] Mit dem Terminus der »Unterstützung« sollten lokal ansässige Bewohner gewonnen und der Ideologie von al-Qaida zugeführt werden, nämlich »die Umwandlung der Forderung nach Herrschaft der Scharia von einer elitären zu einer Volksaufgabe«, indem man das Zivile und das Militärische sowie das Lokale und das Globale zusammenbringt.[16]

Die irakischen Dschihadisten waren an der neuen Linie von al-Qaida nicht interessiert; sie hatten sich ohnehin mit Letzterer überworfen. Die Nusra-Front war anfangs unentschieden. Einerseits hatte Jaulani jahrelang im irakischen

---

15 Siehe Mohammad Abu Rumman: »Qira'a fi Ab'ad al-Khilaf bain az-Zawahiri wal-Baghdadi«. Al-Jazeera Net, 22.5.2014 (www.aljazeera.net/home/print/6c87b8ad-70ec-47d5-b7c4-3aa56fb899e2/3bb731af-a559-441d-8d56-c76d09bed3a4).

16 Der Jemen war das erste Land, in dem sich ein lokaler Ableger von al-Qaida auf der Arabischen Halbinsel bildete. Danach beobachtete man Ähnliches in Tunesien, Marokko, Ägypten, Libyen und Mauretanien, aber auch in Mali und Nigeria. Das Phänomen deutet auf eine neue Dynamik in dschihadistisch-salafistischen Kreisen mit ihren vielen Flügeln hin. Erneut ging es wie in den achtziger Jahren um die Streitfrage der Priorisierung des Kampfes gegen den »nahen Feind«, bis 1998 die »Globale Front gegen Juden und Kreuzfahrer« gebildet wurde, die den »fernen Feind« bekämpfen wollte. Zwischen beiden Phasen und danach brach diese Debatte nie ab. Durch die Gründung lokaler Ableger waren Distanzen aber plötzlich aufgehoben, verloren historische Streitigkeiten an Bedeutung. Al-Qaida als zentrale elitäre bewaffnete Organisation mit globaler Agenda verschwand fast, an ihre Stelle traten netzwerkartig lokale Milizen, die gegen westliche Hegemonie kämpften und militärische mit zivilen Komponenten vermischten. Siehe dazu Hassan Abu Hanieh: »Zahirat Ansar ash-Shari'a«. 2.3.2014 (http://islamion.com/kotap/13407/sec.php?sec=9).

Ableger gekämpft und war Mitglied in diesem, andererseits entwickelte sich die Dschihad-Szenerie in Syrien anders, und die dortigen Dschihadisten neigten eher der neuen Ausrichtung von al-Qaida zu.[17]

Die Strategie der Nusra, sich in die Gesellschaft vor Ort zu integrieren, ging letztlich auf. Die Front konnte sowohl einheimische wie auch ausländische Kämpfer rekrutieren, und sie erhielt umfangreiche Unterstützung aus der internationalen Dschihadistenszene. Allein bis Dezember 2012 bekannte sich die Nusra-Front zu über 500 Anschlägen und Überfällen in Syrien, darunter Selbstmordattentate.[18]

Innerhalb kurzer Zeit errang die Nusra-Front höchstes Renommé bei den bekanntesten Dschihad-Theoretikern der Welt. Sie riefen Sympathisanten dazu auf, die Front finanziell zu unterstützen oder sich ihr anzuschließen. Viele ausländische Kämpfer folgten dem Ruf. Angaben al-Qaida-naher Internetforen zufolge fielen von 46 Personen, die dort als »Märtyrer« aufgelistet wurden, zwanzig im Kampf für die Nusra-Front, und ab dem 1. Oktober 2012 waren fast alle als Märtyrer gelisteten Personen Nusra-Kämpfer.

Die USA ließen sich nicht lange von den Versuchen der Nusra-Front beirren, ihre Identität und Ausrichtung zu verschleiern. Sie setzten die Organisation am 11. Dezember 2012 auf den Terror-Index, wo sie als verlängerter Arm des irakischen al-Qaida-Ablegers ISI gelistet wurde. Aaron Zelin vom Washington Institute for Near East Policy zufolge bezweckte die Obama-Administration damit, den Aufstieg der

---

17 Zu den Anfängen der Nusra-Front siehe auch die sehr subjektive Sicht von Abu Mariya al-Qahtani, des späteren Obersten Schariavertreters der Front und Militärkommandeurs für Ostsyrien: »Halla taraktum lana Umara'ana«. (http://justpaste.it/fj1b).

18 Entsprechende Kommuniqués gibt es seit 20. März 2012 bis heute von Nr. 1 bis 199.

Front zu verhindern, bevor sie amerikanische Interessen in der Region oder Ziele in den USA selbst angreifen würde.[19]

Im Kampfgebiet verschaffte sich die Nusra-Front dennoch immer mehr Respekt unter Syrern. Ihre Kämpfer lieferten sich harte Auseinandersetzungen mit Regimetruppen und führten spektakuläre Aktionen aus. Sie kooperierten und koordinierten sich mit anderen bewaffneten Gruppen. Sie waren diszipliniert, gingen auf die lokale Bevölkerung zu, leisteten umfangreiche Nothilfe, und sie gründeten Schariagerichte, die bei alltäglichen Streitfragen vor Ort entschieden. Deshalb waren sowohl militante wie zivile oder politische Gruppierungen, die sich der syrischen Revolution zuordneten, erzürnt über die amerikanische Entscheidung, die Nusra-Front als terroristisch zu bezeichnen. Der damalige Vorsitzende der Nationalen Koalition der Syrischen Opposition und der Revolutionskräfte, Mu'adh al-Khatib, und die syrischen Muslimbrüder riefen die USA dazu auf, ihren Beschluss zu revidieren[20]. Am Freitag nach der amerikanischen Entscheidung fanden in Syrien Pro-Nusra-Demonstrationen unter dem Motto »Nein zur amerikanischen Einmischung – Wir alle sind die Nusra-Front« statt.[21]

Dieser Rückhalt aus der Bevölkerung brachte die Nusra-Front auf einen noch pragmatischeren Kurs. Sie setzte sich nun zunehmend von ISI beziehungsweise AQI ab und agierte eher gemäß der neuen Taktik der zentralen al-Qaida. Charles Lister vom Brookings Doha Center schrieb dazu: »[...] Since mid-to-late 2012, the group has demonstrated a surprising level of pragmatism in terms of moderating its

---

19 Aaron Y. Zelin: »The Rise of Al Qaeda in Syria«. Foreign Policy, The Washington Institute, 6.12.2012 (www.washingtoninstitute.org/policy-analysis/view/the-rise-of-al-qaeda-insyria).

20 Siehe dazu einen Artikel ohne Verfasser: »Mu'aradhat Suriya tantaqid Wasm al-Nusra bil-Irhab« auf Al-Jazeera-Net vom 13.12.2012 (http://www.aljazeera.net).

21 Siehe dazu die Nusra-freundliche Website http://shame210.wordpress.com.

behavior and limiting its immediate ideological objectives. In keeping with its allegiance to al-Qaeda, Jabhat al-Nusra aims, in the long term, to establish an Islamic state in Syria as a stepping stone to liberating Jerusalem and establishing an Islamic Caliphate. In the short term, however, the group is operating at a very local level while paying particular attention to maintaining healthy relations with civilians and moderate rebels. It has also banned the imposition of *hudud* punishments during ›war‹ […].«[22]

4 Dschihadistischer Salafismus nach syrischer Art

Die Differenzen zwischen der Nusra-Front und ISI nahmen zu. Während die irakische Gruppe sich theologisch auf Abu Abdullah al-Muhajir bezog und praktisch den Thesen von Abu Bakr an-Naji folgte, hielt es Jaulani theoretisch und praktisch mit Abu Mus'ab as-Suri, wie auch der ehemalige Scharia-Beauftragte der Nusra, Abu Mariya al-Qahtani, der zudem die Lehrmeinungen von Atiyatullah al-Libi vertrat. Diese Unterschiede führten zu Verstimmungen, so wie auch die ungleichen Haltungen zum Zentralismus[23] (den Abu Bakr an-Naji[24] verfocht) beziehungsweise einem Dezentralismus

22 Charles Lister: »Dynamic Stalemate: Surveying Syria's Military Landscape«. Brookings Doha Center Publications, No. 32, Policy Briefing, 19.5.2014 (www.brookings.edu/research/papers/2014/05/19-syria-military-landscape lister).

23 Daveed Gartenstein-Ross und Kyle Dabruzzi: »Is Al-Qaeda's Central Leadership Still Relevant?« The Middle East Quarterly, Spring 2008, Vol. 15, No. 2, S. 27-36. (www.meforum.org/1875/is-al-qaedascentral-leadership-still-relevant).

24 Abu Bakr an-Naji: »Idarat al-Tawahhush«. Englisch unter dem Titel »The Management of Savagery: The Most Critical Stage Through Which the Umma Will Pass«. Translated by William McCants, The John M. Olin Institute for Strategic Studies at Harvard University (https://azelin.files.wordpress.com/2010/08/abu-bakr-naji-the-managementof-savagery-the-most-critical-stage-through-which-the-umma-will-pass.pdf).

(für den Abu Mus'ab as-Suri stand) dem Konflikt zwischen beiden Organisationen eine neue Facette hinzufügten.

Die gedankliche Nähe, ja gelegentlich auch Deckungsgleichheit von Abu Muhammad al-Jaulani und Abu Mus'ab as-Suri brachte manche Autoren und Forscher zu der Annahme, dass es sich bei beiden in Wirklichkeit um dieselbe Person handele.[25] Das stimmt nicht. Richtig ist, dass Jaulani zunehmend die Positionen von Abu Mus'ab as-Suri übernahm. Das lag hauptsächlich daran, dass er der Ansicht war, Suris Thesen passten gut zu Syrien, sie fügten sich auch in den Pragmatismus, den Jaulani bei seiner Anpassung an örtliche Gegebenheiten walten ließ. Und beide sind Syrer, beide standen für eine Strategie der »Syrianisierung« beziehungsweise der »Levantisierung« ihrer Front. Demgegenüber verlor die internationale und globale Perspektive für sie an Bedeutung.

Die starke Prägung Jaulanis und der Nusra-Front durch Abu Mus'ab as-Suri macht es erforderlich, dessen Ideen, Ideologie und Praxis genauer zu beleuchten. Abu Mus'ab as-Suri gilt als ein Theoretiker des globalen dschihadistischen Salafismus, seine Thesen beruhen aber auch auf der Tradition des »aktionistischen« Salafismus der Muslimbrüder. Für die letztgenannte Richtung stehen Namen wie Sayyid Qutb, Abdullah Azzam und Marwan Hadid. Dazu kommen Anleihen beim Konzept des »Kriegs der Entrechteten«[26] auf revolutionär-marxistischer Grundlage und den Guerilla-Theorien von Mao Tse-tung und Che Guevara.

Besonders bedeutsam für Jaulani und die Nusra-Front sind Abu Mus'ab as-Suris Bücher »Anmerkungen zum Dschihad in Syrien«, »Die Bewohner Syriens und ihr Widerstand gegen

---

25 So z. B. Hazim al-Amin: »Wathiqa 'an al-Harb al-Marghuba« baina »Da'ish« wa n-Nizam«. Al-Hayat (Zeitung), November 9, 2013.

26 Abu Mus'ab as-Suri erklärt dieses Konzept in seinen Büchern und Tonaufnahmen ausführlich. Siehe Robert Taber: The War of the Flea: The Classic Study of Guerrilla Warfare. Brassey's, Inc., Virginia, 2002; Originalausgabe: L. Stuart, New York, 1965.

Alawiten, Kreuzfahrer und Juden« sowie sein Hauptwerk »Aufruf zum weltweiten islamischen Widerstand«. Hier mahnt der Autor zum Aufbau von »islamischen Widerstandsbrigaden« und zum »individuellen Dschihad« sogenannter einsamer Wölfe. Der Dschihad soll demnach ein Projekt der gesamten *Umma* sein. Auf Grundlage gleicher Ideen, Dogmen und Ziele sollen Zellen entstehen, die keiner traditionellen Organisationsstruktur bedürfen. Die von Suri erhofften »Brigaden« sollen eher praktisch als organisatorisch orientiert sein und ein Netzwerk bilden, die dschihadistisches Handeln zwar bündeln, zugleich aber so flexibel sind, dass sie kooperieren können, ohne Treue- oder Loyalitätsschwüre zu leisten. So sollen vor Ort tätige Aktivisten mit dem Ziel gewonnen werden, den »Aggressor abzuwehren«, indem sie militanten Widerstand leisten, ohne dabei in Eile zu sein, einen islamischen Staat oder ein Kalifat auszurufen.

Die Widerstandstheorie von Abu Mus'ab as-Suri beruht auf mehreren Mechanismen, die das strategische Ziel haben, »Kriegszüge abzuwehren und die *Umma* unter dem Motto Dschihad und islamischer Weg zu sammeln«[27]. Sein sogenannter Artikel 1 lautet: »Der globale islamische Widerstand ist keine Partei, keine Organisation und keine bestimmte oder begrenzte Gruppe. Es handelt sich hier um einen offenen Aufruf. Sein Ziel ist die Abwehr der aggressiven kolonialistischen, kreuzzüglerischen und zionistischen Kräfte, die den Islam und die Muslime angreifen. Jede Organisation, jede Gruppe und jeder Einzelne, die diesen Zielen und dieser Vorgehensweise verbunden sind, können sich daran direkt oder indirekt beteiligen, denn dies ist ein Kampf der gesamten muslimischen *Umma*, nicht nur der einer für den Dschihad kämpfenden Elite.«[28]

---

27 Abu Mus'ab as-Suri: Aufruf zum weltweiten islamischen Widerstand (Da'wat al-Muqawama al-Islamiya al-Alamiya), S. 982.
28 Ebd., S. 1022.

In diesem Zusammenhang plädiert Suri dafür, sich [unter Muslimen] nicht zu sehr mit dem Kampf gegen Korruption, Unmoral, Ungehorsam oder »unislamischen Neuerungen« (*bid'a*) aufzuhalten, sondern sich stattdessen an drei Grundsätze zu halten:

- Die Unantastbarkeit muslimischen Blutes, selbst wenn der Betreffende sündig oder aufsässig sein sollte, solange er kein Ungläubiger (*kafir*) ist.
- Schariastrafen gegen Muslime zu verhängen bleibt einem ausgewiesenen Imam vorbehalten. Da es diesen bisher nicht gibt, ist es das Ziel des Widerstands, nach der Abwehr des Aggressors einen solchen einzusetzen.
- Das momentane Ziel und oberste religiöse Pflicht ist es, den ungläubigen Aggressor gegen die Muslime abzuwehren.[29]

»Artikel 20« lautet: »Jeder Muslim, der die Formel *Es gibt keinen Gott außer Gott und Muhammad ist sein Prophet* ausspricht, gleich welcher Konfession oder Glaubensrichtung er angehört, gehört zur allgemeinen Gemeinschaft des Islam, die die Rechtsgelehrten als »Anhänger der *Qibla*« [Gebetsrichtung nach Mekka] bezeichnen. Über dogmatische und konfessionelle Streitigkeiten haben Gelehrte (*Ahl al-Ilm*) zu entscheiden, und darüber ist in einem Dialog über den wahren Weg mit Weisheit und gutem Rat zu sprechen, um Zwietracht und Kampf unter Muslimen zu vermeiden. Muslime aller Glaubensrichtungen sind aufgerufen, in der Abwehr des Aggressors und im Dschihad gegen den ungläubigen Feind, der muslimische Länder angreift, zusammenzuhalten und jeden inneren Kampf zu ächten.«[30]

Es erfordert nicht viel Analyse festzustellen, wie stark Jaulani durch Abu Mus'ab as-Suri beeinflusst wurde. Oft benutzte er fast dasselbe Vokabular wie jener, und die inhaltliche Nähe zeigt sich auch in Passagen wie dieser aus einer

---

29 Ebd., S. 1030 f.
30 Ebd., S. 1029.

Audiobotschaft Jaulanis: »Kein Mitglied der Nusra-Front ist nur seinen Mitkämpfern gegenüber loyal, denn wir sind keine politische Partei, sondern unser Anliegen sind alle Muslime, und wir wollen die wieder ins Recht setzen, die Unrecht erlitten haben. Deshalb ist die Bewahrung guter Beziehungen mit anderen Gruppen, ein guter Umgang mit ihnen und ein Hinwegsehen über ihre Fehler grundlegend, sofern sie sich nicht inakzeptabel verhalten«.[31]

Entsprechendes bringt Jaulani im Zusammenhang mit dem »Krieg der Entrechteten und der Unterstützer« zur Sprache, wo es heißt: »Tag für Tag kommt ihr den Menschen näher. Ihr habt ihre Herzen und ihr Vertrauen gewonnen. Dies ist darauf zurückzuführen, dass sie sehen konnten, wie ehrlich ihr es mit eurer Mission (*Da'wa*) meint, wie opferbereit ihr seid, dass ihr gute Nachbarn, verlässlich und freundlich seid. Diese Wohltätigkeit und dieses Mitgefühl mit den Menschen müsst ihr noch verstärken. Denn so hart ihr gegen die Feinde Gottes seid, so einfühlsam und freundlich müsst ihr andererseits gegenüber den gläubigen Muslimen sein. Wehe, wehe, solltet ihr harsch zu ihnen sein! Euer Aufruf (*Da'wa*) an sie soll ein grundsätzlicher sein, ohne sich auf Einzelheiten zu versteifen.«[32]

Außerdem hebt der Chef der Nusra-Front die Prinzipien von Missionierung und Widerstand hervor, wie Abu Mus'ab as-Suri sie festgelegt hat: »Wir rufen alle kämpfenden Fraktionen im gesegneten Land, die nach der Gerechtigkeit des Islam und dem Triumph der Scharia in Syrien (*ash-Sham*) streben, dazu auf, dass wir uns zusammentun und uns gemeinsam dazu verpflichten, dem Weg des Dschihad in Syrien (*ash-Sham*) zu folgen, auf dass der Kampf nicht in falsche Bahnen gerät. Unsere gemeinsame Anstrengung sollten wir dazu nutzen, das hehre Ziel zu erreichen, eine rechtgeleitete

---

31 Audiobotschaft von Jaulani (Link nicht mehr verfügbar).
32 Ebd.

Herrschaft des Islam im gesegneten Land zu errichten. Dazu müssen wir das Land von jeder frevlerischen westlichen oder östlichen Hegemonie befreien und seinen Bewohnern ihr Recht zurückgeben, so dass die Söhne unserer *Umma* in Sicherheit leben können. Keiner von uns darf die Macht für sich allein mit dem Argument in Anspruch nehmen, er habe viel geopfert. Das gesamte syrische Gebiet (*ash-Sham*) hat genug Krieg erlitten. Wir sollten auch berücksichtigen, dass dieses (*ash-Sham*) voll ist mit gut ausgebildeten Fachkräften und einer Tatkraft, die bisher gewaltsam verschüttet war (Erziehung, Industrie, Technik). Daraus muss eine sich gegenseitig ergänzende Arbeitsgemeinschaft entstehen, die die *Umma* voranbringt und erhebt.«[33]

Die vorstehenden Zitate sind nicht nur deshalb bedeutsam, weil sie den starken Einfluss Suris auf Jaulani und die Nusra-Front belegen. Sie sagen auch viel über die Unterschiedlichkeit zwischen der Nusra-Front und dem IS aus. Jaulani spricht von der Bedeutung der Zusammenarbeit und der Koordinierung mit anderen Kampfgruppen, einer Absage an Machtmonopolisierung (ganz anders als der IS) und der Notwendigkeit, auf die Bevölkerung zuzugehen, statt die Konfrontation mit ihr zu suchen. Wenn wir dies mit der Haltung eines Abu Abdullah al-Muhajir vergleichen, die für den irakischen Ableger von al-Qaida verbindlich war, sehen wir, welch ungleiche Strategie die Nusra-Front und das, was heute der IS ist, verfolgen.

Wenn wir die Fäden nachverfolgen, die Abu Muhammad al-Jaulani mit Abu Mus'ab as-Suri verbinden, stellen wir fest, dass der geistige Bezugsrahmen der Nusra-Front im aktionistischen Salafismus zu suchen ist, wie ihn die Gemeinschaft der Muslimbrüder vertrat.[34] Grundsätzlich beruft sich diese Strömung auf den Dschihad, dessen Theoretiker Sayyid Qutb

---

33 Audiobotschaft von Jaulani (Link nicht mehr verfügbar).
34 Siehe Mohammad Abu Rumman: Ich bin Salafist. Bonn: Dietz, 2015, S. 57 ff.

war und den auch Aiman az-Zawahiri übernahm, der einst die ägyptische *Jama'at al-Jihad* anführte und heute Chef von al-Qaida ist. Denselben Ansatz verfolgte Marwan Hadid, damals der Begründer der »Kämpfenden Avantgarde« in Syrien; Abdullah Azzam, der Mentor der arabischen Kämpfer in Afghanistan, und Abu Mus'ab as-Suri entwickelten ihn weiter. Um diese Verbindungen zu erkennen, ist auch eine Aussage des gegenwärtigen Scharia-Chefs der Nusra-Front hilfreich, Sami al-Uraidi. Der sagte in einem Interview unter dem Titel »Unser Weg und unser Glaube«: »Ich rate zur Lektüre des Buches *Wegzeichen* des seligen Sayyid Qutb und des Buches *Das Glaubensbekenntnis als Glaube, Gesetz und Lebensweg* von Scheich Muhammad Qutb. An zeitgenössischen Autoren sind Hamud bin Uqala' ash-Shu'aibi und Abdullah Azzam zu nennen, Gott habe sie selig.«[35]

Die geistige Quelle der Nusra-Front liegt also im aktionistisch-salafistischen Spektrum der Muslimbrüder. Dies wurde bereits beim ersten Scharia-Betrauten der Front deutlich, Abu Mariya al-Qahtani, der einer derer war, die den irakischen Ableger verließen und sich schon früh der Nusra-Front anschlossen. Er kam im Juni 2011 nach Syrien, lernte Jaulani kennen und schloss sich ihm an. Neben seiner religiösen Funktion war er auch Militärchef für Ostsyrien. Qahtani war durch verschiedene Theoretiker geprägt, insbesondere durch Azzam und Suri, aber zuletzt stand er theologisch Libi nahe. Dazu sagte er: »Ich entschuldige mich bei jedem Muslim, mit dem ich gesprochen habe, als ich noch ein Anhänger der Idee des [Islamischen] Staates war. Habe Gott Erbarmen mit Scheich Atiyatullah al-Libi, durch dessen Bücher und Briefe ich zur Wahrheit zurückgefunden habe.«[36]

---

35 –Sami al-Uraydi: »Manhajunaa wa 'Aqidatunaa«. (Link nicht mehr verfügbar).

36 Abu Mariya al-Qahtani: »Taghridat jama'aha ath-Thabat« (Link nicht mehr verfügbar).

Während die Nusra-Front politisch immer pragmatischer wurde und sich an die jeweiligen lokalen Gegebenheiten in Syrien anpasste, ging der ISI, der als Ableger von al-Qaida im Irak begonnen hatte, den umgekehrten Weg. Die irakische Organisation orientierte sich ideologisch immer radikaler und beharrte auf einem streng sunnitisch-identitären Ansatz. Als alle Versuche fehlgeschlagen waren, die Differenzen zwischen den Dschihadisten in Syrien und im Irak zu überbrücken, verkündete Abu Bakr al-Baghdadi, der Emir des »Islamischen Staates Irak« am 9. April 2013 einseitig, die Nusra-Front habe sich seinem Staat angeschlossen, und dieser heiße fortan »Islamischer Staat Irak und Syrien« (ISIS).

In dieser Verkündung war auch die Rede von früheren Konflikten zwischen der zentralen al-Qaida und dem irakischen Spross, die aber unter Bin Laden beigelegt worden seien. Nun entstand ein neuer: Einen Tag nach Baghdadis Erklärung gab der Anführer der Nusra-Front, Abu Muhammad al-Jaulani, eine gegensätzliche Mitteilung heraus, in der er dem Beitritt seiner Front zum ISIS widersprach. Stattdessen erklärte er ausdrücklich Zawahiri als dem Führer der Zentrale der al-Qaida die Treue.

Bei dieser Gelegenheit benannte er seine Front zudem um in »Nusra-Front – *Tanzim Qa'idat al-Jihad fi Bilad ash-Sham*«: »Organisation der Dschihad-Basis in Syrien«.

Die Konfliktspirale zwischen Nusra und ISIS beziehungsweise IS bis zum Bruderkampf und Zawahiris Haltung dazu werden wir gleich beleuchten. Vorher halten wir fest, dass alle Versuche, die Wellen zu glätten, das Gegenteil bewirkt hatten. Die Nusra-Front steckte in einer komplexen Krise. In den Tagen nach der Rede Baghdadis lief es dagegen günstig für den IS. Er konnte sich im Irak ausbreiten und übernahm auch in Syrien militärisch die Initiative, wobei der IS gegen mehrere andere Kampfgruppen einschließlich der Nusra-Front siegte.

Die Politik Qahtanis, sich mit anderen Milizen in Syrien gegen den IS zu verbünden, scheiterte. Der ganze Osten des Landes fiel an die Baghdadi-Miliz, und auch innerlich zeigten sich bei der Nusra-Front Zerfallserscheinungen. Immer mehr ihrer Kämpfer wechselten zum Islamischen Staat, besonders seit der Ausrufung des Kalifats durch Baghdadi. Die Nusra versuchte mühsam, sich neu aufzustellen und tauschte dabei den Scharia-Chef Qahtani gegen den erwähnten Sami al-Uraidi.[37]

Eine neue Strategie musste her, und in der Front dachte man über die Gründung eines Emirats nach. Aber die Spaltungen im Inneren waren schon weit fortgeschritten, viele Kämpfer waren zum IS abgewandert und die Nusra hielt nur noch wenige Gebiete in Syrien. Dazu kam ihre unscharfe Ausrichtung. Jaulani rief zwar am 11. Juli 2014 noch ein »Islamisches Emirat Syrien« aus, wobei die entsprechende Audiobotschaft so wirken sollte, als sei sie versehentlich an die Öffentlichkeit geraten (sie wurde nicht über *al-Manara al-Baidha'*, das offizielle Internet-Portal der Nusra-Front, verbreitet; es sollte nicht so wirken, als schaffe die Nusra-Front vollendete Tatsachen ohne innere Absprache). Tatsächlich aber verstärkte das nur den Eindruck, die Nusra-Führung fürchte den weiteren Zerfall und den Verlust der globalen Unterstützung durch dschihadistische Kreise.

Die Taktik der Nusra-Front, das Vertrauen der syrischen Bevölkerung vor Ort zu gewinnen, keine Zusammenstöße mit anderen islamischen und sonstigen syrischen Milizen zu provozieren und so ein besseres Bild abzugeben als die irakischen Rebellen, hatte funktioniert. Doch die Front verlor, je länger der Konflikt dauerte, zusehends ausländische Kämpfer an den Gegenspieler IS.

In der Ansprache Jaulanis zur Gründung des Emirats, die als Audiodatei »zufällig« an die Öffentlichkeit kam, schwangen der globale Dschihad und der Anspruch, al-Qaida zu

---

37 Über ihre Medienagentur al-Basira wurde Uraidi am 30.7.2014 eingeführt.

vertreten, deutlich mit. Dies spricht ebenfalls dafür, dass die Rede gut vorbereitet war. Jaulani spricht hier vor Anhängern, die ihn zuweilen mit Jubel und *Allahu-Akbar*-Rufen unterbrechen und an anderer Stelle rufen: »Wir alle sind al-Qaida – Wir alle sind Usama – Wir alle sind Zawahiri – Wir alle sind Jaulani!«. Der Anspruch, die Nusra-Front stehe für lokalen wie globalen Dschihad, wird zudem dadurch untermauert, dass am Anfang die Stimme von Scheich Abu Faris ash-Shami zu hören ist, eines bekannten Dschihadisten und Freundes von Abu Mus'ab as-Suri, der dem Publikum den Hauptredner ankündigt. Nusra-Quellen zufolge waren bei der Ausrufung des Emirats, die im Umland von Aleppo anlässlich der Treuebekundung der Miliz *Suqur al-Izz* an Jaulani erfolgt sein soll, auch der bekannte saudische Dschihadist Abdullah al-Muhaisini und andere lokale und internationale Dschihad-Größen anwesend.[38]

Jaulani sagte unter anderem: »Die Zeit ist gekommen, dass wir ein islamisches Emirat auf syrischem Boden errichten, in welchem wir die von Gott verfügten Strafen (*Hudud*) verhängen und sein Gesetz im vollen Wortsinn anwenden, ohne Nachlässigkeit, Zweideutigkeit oder Schmeichelei und damit die Rechte der Muslime und ihre Unantastbarkeit zu schützen.«[39]

Hier wird nicht nur laut über ein Emirat nachgedacht, nachdem Baghdadi in Mossul gerade sein Kalifat ausgerufen hatte, sondern eine neue Strategie der Nusra-Front verkündet. Ihr Projekt wird legitimiert, indem unumwunden eine salafistisch-dschihadistische Richtung à la al-Qaida vorgegeben wird, was man vorher zu verbergen bestrebt war. Offenbar wollte man es ab sofort nur noch den Dschihadisten aus genau dieser Richtung recht machen.

---

38 Information eines ranghohen Nusra-Vertreters, der ungenannt bleiben wollte, an die Verfasser dieses Buchs, über soziale Netzwerke am 15.7.2014.
39 www.youtube.com/watch?v=ASrci6pH00s

Zugleich ist die Rede eine Kampfansage an den IS, dessen Kalifatserrichtung durch Abu Bakr al-Baghdadi Jaulanis Miliz verunsichert haben muss. Jaulani erklärt: »Dieser Kalif [Baghdadi] verdient keine Anerkennung, selbst wenn er sein Kalifat tausendmal ausriefe! Niemand soll sich dadurch in die Irre führen lassen.« Er beschuldigt die Konkurrenz, ein Komplize des Assad-Regimes zu sein: »Ein Kalifat, das auf der Zerstörung des Dschihad-Projektes aufbaut, von dem die Umma 1400 Jahre lang geträumt hat, ein Kalifat, das auf Leute baut, die dem Regime geholfen haben, euch zu bekämpfen, ist unrechtmäßig, selbst wenn sie es tausendmal ausriefen!«[40]

Und das Emirat sollte schon bald Realität werden: »Innerhalb einer Woche wird es Scharia-Gerichte in den befreiten Gebieten geben. Es wird eine Armee und ein Kommando geben, und die Armee wird in Phalangen und Brigaden eingeteilt. Es wird eine Armee in Aleppo geben, eine in Idlib, und eure Brüder in Daraa werden sich euch anschließen. Dasselbe gilt für die belagerte Ghuta [östlich von Damaskus].« Letztlich sollten alle diese Klein-Emirate zu einem großen zusammengefügt werden, in dem es eine vereinte Armee geben wird: »Dieses Heer wird gewaltig sein, es wird die Juden schlagen und sich allen entgegenstellen.«[41]

Um die Situation noch einmal zusammenzufassen: Die Wende der Nusra-Front erfolgte, nachdem die irakische Miliz, die gegen al-Qaida rebelliert hatte, ihren Kalifatsstaat ausgerufen hatte. Dies hatte zu Spaltungen und Brüchen in der Nusra geführt. Die weiche Haltung gegenüber dem IS hatte nichts gebracht, der *Ansar*-Krieg war nicht mehr effektiv, die Politik der Anpassung an die Lokalbevölkerung funktionierte nicht mehr richtig, man koordinierte sich weniger mit anderen Milizen, wusste andere dschihadistische Bewegungen

---

40 Ebd.
41 Ebd.

nicht mehr hinter sich, und den Segen der regionalen und der internationalen Gemeinschaft bekam man erst recht nicht.

Die Nusra-Front befand sich also in einer tiefen Krise. Sie ging letztlich auf ihre unklare geistige und politische Ausrichtung zurück. Einerseits wollte die Nusra auf andere syrische Kräfte zugehen, andererseits hielt sie an ihren salafistisch-dschihadistischen Grundsätzen und ihrer Nähe zu al-Qaida fest, mit allen damit verbundenen globalen und regionalen Implikationen. Die Nusra-Front stand somit nicht mehr nur in Konfrontation zum syrischen Regime, sondern auch zu den USA und dem gesamten Westen, auch wenn sie keine gegen diese gerichteten Anschläge unternahm.

Bei Jaulani hatte sich wohl auch die Überzeugung durchgesetzt, dass die »Syrianisierung« der Nusra-Front und ihre Taktik der »Unterstützung« der Bevölkerung vor Ort – jene von al-Qaida seit dem Arabischen Frühling ausgegeben Losung – nur zu Anfang funktioniert und sich seither totgelaufen hatte. Beleg dafür war die abnehmende Bedeutung der Nusra gegenüber dem sich ausbreitenden IS.

Und was das Verhältnis zu Baghdadi betrifft: Die Jaulani-Gruppe hatte immer wieder versucht, die Wogen durch wohlmeinende Ratschläge zu glätten und zu einer Rückkehr zur prominentesten Vertretung des dschihadistischen Salafismus, al-Qaida, geworben. Von Baghdadis Seite hörte man allerdings nur Worte eiskalten Machtkalküls und die unbedingte Aufforderung, sich dem IS und seinem Anführer anzuschließen. Für sanftere Ansätze hatte der IS bloß den Vorwurf übrig, diese seien im religiösen Sinne falsch und hätten keine Zukunft.

Das Fehlen einer klaren ideologischen Linie, eines starken organisatorischen Zusammenhalts sowie eine allgemein große Unsicherheit bei der Nusra-Front offenbarten sich spätestens, als die Front am 12. Juli 2014, einen Tag nach der Veröffentlichung des Mitschnitts, die Verkündung des »Emirats« wieder zurücknahm. In einem neuen Kommuniqué wurde zwar erneut versichert, dass »das Projekt der Nusra-Front seit ihrer Gründung darin besteht, Gottes Herrschaft auf Erden neuzubegründen und die Scharia zur Anwendung zu bringen«, man strebe »die Errichtung eines islamischen Emirats gemäß der Scharia« an. Dies habe man aber noch nicht getan. Es werde erst in unbestimmter Zukunft erfolgen: »Sobald die ehrlichen Dschihad-Kämpfer und die Religionsgelehrten sich dafür aussprechen, werden wir die Errichtung des Emirats, wenn Gott will, verkünden.«[42]

Hier wurde eine große Schwäche der Nusra-Front erkennbar. Und ihre Unfähigkeit, Entscheidungen zu treffen, würde sich noch einige Male wiederholen.

6 Rückschläge und Schwächung: Suche nach einer alternativen Strategie

In den letzten Monaten des Jahres 2014 wurde unverkennbar, dass die Nusra-Front gegenüber dem IS an Boden verlor. Jaulani erkannte die Gefahr und versuchte, neue Bündnisse zu schließen. So wurde in Aleppo verkündet, dass die Nusra-Front, die »Islamische Front« (*al-Jabha al-Islamiya*) und die »Armee der Dschihad-Kämpfer« (*Jaish al-Mujahidin*) ab sofort eine gemeinsame Kommandozentrale unterhielten. Den Vormarsch des IS, der insbesondere im Nordosten Syriens immer mehr Gebiete unter seine Kontrolle brachte, hielt das aber nicht auf.

Die Übernahme Ostsyriens und der Stadt Deir ez-Zor, einer Hochburg der Nusra-Front, durch den IS, verlief seit Februar 2014 etappenweise. Der Widerstand, den die Front dort und in der Ortschaft Shahail am Euphrat, wo ihr Hauptquartier lag, unter dem Obersten Geistlichen und Kommandeur Abu Mariya al-Qahtani leistete, konnte das Vorrücken

---

42 Link nicht mehr verfügbar.

des IS nicht verhindern. Ab Juli 2014 hatte sich der IS im gesamten Landesosten etabliert, Qahtani und seine Kämpfer zogen nach Daraa in Südsyrien ab, und Qahtani beklagte sich, die Führung der Front und andere Milizen hätten ihn nicht ausreichend unterstützt.

Die Niederlage der Nusra-Front im Osten legte Mängel in ihrer Organisationsstruktur offen. Qahtani, wie auch die übrigen Regionalkommandeure, handelte dort fast unabhängig und somit auch ohne direkten Beistand von der Führung. Alles war auf die Unterstützung durch die lokalen Stämme ausgerichtet. Am Euphrat lief alles in den Händen der Großfamilien zusammen, und die Nusra-Front war bei ihren Führungsaufgaben auf Schariagerichte angewiesen, die sie mit einer Vielzahl anderer Milizen betrieb.

Der Verlust der nördlichen und östlichen Landesteile Syriens und der Rückzug der Nusra-Front in den Landessüden waren auch Ausdruck der Tatsache, dass die Front im Süden stärker aufgestellt war. Dort betrieb die Nusra ihre Schariagerichte allein und verurteilte zuweilen auch Mitglieder der FSA, wie zum Beispiel den FSA-Kommandeur Ahmad Fahd an-Ni'ma am 3. Mai 2014. Je stärker die Front anderswo vom IS zurückgedrängt wurde und sich im Süden einigelte, desto entschlossener ging sie gegen andere Milizen vor. Neben dem erwähnten an-Ni'ma verhaftete sie im Juli 2014 in al-Haramain den FSA-Kommandeur Sharif as-Safuri und übernahm immer mehr Checkpoints der Freien. Zugleich bot sie auf Gemeindeebene Bürgerdienste an und nahm über religiöse Unterweisungen ideologischen Einfluss auf die Bewohner.

So wurde Daraa zum Hauptstützpunkt der Nusra-Front – jene Stadt an der jordanischen Grenze, die von Beginn an eine ihrer Hochburgen gewesen war. Die meisten syrischen Nusra-Anhänger stammten aus jener Gegend mit ihrer speziellen sozialen Zusammensetzung. Um Daraa herum leben viele Jordanier und Palästinenser, und viele einflussreiche Nusra-Männer gehören zu dieser Gruppe, wie Abu Julaibib, Iyad at-Tubasi (Nusra-Kommandeur von Daraa), Sami al-Uraidi (Sharia-Betrauter) und Emir Abu Anas as-Sahaba (Mustafa Abdullatif).

Fazit

Die Nusra-Front hatte in Syrien einen schnellen Aufstieg erlebt. Aber sie rang mit Problemen: Die Miliz schwankte zwischen einem lokalen und einem globalen Charakter. Sie vermied ein öffentliches Bekenntnis zu al-Qaida und tat so, als sei sie ein syrischer Kampfverband. Sie kooperierte mit anderen islamistischen Milizen im Land und versuchte diese nicht zu dominieren.

Als die Nusra auf die von Amerika geführte Liste terroristischer Organisationen gesetzt wurde, protestierten viele syrische Gruppen gegen diese Einstufung. Allerdings bekannte sich Frontchef Jaulani bald ausdrücklich zu al-Qaida und leistete Aiman az-Zawahiri einen Treueschwur. Syrische Milizen, die regionale und internationale Unterstützung erhielten und keine westlichen Verbündeten wegen ihrer Beziehungen zur Nusra-Front verlieren wollten, brachte das in Schwierigkeiten.

Die Nusra-Front bemühte sich, weiterhin gute Beziehungen zu anderen islamistischen Milizen in Syrien zu behalten und diesen auch in ihrem Kampf gegen den IS beizustehen. Sie versuchte die Konfrontation mit anderen Kampfgruppen zu vermeiden. Als sie zum Ziel amerikanischer und westlicher Luftschläge wurde, dauerte es aber nicht lange, bis es trotzdem zu bewaffneten Zusammenstößen mit anderen syrischen Milizen kam. Dass sie lokal und global zugleich ausgerichtet war, politisch und ideologisch uneindeutig, brachte offenbar Probleme mit sich.

Ebenso unentschieden verhielt sich die Nusra-Front anfangs in Bezug auf die Krise zwischen al-Qaida und dem IS, und diese Unbestimmtheit war für sie noch folgenschwerer. Sie war zwar mit Unterstützung des irakischen al-Qaida-Ablegers gegründet worden – dann widersetzte sich Jaulani der Verkündung Baghdadis, beide Organisationen hätten fusioniert. Der Nusra-Chef positionierte sich nun auf Seite der zentralen al-Qaida, deren Anführer Zawahiri gerade noch bemüht gewesen war, die Gräben zuzuschütten. Damit stand Jaulani gegen Baghdadi, was letztlich zur Spaltung von al-Qaida führte. Eine Polarisierung ergriff die globale dschihadistisch-salafistische Bewegung: Die einen ergriffen Partei für al-Qaida und Nusra, die anderen für das IS-Kalifat.

Der Grundkonflikt zwischen IS und Nusra-Front, die immerhin die Unterstützung von führenden Köpfen des dschihadistischen Salafismus wie Abu Qatada und Abu Muhammad al-Maqdisi hatte, ging aber auch darauf zurück, dass die Nusra-Front den syrisch geprägten Dschihad-Salafismus von Abu Mus'ab as-Suri übernahm, der teils im Konzept der »kämpfenden Avantgarde« der Muslimbrüder und teils in der Tradition des »aktionistischen Salafismus« in Syrien wurzelte.[43] Sie setzte auf einen »syrischen Charakter«. Die dschihadistisch-salafistische Richtung, die sie vertrat, beruhte auf anderen Grundannahmen als im Irak.

Der IS hingegen, der sich die »sunnitische Krise« im Irak zunutze machte und seine Kader »irakisierte«, wurde durch die Schriften des Abu Abdullah al-Muhajir geprägt, dem Mentor Zarqawis. Sie stehen für einen gnadenlosen Umgang mit Gegnern, seien diese Sunniten oder Schiiten. Muhajirs »Kodex« (*Mudawwana Fiqhiya*) erklärt, warum der IS auf die Vernichtung jedes Abweichlers aus ist, welche Rolle Selbstmordattentate bei der Miliz spielen und warum sie auch nicht davor zurückschreckt, Leichname zu schänden. Zudem strebte der IS bzw. seine Vorläufer immer danach,

---

43 Siehe Mohammad Abu Rumman: Ich bin Salafist, Selbstbild und Identität radikaler Muslime im Nahen Osten, Verlag J. H. W. Dietz, Bonn 2015.

möglichst viele Landstriche unter Kontrolle zu bekommen. Der Nusra-Front ging es in Syrien nicht um die dauerhafte Aneignung von Gebieten und die Konfrontation mit anderen islamischen Gruppen. Sie war in religiösen und ideologischen Angelegenheiten flexibler als der IS.

Nach der Spaltung von al-Qaida kam es so zu einer Konfrontation auf sämtlichen Ebenen: ideologisch, geistig, politisch und militärisch. Der IS konnte sich erheblich ausbreiten, die Nusra-Front wurde schwächer.

Woran lag das, wo sich die Nusra-Front doch sozial, politisch und selbst in religiösen Fragen stark an die syrischen Verhältnisse angepasst hatte? Ein Schlüssel zur Beantwortung dieser Frage dürfte im Erfolg des IS im Irak liegen. Der Terrormiliz gelang es, große Gebiete zu erobern und sich damit als schlagkräftig und infolgedessen »attraktiv« darzustellen. Demgegenüber litt die Nusra-Front unter einer doppelten Krise der Identität und Methode. Sie agierte regional und international in einem schwierigen Umfeld, und in dschihadistischen Kreisen wuchs das Gefühl, dass der IS seine Ausrichtung offener und deutlicher zu erkennen gab als die Nusra-Front, die eher versuchte, Differenzen mit anderen islamischen Gruppen zu bemänteln.

Auch in Syrien entwickelten sich die Dinge unterdessen in eine ähnliche Richtung wie zuvor im Irak. Der Konflikt hatte sich verändert. Immer mehr Sunniten in Syrien sahen sich als Zielscheibe des Regimes, das immer gnadenloser zuschlug und auch vor Massakern nicht zurückschreckte. Hunderttausende kamen zu Tode, Zehntausende wurden in Haft genommen und Millionen mussten fliehen. Da Sunniten von alldem am stärksten betroffen waren, wuchs deren Verzweiflung und ihr Gefühl einer existenziellen Bedrohung. Dies wiederum kam dem IS zugute, der mit der Zeit immer mehr Syrer rekrutieren konnte.

Zusätzlich gib es eine Reihe profaner Gründe, weshalb die Macht des IS wuchs. Er hatte bessere Finanzierungsquellen, kontrollierte zahlreiche Ölfelder, und auch die technokratischen, medialen und militärischen Fähigkeiten waren besser als die der Nusra-Front.

Die Front versuchte gegenzusteuern. Die Errichtung eines Emirats in Syrien sollte die eigenen Reihen noch einmal festigen. So richtig kontrollierte die Nusra-Front allerdings nur noch den Süden Syriens. Das nahm der Idee des Emirats den Wind aus den Segeln, so dass es bis heute nicht existiert. Auch die Umstrukturierung der Führung und die Entfernung Abu Mariya al-Qahtanis und anderer Kader, die gute Beziehungen zu anderen Kampfgruppen gepflegt hatten, führten bis heute nicht zu einer veränderten Vorgehensweise änderte. Seit ihrer Gründung kämpft die Front mit einem gespaltenen Charakter, und deshalb geriet sie gegenüber dem IS ins Hintertreffen.

Drittes Kapitel

Der Weg zur Ausrufung des »Kalifats«

Einleitung

Zu Beginn dieses Buches, als wir den Wurzeln des »Islamischen Staats« in den Jahren 2003 bis 2010 nachgingen, war bereits davon die Rede, wie der damalige ISI in Bedrängnis geraten war, weil sich ausgerechnet jene gegen seine extreme sektiererische Politik wandten, die ihm Rückhalt bieten sollten: die Sunniten des Irak. Sunnitische Stammesverbände schlossen sich zu *Sahwa*-Truppen zusammen und wurden von Verbündeten der bewaffneten Dschihadisten zu Helfern des US-Militärs unter General David Petraeus, der zur Aufstandsbekämpfung eine Truppenaufstockung einleitete. Dies ging mit der Bewaffnung und Finanzierung sunnitisch-irakischer Verbände einher, die bald über 100.000 Kämpfer umfassten.[1]

Die Beteiligung der Sunniten an der Bekämpfung von AQI beziehungsweise ISI führte aber nicht zu einer grundlegenden Änderung im neuen politischen System des Irak. Der schiitische Einfluss wuchs in allen Bereichen des Staates, die Bemühungen um eine Eingliederung der *Sahwa*-Verbände in die Armee und die Sicherheitskräfte blieben ergebnislos und die Sunniten fühlten sich weiter ausgegrenzt und marginalisiert.[2]

Und Abu Bakr al-Baghdadi, der im Frühjahr 2010 IS-Führer wurde, stellte die Miliz organisatorisch wie militärisch neu auf.

---

1   Hisham al-Hashimi: »*Sahawat al-Fasa'il as-Sunniyya*«, a. a. O.
2   Omar Ashour: »Al-Qaeda in Iraq: Eliminating Leaders Will Not Necessarily Cut Lifelines«, a. a. O.

Diese Neuaufstellung fiel mit Beginn der zweiten Amtszeit von Nuri al-Maliki als irakischer Premierminister Ende 2010 zusammen, mit dem Truppenabzug, den die USA gemäß einem Abkommen mit der irakischen Regierung seit 2008 begonnen hatten, und einem stärken iranischen Einfluss nach Abschluss des Abzugs zum 31. Dezember 2011.[3] Die schiitische Dominanz wuchs, die Politik im Irak wurde immer stärker konfessionsbestimmt, und die Schaltstellen im Staat waren von Korruption lahmgelegt.[4]

Der amerikanische Abzug aus dem Irak ging zudem mit zwei weiteren bedeutsamen Entwicklungen einher:

- In der arabischen Welt erhob sich eine revolutionäre Protestbewegung für Freiheit, Gerechtigkeit, Demokratie und Würde: Ende 2010 in Tunesien, 2011 in Ägypten, Libyen, Jemen und Syrien. 2012 erfasste auch den Irak eine Protestwelle.

- Am 2. Mai 2011 töten amerikanische Spezialeinheiten im pakistanischen Abbottabad den al-Qaida-Chef Usama bin Laden, und Aiman az-Zawahiri wurde sein Nachfolger.

Vor diesem Hintergrund konnte sich die Miliz seit etwa 2012 erholen. Sie profitierte von Fehlern der Maliki-Regierung in Bagdad. Aber auch die Entwicklungen im Nachbarland Syrien, wo die konfessionellen Spannungen wuchsen, mobilisierten die irakischen Sunniten. Die Strategie von AQI war nun wieder darauf gerichtet, Gebiete im Irak zurückzugewinnen, die aufgrund der *Sahwa*-Episode verlorengegangen waren. AQI schlug in sämtlichen irakischen Provinzen wahllos zu,

---

3   Anthony Cordesman, Adam Mausner, Sam Khazai, Peter Alsis, and Charles Loi: »The Real Outcome of the Iraq War: US and Iranian Strategic Competition in Iraq«. Center for Strategic and International Studies, 8.3.2012 (http://csis.org/publication/real-outcome-iraq-war-us-and-iranian-strategiccompetition-iraq).

4   Für 2011 platzierte Transparency International den Irak auf Rang 175 von 182. http://cpi.transparency.org/cpi2011/results.

wobei die *Sahwa*-Stämme und ihre Führer zunächst Hauptziel ihrer Anschläge waren.

Unter Ausnutzung der »sunnitischen Krise« konnte AQI also wieder polarisieren und rekrutieren, im Irak ebenso wie in Syrien. Vom Nordirak bis in die südlichen Provinzen und insbesondere in Bagdad und der Provinz al-Anbar war nichts mehr sicher, nicht die US-Truppen, nicht die Regierung einschließlich ihrer Ministerien und Finanzinstitutionen und ebensowenig regierungstreue und proamerikanische Kräfte.[5]

Im folgenden Abschnitt erörtern wir die Dynamiken, die die irakische Miliz nutzte, um sich und ihre Ressourcen neu zu ordnen und strategisch, taktisch und strukturell wieder in Aktion zu treten. Dabei beleuchten wir Faktoren, die der irakischen Organisation Auftrieb gaben, und den ideologischen Diskurs der Miliz ab Ausrufung des islamischen Kalifats 2014.

1 Neue Strategien, veränderte Taktiken und Umstrukturierung

Mit Beginn des Jahres 2010 und dem näherrückenden amerikanischen Truppenabzug gab die Miliz ein Grundsatzdokument heraus, das den Titel »Strategieplan für eine politische Stärkung des Islamischen Staates Irak« trug.

Es geht auf die »wahren Gründe« für die Entstehung der sunnitischen *Sahwa*-Verbände ein. Man habe sie zu spät bekämpft, weil sie in der sunnitischen Gemeinschaft stark verankert schienen. Vorwürfe nationalistischer Widerstandsgruppen, die Miliz habe sich durch ihr Vorgehen selbst zuzuschreiben, dass die Sahwat entstanden seien, reicht man zurück – die Nationalisten im Widerstand seien ein »Nährboden« für diese. Eingeräumt wird, dass die Miliz in vielen Gebieten Einfluss und

---

5   Akram Hijazi: »Ad-Daura al-Tarikhiya: Al-Iraq ma bain al-Baghdadi al-Awwal wal-Baghdadi ath-Thani« (Link nicht mehr verfügbar).

Kontrolle verloren habe. Dabei werden die USA beschuldigt, einen »schmutzigen Krieg« zu führen. Sie würden Anschläge auf Märkte, Geschäfte und Moscheen inszenieren und Gegner des ISI umbringen, um diese Taten dann der Miliz anzuhängen.

Der Miliz sei es gelungen, die Sahwat zu treffen und zurückzudrängen, heißt es im Dokument, nach und nach habe sie Gebiete zurückerobert. Im Kern geht es jedoch um eine neue Strategie für die Zeit nach dem Abzug der Amerikaner. Die fünf Hauptpunkte:

- Der Dschihad sei dadurch zu stärken, dass dem ISI weitere Fraktionen zugeführt würden, zumal solche, die von al-Qaida selbst »unter Opfern« mitaufgebaut wurden. Das Papier hebt auf den rechtstheologischen Grundsatz der al-Ahkam as-Sultaniya ab, demzufolge der Aufbau eines islamischen Staates rechtmäßig und sich diesem zu unterstellen eine muslimische Pflicht sei, auch wenn es keinen vollständigen Konsens zu ihm gebe. Es zitiert den Aufruf von Abu Hamza al-Muhajir an andere Gruppen, eigene Interessen zurückzustellen und sich stattdessen dem Staat als Repräsentanten der Umma zu verschreiben.

- Im Rahmen einer »ausbalancierten militärischen Planung« wird verlangt, auf die »inneren Feinde« zu zielen (»Neun Kugeln für Glaubensabtrünnige und eine für Kreuzzügler«). Genannt werden die irakische Armee und Polizei. In ihren Reihen soll Panik entstehen, so dass sich niemand mehr rekrutieren lässt. Durch »Säuberung« von Gebieten und systematische Vertreibung sollen die Sicherheitskräfte außerdem daran gehindert werden, feste Posten zu unterhalten. Bei der Zielauswahl hätten die »Eliten« von Sicherheitskräften und Politikern Priorität.

- Als Antwort auf die *Sahwa*-Stammesmilizen, deren Kämpfern das Dokument finanzielle und persönliche Interessen sowie eine schariafeindliche Gesinnung unterstellt, wird die Schaffung »dschihadistischer *Sahwa*-Verbände« auf Scharia-Basis empfohlen. Sie sollen dezentral aufgebaut sein und den Stammesscheichs unter der Direktive des ISI weitreichende Autorität in ihren Gebieten einräumen.

- Es sollen politische Symbolfiguren aufgebaut werden, die gesellschaftlich akzeptabel sind, Führungsqualitäten haben und als integer gelten.
- Den Bewohnern in von der Miliz kontrollierten Gebieten soll das Gefühl vermittelt werden, unter einer »gerechten Herrschaft« zu leben. Administrativen Belangen soll Interesse entgegengebracht und Stabilität gefördert werden. Die innere Front soll zudem gefestigt werden, indem Strukturen zur Organisation der Wirtschaft und das Scharia-Strafrecht eingeführt werden.

Zugleich wurde die Miliz von Abu Bakr al-Baghdadi neu organisiert. Militärische Belange wurden ehemaligen Armeeoffizieren aus der Saddam-Ära wie Hajji Bakr und Abdurrahman al-Bilawi übertragen. Der militärische Arm wurde professioneller und die Sicherheit der Miliz gestärkt. Hier waren die meisten Führungspersonen Iraker, während Baghdadi sonstige Araber und Ausländer vornehmlich in »Scharia-Ämtern« unterbrachte – Golf-Araber vor allem wie Abu Bakr (bzw. Umar) al-Qahtani, Abu Humam al-Athari (auch bekannt als Turki al-Bin'ali bzw. Turki bin Mubarak bin Abdullah) aus Bahrain, der Saudi-Araber Uthman Al Nazih al-Asiri und andere. Sicherheitsaufgaben an entscheidenden Positionen übernahm der »Turkmenische Tala'far-Kreis«, an dessen Spitze Abu Ali al-Anbari stand, während die Medienorganisation der Miliz Arabern und Ausländern zufiel. Allen voran ist hier der Syrer Abu Muhammad al-Adnani zu nennen, der offizielle Sprecher des IS.

Die Anschläge der Miliz erfolgten ab 2011 systematischer als zuvor. Der militärische Arm war nun für Attentatsplanungen zuständig und wählte Ziele und Zeitpunkt von Angriffen. Sie richteten sich gegen Provinzverwaltungen und -außenstellen, darunter auch solche in Bagdad. Die Terrorkommandos schlugen in Wellen zu, statt wie zuvor nur punktuelle Anschläge zu verüben oder Sprengstofffallen zu legen. Das Ergebnis war noch größere Panik in der Bevölkerung. »Mauern einreißen« nannte der ISI seine Anschläge – als Hinweis darauf, dass man auch dazu übergehen würde, die Gefangenen aus den Regierungsgefängnissen zu befreien.

2 »Mauern einreißen«: Erneuter Einfluss und Ausbreitung der Miliz

Nach dem Abzug der US-Truppen aus dem Irak 2011, dem Beginn der arabischen Volksaufstände und unter dem Eindruck der Politik von Ministerpräsident Maliki, der die Sunniten systematisch marginalisierte und die Sahwat-Kämpfer nicht nur nicht integrierte, sondern sogar verfolgen ließ, kippte die Stimmung unter den irakischen Sunniten vollends. In den mehrheitlich sunnitischen Gebieten begannen Proteste, die zunehmend eskalierten. Dem ISI war dies nur recht. Der identitäre Ansatz der Miliz und ihre Kampfideologie schienen sich auszuzahlen.

Im Juli 2012 stellte Abu Bakr al-Baghdadi unter dem Titel »Und Gottes Licht wird doch scheinen!« eine neue Strategie vor. In der Rede hieß es:

»Wer da sagt, die Leute wollten keinen islamischen Staat, der wisse, dass die Mehrheit der Sunniten im Zweistromland nur auf seine Wiedererrichtung warten! Ich kann unsere Stämme und Angehörigen im Zweistromland, die Scheichs ebenso wie Einzelpersonen, nur loben. Sie waren und sind der Grundstoff des Dschihad im Irak, und sie bieten den Dschihad-Kämpfern Obdach und Schutz. Anlässlich der offenkundigen Rückkehr des Islamischen Staates in Gebiete, die ihm verloren gegangen waren, fordere ich euch zu noch mehr Bemühungen auf. Schickt eure Söhne in die Reihen der Dschihadkämpfer, auf dass sie euren Glauben, euren Besitz und eure Ehre verteidigen, aber auch aus Gehorsam gegenüber Gott und seinem Befehl.

Diejenigen Stammesscheichs und -angehörigen aber, die sich dazu haben verführen lassen, sich auf die Seite des kreuzzüglerischen Amerika zu stellen und die sodann zu Anhängern und Anhängseln der safawidischen Regierung wurden, zu denen sagen wir: Möge Gott euch keinen Schaden zufügen, solltet ihr auf den rechten Weg zurückfinden und für Gottes Religion so einstehen, wie ihr sie zuvor bekämpft habt! Geht den Weg der Buße und macht euren Fehler wieder gut, auf dass Gott euch verzeihe und eure Untaten in gute verwandle. Und wenn euch gesagt wird, der IS töte jeden, der ihn zuvor bekämpft hat, ohne seinen Sinneswandel zu akzeptieren, so wisset, dass dies nichts als die übliche Verleumdung gegen uns ist. Wir werden niemanden bedrängen, der aus Überzeugung, und nicht nur, um sich gut zu stellen, Reue zeigt.«[6]

Auch die Schiiten vergaß Baghdadi in der Ansprache nicht. Zu ihnen spricht er in einem offen feindseligen Ton und beharrt darauf, dass es allein seine Miliz sei, die den sunnitischen Islam vertrete: »Ihr aber, ihr hasserfüllten Glaubensverweigerer, sollt wissen, dass wir die Nachkommen des Hassan und des Hussein [die Urmärtyrer der Schiiten; d. Ü.] sind, aber auch die Nachfahren der ersten Kalifen Abu Bakr, Umar, Uthman und Ali. Ihr Schiiten aber seid nichts als Anhänger des Magiertums, die Nachfahren von Abu Lu'lu'a [Mörder des Kalifen Umar], Ibn Saba' [angeblicher Mörder des Kalifen Uthman], Rostam [persischer Sagenheld] und eures Urvaters Khosro. Niemals wird es dazu kommen, dass ihr ungläubigen Schiiten über die Nachkommen von Hassan und Hussein herrscht!«[7]

Wie üblich erläuterte auch der Sprecher des IS, Abu Muhammad al-Adnani, in einer eigenen Audiobotschaft den neuen Plan der Miliz. Er führte aus, der IS gehe nun dazu

---

6 Abu Bakr al-Baghdadi, Ansprache vom Juli 2012 (www.dd-sunnah.net/forum/showthread.php?t=153320).

7 Ebd.

über, verlorengegangene Gebiet im Irak zurückzugewinnen: »Der Beherrscher der Gläubigen des Islamischen Staates Irak – Gott erhalte ihn – hat eine neue Phase des Dschihad verkündet, in der die Kontrolle über jene Gebiete mit Gewalt zurückerobert und die safawidische Armee und ihre Unterstützer vernichtet werden. Unter der Parole Mauern niederreißen gab er Anweisung und Befehl, die Schaltstellen und Stützen des safawidischen Projekts anzugreifen. Ziel dabei sind die führenden Köpfe und die Einrichtungen der Regierung, die Sicherheits- und Militärstützpunkte sowie die Schlupflöcher der Schiiten und der ihnen hörigen Verräter unter den Sunniten. Unser Kriegsministerium hat seine Männer und Helden in Alarmbereitschaft versetzt, die Verbände der Dschihadkämpfer gehen von Haus zu Haus und durchkämmen das ganze Land in zeitgleichen Aktionen. Das Scheitern aller Sicherheitspläne und Geheimdienste, mit denen sich der Feind Tag und Nacht in den Medien brüstet, wird damit offengelegt. Ihre Anführer, die zum Gespött der Straße geworden sind, verfluchen sich bereits gegenseitig und ergehen sich in öffentlichen Schuldzuweisungen.«

Weiter heißt es: »Die Phase läuft genau so, wie unser Scheich sie geplant hat. Es wurden im ganzen Land Kasernen überrannt, Regierungsgebäude zermalmt, Flugzeuge abgeschossen und Ungläubigen die Köpfe abgeschnitten. Gott ist zu preisen, dass dieser Plan aufging und seine Ziele erreicht wurden. Diese Phase wird in der vorgesehenen Zeit enden, bis eine neue Phase beginnt, die wir, so Gott will, zu gegebener Zeit verkünden werden.«[8]

Die Ansprache ist von großer Selbstsicherheit geprägt. Adnani beschreibt die »neue Phase« so: »Jetzt überfallen wir sie und nicht umgekehrt. Unser Sieg ist schon darin sichtbar, dass Soldaten desertieren und vom Glauben abgefallene Sun-

---

8 Abu Muhammad al-'Adnani, Ansprache vom 23.7.2012 (Link nicht mehr verfügbar).

niten reuig zurückkehren. Immer mehr Menschen scharen sich um den Islamischen Staat Irak.« Zum Ende seiner Botschaft wird der Sprecher immer aggressiver: »Der ISI hat es mehrfach laut und klar verkündet: Es wird keine Verhandlungen geben, kein Geschacher und keine Schmeicheleien. [Jetzt ist die Zeit] der Standhaftigkeit ohne Rückzug und des Krieges ohne Stillhalten!«[9]

Die Umstände im Irak und in der Region ließen die Miliz erstarken. Ein Jahr nach Verkündung des Plans »Mauern niederreißen« war aus dem ISI eine schlagkräftige Truppe geworden. Am 21. Juli 2013 startete die Miliz einen Doppelangriff auf die Gefängnisse Abu Ghuraib westlich von Bagdad und das von Taji nördlich der Hauptstadt. Fast 600 Gefangene wurden dabei befreit, darunter führende ISI-Kader. Zwei Tage später übernahm die Miliz auch offiziell die Verantwortung für die Angriffe, die sie nun mit »Bedrängung der Tyrannen« überschrieb.[10]

Und schon legte die Miliz einen neuen Plan auf: die Erlangung möglichst vollständiger Kontrolle über alle sunnitischen Provinzen des Irak bei gleichzeitiger Ausdehnung in Richtung Syrien. Da es »Kampagnen zur Vertreibung der Sunniten« gebe, hieß es in einer Mitteilung vom 29. Juli 2013: »In Fortsetzung der Serie von planvoll durchgeführten Anschlägen, die in den vergangenen Monaten zur Unterstützung der bedrängten Sunniten begangen wurden, die in vielen Gebieten,

---

9 Ebd.
10 Abrufbar unter http://daawla.tumblr.com/page/18. Die Befreiungsaktion führte in der irakischen Regierung zu gegenseitigen Schuldzuweisungen. Justizminister Hassan ash-Shamri meinte, die Flucht hunderter Gefangener, die überwiegend al-Qaida angehörten, könne nur mit Beihilfe hoher Regierungsbeamter erfolgt sein. Man habe Washington davon abbringen wollen, das syrische Regime anzugreifen, indem man die Schlagkraft von al-Qaida und Da'ish ins Licht rücke. Laut späteren Ermittlungen war dem tatsächlich so. Siehe dazu Ahmad Hashim Al-Habubi: »Ghazwat Qahr at-Tawaghit. Khatimat Khuttat *Hadm al-Aswar*«. 2.9.2013 (auf www.kitabat. com).

insbesondere in Diyala, zum Ziel von Vertreibungen wurden, nachdem das safawidische Projekt seine Ziele offengelegt und sein wahres, hässliches Gesicht gezeigt hat, ohne sich zu verstellen (*Taqiya*), griffen die Männer des Islamischen Staates bei ihrer ersten solchermaßen gearteten Aktion im Irak im Rahmen der »Ernte der Soldaten«, mit der die vorherige Phase »Mauern einreißen« abgeschlossen wurde, mutig die Gefängnisse von Taji und Abu Ghuraib an, wobei sie unsere gefangenen Löwen aus ihrer Gefangenschaft befreiten und damit den Stützpunkten der Safawiden in Bagdad und anderswo einen schweren Schlag versetzt haben.«[11]

Der Milizsprecher Adnani bekräftigte in einer Audiobotschaft ebenfalls den Übergang von der ersten Phase zum neuen Plan und berichtete detailliert von den Befreiungsaktionen von Abu Ghuraib und Taji.[12]

Solche Botschaften und anderes Propagandamaterial, das in erster Linie von der hauseigenen Medienagentur al-Furqan verbreitet wurde, gibt Aufschluss darüber, wie sich die Miliz strukturell gewandelt, wie sie dadurch zu neuer Schlagkraft gefunden hatte und wie brutal ihre Taktiken und Kampfstrategien geworden waren. Zudem lässt sich die streng identitäre Ausrichtung der Miliz daran ablesen. Es gab immer mehr professionell gemachte Videos, die unter der Bezeichnung »Klingende Schwerter« verbreitet wurden. Hier wurden Anschläge und Abschiedsbotschaften von Selbstmordattentätern gezeigt, in denen die Sahwat-Kämpfer und andere Sunniten, die sich zu »Handlangern der schiitischen Regierung« gemacht haben, dazu aufgerufen werden, reuig umzukehren. Der politische Prozess im Irak wird unterdessen als korrupt und antisunnitisch gebrandmarkt. Die Videos demonstrierten die Wirkung von Selbstmordattentaten, Anschlägen mit sprengstoffgefüllten Autos, Bomben und Granaten oder der

---

11 Kommuniqué von ISIS (Link nicht mehr verfügbar).
12 Link nicht mehr verfügbar.

Erstürmung von Stützpunkten von Polizei und Armee. Sie führten vor, wie man mit schallgedämpften Waffen effektiv »Kollaborateure« liquidiert. Und sie dokumentierten, wie die Terrormiliz wieder in zuvor verlorengegangene Gebiete einrückt.

Die Botschaft, die der IS mit seinen professionell produzierten Medien aussenden wollte: Für die Sunniten gebe es keine andere Hoffnung als durch die Anwendung von Gewalt und die Hinwendung zum IS. Er sei die Kraft, die der irakischen Armee, schiitischen Kräften und dem iranischen Einfluss größten Schaden zufügen konnte.

3 Wie Ministerpräsident Maliki den Aufstieg des IS beförderte

Zwei grundlegende Faktoren machten den IS in der Region zu dem mächtigen Monster, das er heute ist. Zum einen erhoben sich Konterrevolutionen gegen die arabischen Volksaufstände und wurde in vielen arabischen Ländern als Antwort auf demokratische Forderungen das autoritäre Staatsmodell reproduziert. Zum anderen wollte der Iran seinen Einfluss in der Region unbedingt festigen. Iranische Revolutionsgarden kämpften daher in Syrien ebenso auf Seiten des Regimes wie schiitische irakische und libanesische Milizen, um den Verbündeten Assad vor dem Sturz zu bewahren. Der syrische Präsident zählte in erster Linie auf Iran und Russland, um den Aufstand seines Volkes niederzuschlagen, den er als terroristisch und konfessionalistisch brandmarkte.

Die ideologische und identitäre Ausrichtung des ISIS/IS sowie seine militante Strategie festigte sich denn auch gerade nach der Niederschlagung der meisten arabischen Protestbewegungen, als die Parole von friedlichen Revolutionen an Anziehungskraft und Effektivität verloren hatte. Der Militärputsch in Ägypten vom 3. Juli 2013, der unter dem Motto

»Ägypten gegen den Terror« zur Absetzung von Präsident Mursi führte (und in dessen Folge Mursis Partei, die Muslimbrüder, zur terroristischen Vereinigung erklärt wurde), war der Auftakt zu einer neuen Phase in der arabischen Welt, in der ein neuer Autoritarismus an die Stelle von Demokratiebestrebungen trat. Radikalislamische Gruppen leiteten daraus die Folgerung ab, dass sie ihre Ziele nur mit militärischen Optionen herbeiführen könnten.

Die Umbrüche in Ägypten strahlten weit über die Landesgrenzen hinaus. Am 4. März 2014 wurden alle Aktivitäten der in Gaza herrschenden Hamas in Ägypten verboten, da nun auch diese Organisation als terroristisch eingestuft wurde. Und auch Saudi-Arabien erstellte am 7. März eine Liste von Terrorgruppen, die ebenfalls die Muslimbrüder einschloss.

Der IS nutzte diese Situation, um die eigene ideologische Sichtweise zu untermauern. Am 31. August 2013 meldete sich der Milizsprecher Adnani erneut zu Wort und erklärte in einer Audiobotschaft unter dem Titel »Wessen Religion ist die der Friedfertigkeit?«, dass der Weg des Dschihad und des Kampfes der einzig richtige sei. Demokratie sei Unglaube, und jeder, der ihr anhänge oder sich an ihre Regeln halte, insbesondere die Muslimbrüder, seien somit ebenfalls Ungläubige. Die Muslimbrüder ruft er daher zur Umkehr auf: »Ihr aufbegehrenden Sunniten an jedem Ort, wisset, dass nicht die herrschenden Regime unsere Krankheit sind, sondern die Gesetze der Vielgötterei, mit denen sie regieren. Kein Herrscher ist besser als ein anderer, solange wir nicht die Herrschaftsform ändern. Es gibt keinen Unterschied zwischen Mubarak, Gaddafi und Ben Ali, und auch nicht zwischen Mursi, Abduljalil und Ghannouchi. Sie alle sind Tyrannen, die mit denselben Gesetzen herrschen.«[13]

Friedfertigkeit dagegen sei ein sinnloses Unterfangen, so Adnani weiter: »Es ist Zeit, dass wir begreifen und ein-

---

13 Link nicht mehr verfügbar.

gestehen, dass Gewaltlosigkeit weder Gutes noch Schlechtes bewirkt. Die Prediger der Friedfertigkeit sollten aufhören, ihren Unsinn weiter zu vertreten. Ungläubige werden den Anhängern des Glaubens niemals friedlich gegenübertreten, und ein unbewaffneter, friedlicher Glaube kann nichts ausrichten gegen aggressive, verbrecherische und bewaffnete Gottlosigkeit. Die Rückgewinnung von Würde, die Befreiung von Unrecht und das Zerbrechen der Fesseln der Erniedrigung können nur durch das Klirren der Schwerter, Blutvergießen und Selbstopferung erreicht werden, niemals aber durch friedliche Aufrufe oder Parlamentswahlen.«

Adnani greift die ägyptischen Muslimbrüder sowie die ägyptische Salafistenpartei *Hizb an-Nur* (»Partei des Lichts«; für Adnani allerdings die »Partei der Dunkelheit«) in seiner Ansprache dafür an, dass sie sich an Wahlen beteiligt haben: »Die Muslimbrüder sind eine säkulare Partei im islamischen Gewand, ja sie sind schlimmer und verschlagener als die Säkularisten. Sie beten Posten und Parlamente an und betreiben zwar einen aufopferungsvollen Dschihad, aber für die Sache der Demokratie, statt für die Sache Gottes zu kämpfen und zu töten. Die Partei der Muslimbrüder und die mit ihnen verbrüderte Partei der Dunkelheit haben sich von allen Grundlagen des Glaubens und des Islams verabschiedet, indem sie sich mit einer Teilherrschaft zufriedengeben und Gesetze machen, die nicht Gottes Gesetze sind.«

Am bedeutsamsten an der Ansprache Adnanis sind die abschließenden Empfehlungen, die »an die Sunniten« gerichtet sind, wobei er sowohl die Ägypter als auch die Iraker meint und die ägyptische und die irakische (bzw. in seinem Sprachgebrauch »safawidische«) Armee in einem Atemzug nennt. Er möchte, dass die Sunniten »friedliche Aufrufe ablehnen und stattdessen zu den Waffen greifen, um den Dschihad für Gottes Sache aufzunehmen und die Angreifer der ägyptischen und der safawidischen Armee abzuwehren.«

Zu bedenken ist: In der arabischen Welt war man der demokratischen Proteste überdrüssig, die zu Chaos, Auflösungserscheinungen und in der Reaktion zu einem Wiedererstarken des Autoritarismus führten. Damit einher ging die »sunnitische Krise« im Irak und in Syrien. Der damalige irakische Ministerpräsident Nuri al-Maliki setzte auf eine antisunnitische Politik, um seine Macht und seinen Einfluss zu stärken, wobei er sich von Iran und den USA unterstützen ließ. Auch sein Programm hieß »Krieg gegen den Terror«, und er wandte entsprechende Gesetze an, um sich politischer Gegner zu entledigen. Außerdem benutzte er das »Gesetz über Rechenschaft und Gerechtigkeit«, das an die Stelle des vorherigen »Gesetzes zur Beseitigung der Baath-Partei« getreten war, um einflussreiche sunnitische Politiker kaltzustellen, indem ihnen frühere Verbindungen zu Saddams Partei vorgeworfen wurden. Und schließlich ließ er sunnitische Protestcamps gewaltsam auflösen, was am 23. April 2013 allein in der Stadt Huwaija in der Provinz Kirkuk zu 50 Toten und mindestens 110 Verwundeten führte.

Vor dem Blutbad in Huwaija war es bereits zweimal zu Zusammenstößen mit den Sicherheitskräften gekommen, in Falluja am 25. Januar und in Mossul am 8. März 2013. In Falluja waren sieben Personen zu Tode gekommen, in Mossul eine. Maliki behauptete nachdrücklich, unter den Demonstranten seien Terroristen der ehemaligen Baath-Partei gewesen, und die Protestierenden seien anti-schiitische Sektierer.[14] Diese Politik brachte nicht nur die Sunniten gegen die Regierung auf, sondern radikalisierte auch viele Schiiten. Bei den irakischen Sunniten nahm daher die Überzeugung zu, dass friedlicher Protest nichts bringe. Dies wiederum machte sich der IS zunutze, indem er immer mehr Sunniten

---

14 Siehe hierzu: »Make or Break: Iraq's Sunnis and the State«. The International Crisis Group, Middle East Report No. 144, 14.8.2013 (www.crisisgroup. org/en/regions/middle-east-north-africa/iraq-irangulf/iraq/144-make-or-break-iraq-s-sunnis-and-the-state.aspx).

rekrutierte beziehungsweise Bündnisse mit diesen schmiedete und immer mehr Anschläge verübte.

Trotz der konfessionalistischen Politik Malikis sagten ihm die USA anlässlich eines Besuchs in Washington Anfang November 2013 den Verkauf großer Mengen an Waffen zu. Sie sollten zur »Terrorbekämpfung« dienen, sowie dazu, ein Übergreifen des Chaos auf die Nachbarstaaten und das weitere Vordringen von Dschihadisten in Syrien zu verhindern. Unter den Waffen waren Aufklärungsflugzeuge und Hellfire-Raketen, und es wurde über ein Training gemeinsamer Eingreiftruppen sowie den Aufbau von Drohnenbasen »zur Bekämpfung von al-Qaida« verhandelt. Im Januar 2014 kam es zur Gründung »sunnitischer Militärräte«, die gegen die Regierung kämpfen wollten.

Aus den friedlichen Protesten war so eine bewaffnete Bewegung geworden, die zunächst in Ramadi zuschlug und dann Falluja unter ihre Kontrolle brachte. Für Maliki war all dies Terror, für den al-Qaida und ISIS verantwortlich seien, und darin folgten ihm nicht nur die USA, sondern am 11. Januar 2014 auch der UN-Sicherheitsrat. Letzterer unterstützte in einer Resolution »die Bemühungen der irakischen Regierung gegen Gewalt und Terror in al-Anbar« und verurteilte die Angriffe des IS, ohne andere Beteiligte zu nennen oder auf die berechtigten Forderungen der Sunniten im Irak einzugehen.

Unmut und Zorn bei sunnitischen Protestveranstaltungen erreichten nun ihren Höhepunkt. Für viele schien sich zu bestätigen, dass der Welt friedliche Proteste schlichtweg egal waren. Militante Widerstandsverbände formierten sich, denen ehemalige Armeeoffiziere ebenso angehörten wie bewaffnete Stammeskämpfer. Sie trugen Namen wie: »Islamische Armee«, »Irakische Hamas«, »Verbände der Revolution von 1920«, »Armee der Dschihadkämpfer«, »Unterstützer der Sunna« oder »Naqshbandi-Armee«. Abu Bakr al-Baghdadi wusste dies zu nutzen, indem er mit genau solchen sunnitischen Kräften, die in Maliki einen Politiker sahen, der unter dem

Vorwand der Terrorbekämpfung einen konfessionalistischen Krieg gegen sie führte, Bündnisse einging.

Der IS bot sich in der kritischen Phase als Speerspitze des Widerstands gegen Malikis Armee und Milizen an. Zugleich deckte Baghdadis Organisation die Schwachstellen in den staatlichen Sicherheitskräften auf und stellte fest, dass den Polizisten und Soldaten Moral und Handlungsfähigkeit fehlten. Es dauerte nur kurze Zeit, bis es dem IS durch Fusionen, Übernahmen, die Annahme von Treue- und Reuebekundungen beziehungsweise das Auferlegen von Verpflichtungen, entweder zu schweigen oder zu Hause zu bleiben, erfolgreich gelang, Widerstandsverbände aus dem Weg zu räumen, mit denen die Miliz 2007 gekämpft hatte, und den »Militärrat« sowie andere Gruppen zu neutralisieren.

4 Die Ausrufung des Kalifats und die Aufhebung der Grenzen

Seit 2012 hatte sich die Baghdadi-Miliz sichtbar entwickelt. Viele hielten die angebliche Errichtung eines islamischen »Staates« trotzdem für Propaganda im virtuellen Raum. Das änderte sich mit dem Morgen des 10. Juni 2014. Eine Schockwelle erfasste den Irak, die Region und die Welt: Die Stadt Mossul in der Provinz Ninive war dem IS in die Hände gefallen. Der Staat war in der realen Welt angekommen. Schon am nächsten Tag der Sprecher Adnani in einer Tonaufnahme namens »Was dir Gutes widerfährt, kommt von Gott« unverhohlen gegen Schiiten: »Eine Rechung ist zwischen uns zu begleichen, eine dicke, lange Rechnung! Aber die Abrechnung wird nicht in Samarra oder in Bagdad stattfinden, sondern in den von euch beschmutzten Städten Karbala und Najaf! Wartet nur ab, und wir warten mit euch.«[15]

---

15 Link nicht mehr verfügbar.

Am 4. Juni hatte sich der IS-Militärchef Abu Abdurrahman al-Bilawi in Mossul selbst in die Luft gesprengt, nachdem er von irakischen Soldaten umstellt worden war, aber am 10. Juni begann der Großangriff, der mit dem Fall der zweitgrößten Stadt des Irak endete.[16] Adnani betrauerte in seiner Ansprache den Märtyrertod Bilawis und zählte dessen Verdienste auf. Zugleich drohte er Ministerpräsident Maliki mit einer Einnahme Bagdads.

Am 29. Juni 2014 veröffentlichte die Miliz über ihr Medienwerk *al-I'tisam* ein Video mit dem Titel »Die Grenzen aufbrechen«. Es zeigt, wie IS-Fahrzeuge die irakisch-syrische Grenze durchbrechen. Dann tauchen Führungskader des IS auf, umringt von Kämpfern. Sprecher Adnani, dessen Gesicht im Video unkenntlich gemacht wurde, hält eine Ansprache, in der er von der »Grenze der Schmach« und dem »Götzen des Nationalismus« spricht. Er erinnert an das angeblich Versprechen des Propheten, das »Kalifat in der Tradition der Prophezeiung« werde erstehen. An seiner Seite steht der aus Tschetschenien stammende Militärführer Umar ash-Shishani, der auf Tschetschenisch von den Errungenschaften des Islamischen Staates spricht; seine Rede ist arabisch untertitelt. Am Schluss wird die Hinrichtung mehrerer »Soldaten der Sykes-Picot-Grenze« gezeigt – vorgeführten Gefangenen wird zugerufen: »Der Islamische Staat ...«, worauf sie im Chor antworten müssen: »... wird bleiben!«

---

16 Die Art und Weise, wie Mossul fiel, warf viele Fragen auf und nährte Verschwörungstheorien, wonach die militärische und die politische Führung des Irak mit den Angreifern paktiert hätten. Solche Theorien sind aber wohl eher mit dem Schock und damit zu erklären, dass man sich die Schwäche der irakischen Armee und die Stärke des IS nicht eingestehen wollte. Eine realistischere Einschätzung der Geschehnisse findet sich bei Ned Parker, Isabel Coles, and Raheem Salman: »Special report: How Mosul Fell – An Iraqi general Disputes Baghdad's Story«. Reuters, 14.10.2014 (www.reuters.com/article/2014/10/14/us-mideast-crisis-gharawi-specialreport-idUSKCN0I30Z820141014).

Die internationale Gemeinschaft war schockiert, dass es dem IS gelungen war, derart große Gebiete des Irak zu überrennen. Noch am selbigen 29. Juni erschien aber schon die nächste Botschaft des Milizsprechers Adnani. Seine Tonaufzeichnung trug den Titel »Gottes Versprechen« und verkündete nichts weniger als die soeben vollendete Errichtung eines islamischen Kalifatsstaates und die Einsetzung von Abu Bakr al-Baghdadi als Kalif aller Muslime. Adnani beließ es nicht bei der Bekanntgabe, sondern stellte klar, dass dies eine Verpflichtung für alle Muslime bedeute: »Wir sagen den Muslimen: Mit der Ausrufung des Kalifats sind alle Muslime verpflichtet, dem Kalifen Ibrahim [echter Name Baghdadis: Ibrahim Awwad al-Badri] – Gott erhalte ihn – zu huldigen und ihm beizustehen. Zudem sind alle anderen Emirate, Provinzen und Organisationen, in die sein Machtbereich reicht und in die seine Soldaten gelangen, hinfällig.« Es folgen Morddrohungen an alle, die an Pluralismus glauben: »Wer unsere Reihen aufspalten will, dem spaltet den Schädel mit Blei und schlagt ihm das Gehirn heraus, wer immer es ist! Keine Gnade!«

Am 1. Juli 2014 folgte dann die Antrittsrede des Kalifen Abu Bakr al-Baghdadi, überschrieben mit »Botschaft an die Dschihadkämpfer und die islamische Umma im Monat Ramadan«.

Zum einen werden hier die IS-Kämpfer dazu aufgerufen, den Dschihad weiterzuführen und die »Botschaft des Kalifats zu vollenden«. An die Welt gerichtet sagte er: »Heute haben die Muslime eine laute und donnernde Stimme und treten festen Fußes auf. Ihr Wort wird in der Welt gehört, und es lehrt diese, was Terror bedeutet: Die Götzen des Nationalismus und der Demokratie mit Füßen zu treten und zu zertrümmern und ihre Falschheit offenzulegen. Höre, Umma des Islam, höre und begreife, erhebe dich, denn es ist Zeit, dass du dich von den Fesseln der Schwäche befreist und der Tyrannei, den treulosen Herrschern, den Handlangern der

Kreuzfahrer und der Atheisten und den Wächtern der Juden entgegentrittst.«[17]

Am Ende der Rede fordert Baghdadi die Muslime auf, in die Gebiete unter der Kontrolle des IS, die er »Haus des Islam« nennt, »einzuwandern«: »Ihr Muslime an jedem Ort, wer es auf sich nehmen kann, in den Islamischen Staat einzuwandern, der tue dies, denn der Einzug ins Haus des Islam ist eine Pflicht.« Wenige Tage später dann trat der Kalif Baghdadi zum ersten Mal in Ton und Bild auf, als er die Freitagsansprache in der Großen Moschee von Mossul hielt. Es war der sechste Tag des Fastenmonats Ramadan.[18]

In den Tagen darauf, während die irakischen Regierungstruppen sich auflösten und ihre Soldaten davonliefen, konnte der IS vier Armeestützpunkte einschließlich Waffen übernehmen und in immer mehr Regionen der Provinz al-Anbar einrücken, so in Qa'im an der syrischen Grenze, in Rawa und Ana westlich von Ramadi. Zudem verloren die Regierungstruppen den Grenzübergang Rabi'a in Ninive an die kurdischen Peschmerga. Unterdessen eroberte der IS auch noch Tikrit in der Provinz Salahuddin, die Kleinstädte Dhalu'iya und al-Mu'tasim 90 Kilometer nördlich von Bagdad sowie weitere Gebiete, während die Kurden in Kirkuk einrückten und um die Raffinerie von Baiji und in Tala'far noch gekämpft wurde.

5 Ausbreitung und Aufstieg des IS in Syrien

Die IS-Miliz kämpfte in Irak und Syrien an zwei Fronten zugleich. Im Irak nutzte der IS die besondere Situation der Sunniten und deren damalige friedliche Proteste sowie die allgemeine Polarisierung zwischen Schiiten und Sunniten.

---

17 Link nicht mehr verfügbar.
18 Link nicht mehr verfügbar.

Doch während der IS im Irak einen blutigen Terrorkampf führte, hatten dschihadistische Gruppen in Syrien, die in Opposition zum IS standen, die Bindung von IS-Verbänden um Falluja dazu genutzt, einen konzertierten Angriff auf die IS-Einflusszonen in Syrien zu starten. Am 3. Januar 2014 griff die »Armee der Dschihadkämpfer«[19] die Quartiere des IS in al-Atarib und im Westen von Aleppo an, während die »Front der Revolutionäre Syriens«[20] IS-Stützpunkte in der Region Idlib attackierte.

Dieser Angriff erfolgte zwei Tage nach der Erklärung der »Islamischen Front«, Abu Rayyan (Hussein as-Sulaiman), ein führender Vertreter der Harakat Ahrar ash-Sham, sei vom IS zu Tode gefoltert worden. Der IS hatte sich zudem geweigert, die Leichname anderer von ihnen getöteten Rebellen herauszugeben. Jamal Ma'ruf erklärte daraufhin als Führer der »Front der Revolutionäre Syriens« dem IS den Krieg und forderte die Miliz auf, innerhalb von 24 Stunden abzuziehen. Viele Beobachter erklärten die Eskalation zu diesem Zeitpunkt auch mit dem Näherrücken der Genfer Konferenz vom 22. Januar 2014.

Aber schon zuvor hatte es eine breite Kampagne gegen den IS in Syrien gegeben. Am 22. Dezember beschuldigten oppositionelle syrische Religionsgelehrte den IS, er wolle die Opposition spalten und forderten die Miliz auf, sich aus Syrien herauszuhalten.[21]

Auch Verbände der bereits erwähnten »Islamischen Front« beteiligten sich an der Umstellung des IS-Quartiers in Idlib und lieferten sich Kämpfe mit der Miliz im nördlichen und

---

19 Dieser Verbund islamistischer Verbände wurde am 2. Januar 2014 gegründet. Einen Tag später verkündete er, gegen den IS Krieg führen zu wollen.

20 Gegründet am 9.12.2013, geführt von Jamal Ma'ruf, vor allem aktiv in der Region Idlib, stand Saudi-Arabien nahe.

21 http://goo.gl/m9Ok4P. Die syrische Oppositionskoalition veröffentlichte zudem am 1.1.2014 eine Stellungnahme, in der sie den IS als terroristisch bezeichnete und der Miliz eine Verbindung zum Assad-Regime unterstellte (Link nicht mehr verfügbar).

westlichen Umland von Aleppo und in Raqqa; dazu kamen Einheiten der FSA. Nur die Nusra-Front blieb neutral und wollte den Krieg gegen den IS nicht mitführen. Sie versuchte zu vermitteln und kämpfte nur kurz in Raqqa mit, nur um sich schon bald darauf zusammen mit den Ahrar ash-Sham und anderen Gruppen von dort zurückzuziehen, so dass der IS ab Februar 2014 unumstritten in Raqqa, al-Bab, Manbij und Jarablus herrschen konnte.

Dennoch war der IS von dem koordinierten Angriff überrascht worden. Die Miliz musste aus mehreren Gebieten abziehen. Sie erlitt schwere Verluste, wobei auch der Chef des IS-Militärrats Hajji Bakr ums Leben kam, seine Frau und seine beiden Söhne gerieten in Gefangenschaft.

Die IS-Kämpfer mussten sich nach Raqqa zurückziehen. Dort konnte sie sich allerdings neu aufstellen und einen gewaltigen Gegenangriff mit allen denkbaren Terror-Praktiken planen (Autobomben, Selbstmordanschläge, Sprengstoffpäckchen, tödliche Gefechte, gezielte Morde[22]), um verlorene Gebiete zurückzugewinnen und sich in weiteren festzusetzen. Am 4. Januar 2014 gab die Miliz eine Erklärung heraus. Sie setzte den verfeindeten Gruppen eine Frist von 24 Stunden, ihre Angriffe gegen den IS einzustellen, dessen Kämpfer nicht an Checkpoints aufzuhalten und IS-Gefangene freizulassen. Der IS drohte zudem mit Eskalation und damit, sich von den Kampffronten gegen das Regime in Aleppo zurückzuziehen.

Die militärische Expertise des IS kam der Miliz dabei zugute, andere Kampfverbände abzuwehren. Auch ihre Medienmaschinerie zeigte Wirkung, und ihr Sicherheits- und Geheimdienst arbeitete effektiv. Zudem hatte der IS Erfahrung im Umgang mit der tribal geprägten lokalen Bevölkerung,

---

22 Allein am 1.2.2014 tötete der IS die Militärführer des *Liwa at-Tauhid*, Adnan Bakur, den der *Alwiyat Suqur ash-Sham*, Abu Hussein ad-Dik, und den von *Liwa' Shuhada' Idlib*, Hamdu al-Basha.

deren Loyalität sich die Miliz mit einer Mischung aus Versprechungen und Drohungen erkaufte.[23]

Die meisten ausländischen Freiwilligen, die zum Kämpfen gekommen waren, schlossen sich nun dem IS an und leisteten Baghdadi einen Treueeid. Der IS-Militärchef Shishani leitete unterdessen die Kämpfe an der Front in Syrien und befahl Angriffe auf die Quartiere der Nusra-Front in Aleppo, Idlib und Raqqa, um sie anschließend zu übernehmen. Der IS bemächtigte sich systematisch der »befreiten« Gebiete und zwang die dortigen kleineren Kampfverbände sowie die ansässigen Bewohner, dem Kalifen Baghdadi zu huldigen, sich in Streitfragen an die IS-Schariagerichte zu wenden und Kinder nur noch in den Koranschulen der Miliz lernen zu lassen. Statt gegen das Regime zu kämpfen, griff der IS jetzt fast nur noch Oppositionsgruppen an, da diese »vom Glauben abgefallen« und »Handlanger der Amerikaner« seien. Ab Juli 2014 herrschte der IS zudem über ganz Ostsyrien, nachdem der Militärchef der Nusra-Front Mariya al-Qahtani und seine Kämpfer nach Daraa in Südsyrien abgezogen waren, da die Nusra-Führung, so Qahtani, sie im Kampf nicht unterstützt habe.

Fazit

Die Einnahme Mossuls im Juni 2014 durch den IS, sein Vormarsch im Irak und seine Übernahme der Grenze zu Syrien schien alle überrascht zu haben – aber es gab eine Vorgeschichte mit entsprechenden Dynamiken. Der IS hatte nach den Rückschlägen im Irak durch die Aufstellung der *Sahwat*-Milizen und das Aufbegehren der Sunniten gegen

---

23 Siehe dazu Felix Legrand: »The Colonial Strategy of ISIS in Syria«. Arab Reform Initiative, Juni 2014 (www.arab-reform.net/colonial-strategy-isis-syria).

ihn im Jahr 2007 seine Strategien und Taktiken revidiert und seine Führung umstrukturiert. Statt nur militärisch zu expandieren, agierte die Miliz unter der Führung Baghdadis auch mit einem effektiven Sicherheitsapparat, was dem IS ermöglichte, Ressourcen zu sichern und die eigene Schlagkraft zu erhöhen. So startete die Miliz mit neuem und größerem Schwung in eine neue Etappe.

Am besten lässt sich der bis heute festzustellende Aufstieg des IS jedoch soziologisch erklären. Hätte der schiitische irakische Premier Maliki keine Ausgrenzungspolitik betrieben, wegen der die Sunniten um ihr Fortbestehen als Bevölkerungsgruppe bangten, wäre der iranische Einfluss im Irak nicht so gewachsen, die politische Elite der Sunniten unter der Parole »Kampf gegen den Terror« nicht so marginalisiert worden und wäre die Regierung nicht so erbarmungslos gegen die friedlichen Proteste von Sunniten vorgegangen, so hätten all die Neuplanungen des IS allein nicht vermocht, die Miliz dermaßen zu stärken.

Auch in Syrien waren friedliche Proteste zu militärischen und konfessionellen Konflikten geworden, was zur Entstehung der Nusra-Front führte und die Sunniten des Irak ebenfalls zu Aufständen bewog, die ins Militante umschlugen.

Die gescheiterte Integration der Sunniten im Irak, die Niederschlagung friedlicher Proteste, die Eskalation im Syrienkonflikt und damit das Aufkommen einer »regionalen sunnitischen Frage« legten die Saat für ein Wiedererstarken des Militarismus im Irak. Und der IS hatte immer außerhalb des offiziellen politischen Prozesses gestanden, während die sunnitischen Kräfte sich in den Sahwat-Verbänden ab 2007 nur aufgerieben hatten. Das war ein wichtiger Punkt. Breite sunnitische Kreise hatten sich der politischen Arbeit verschrieben und den amerikanischen Versprechungen, ihre Lage werde sich verbessern, Glauben geschenkt. Aber als der politische Schwung versandete und die Sunniten das Gefühl bekamen, sie hätten sich 2010 ihren »Wahlsieg« wegnehmen lassen (der säkulare schiitische Regierungschef Iyad All-awi trat damals als ihr Verbündeter auf) und würden Opfer politischer Säuberungen, kam dies der Propaganda des IS zugute. Er konnte nun problemlos Frustrierte und ausge-grenzte Sunniten rekrutieren, auch ehemalige Offiziere der alten irakischen Armee (was der Miliz militärische Expertise verschaffte), und so erlebte der IS im Irak eine Renaissance unter einer »neuen Dynastie«, die noch gewalttätiger und tödlicher auftrat als die vorige.

Der soziologische Faktor, die Krise der Sunniten von Irak über Syrien bis Libanon, ist der entscheidende Faktor, um die Kraft zu erklären, die die IS-Miliz entwickelte. Er erklärt auch (ohne es in irgendeiner Weise zu rechtfertigen) die ideo-logische Ausrichtung des IS und seine Brutalität im Umgang mit Gegnern, denn Brutalität hatten auch die sunnitischen Gemeinschaften erfahren. Der goldene Schlüssel, der den Nebel des Magischen auflösen kann, der den IS und seine Schlagkraft umgibt, liegt im Schlagwort »Sunnitische Krise«.

VIERTES KAPITEL

Die Spaltung von al-Qaida: Konflikte und Konsequenzen

Einleitung

In den vorigen Kapiteln haben wir nachgezeichnet, wie sich der Streit zwischen der zentralen al-Qaida und der Nusra-Front einerseits und dem IS (bzw. vormals AQI) andererseits entwickelt hatte. Die Wurzeln dafür lagen in der Zeit, als der geistige Vater des IS, Abu Mus'ab az-Zarqawi, seine Terrormiliz aufgebaut hatte. Dann beschrieben wir das sogenannte »unklare Verhältnis« zwischen der Zarqawi-Gruppe und al-Qaida, das darin bestand, dass Zarqawi 2004 zwar Bin Laden gegenüber einen Treueschwur abgelegt und erklärt hatte, seine Miliz sei Teil der Mutterorganisation (»Al-Qaida im Zweistromland«), dass es aber zwischen beiden grundlegend unterschiedliche Ansichten über die Prioritäten im Kampf gab, dass Zarqawi eine unversöhnliche Haltung zur Schia einnahm und in Kauf nahm, dass bei seinen Selbstmordanschlägen auch zahllose Zivilisten den Tod fanden.

Nach der Tötung Zarqawis, infolge der fast ausschließlichen Ausrichtung seiner Miliz auf den Irak sowie deren streng sunnitisch-identitärer Haltung und der »Irakisierung« der Miliz wurde der Graben zur Mutterorganisation immer größer. Dann folgte die Ausrufung des »Islamischen Staates« für die sunnitischen Gebiete des Irak durch Zarqawis Nachfolger, was die bis dahin unausgesprochene Krise zwischen beiden Lagern weiter vertiefte. Führende al-Qaida-Mitglieder äußerten sich nun ablehnend zu dieser Vorgehensweise. Sie harmonierte nicht mit der globalen Strategie von al-Qaida, in erster Linie die Konfrontation mit den USA zu suchen, ohne vorerst einen islamischen Staat auszurufen.

Die Ausrufung des Staates sollte zu erheblichen Konsequenzen führen. Angeblich sollte AQI ein Bestandteil dieses Staates sein. Das stand im Widerspruch zur angenommenen Loyalität von AQI zur zentralen al-Qaida. So groß dieser Streitgegenstand war: Beide Seiten verschwiegen ihn in öffentlichen Äußerungen. Offen brach der Streit erst aus, als in Syrien die Nusra-Front aktiv wurde. Diese war unter Mitwirkung von AQI und mit dem Segen der al-Qaida-Zentrale gegründet worden.

Die Nusra-Front pflegte von Anfang an, auch das haben wir dargelegt, eine unklare Identität. Sie litt unter dem Graben, der sich zwischen AQI und al-Qaida insbesondere seit der Tötung des Gründers der Mutterorganisation Usama bin Laden aufgetan hatte. Offenkundig wurde der Riss, als Nusra-Chef Jaulani die Erklärung Baghdadis zurückwies, die Nusra-Front sei Teil des Islamischen Staates Irak und Syrien – und stattdessen dem neuen al-Qaida-Anführer Zawahiri die Treue schwor.

Die Intervention des Letztgenannten konnte die Wogen nicht glätten. Im Gegenteil, Baghdadi begehrte gegen die Entscheidung Zawahiris auf, die Nusra-Front solle selbstständig und der IS im Irak bleiben. Nun war die zentrale al-Qaida selbst Konfliktpartei, und die Streitigkeiten wuchsen sich zu regelrechten Gefechten zwischen Nusra und IS aus, bis Zawahiri alle Verbindungen zum IS aufkündigte.

Später verkündete der IS sein berüchtigtes islamisches Kalifat, er breitete sich in Irak und Syrien zunehmend aus. Der Streit trat damit in ein neues Stadium, denn führende Köpfe des dschihadistischen Salafismus wie Abu Qatada und Abu Muhammad al-Maqdasi verweigerten dieser Kalifatsgründung die Anerkennung. Und es blieb nicht bei einem Konflikt zwischen al-Qaida und IS, vielmehr fand nun überall, wo es

Salafisten gab, eine bisher ungekannte Polarisierung zwischen Unterstützern der unterschiedlichen Lager statt.

Wir wollen nun beleuchten, wie sich der Streit nach dem Aufstieg der Nusra-Front zwischen der al-Qaida-Zentrale und dem IS fortsetzte, welche Diskussion darum geführt wurden und wie sich dies auf die Strömung des dschihadistischen Salafismus insgesamt auswirkte.

1 Meinungsverschiedenheiten und vergebliche Schlichtungsversuche

Als der Krieg in Syrien immer heftiger wurde, fürchtete die irakische Miliz, ihre Kämpfer könnten unkontrolliert ins Nachbarland abwandern, um dort zu kämpfen. Baghdadis Berater Hajji Bakr schlug vor, eine Gruppe aus Nicht-Irakern zusammenzustellen, die unter Führung eines Syrers nach Syrien gehen sollte. So wollte der ISI verhindern, dass sich Iraker ohne vorherige Erlaubnis der Miliz an die syrische Front begeben, und den Milizableger in Syrien ermuntern, Kombattanten aus anderen Ländern zu rekrutieren. Zwischen Juli und August 2011 schickte er einen gewissen Abu Muhammad al-Jaulani mit einigen Männern nach Syrien, um die Gründung einer neuen Dschihad-Miliz als verlängerten Arm des ISI vorzubereiten.

Es wurde genau geplant, wie der dortige Ableger aussehen und wie er aufgebaut werden sollte. Jaulani musste außerdem noch einmal einen Treueeid auf Baghdadi ablegen, der ihn persönlich für die Mission erwählt hatte. So reiste Jaulani mit sieben oder acht weiteren ISI-Kadern nach Syrien[1], wo er ein dschihadistisches Netzwerk aufbaute, aus dem die Nusra-Front entstand. Jaulani selbst bestätigte später diese Abfolge der Ereignisse und steuerte weitere Details zu der

---

[1]   Interview mit Al Jazeera TV (www.aljazeera.net).

Enge beziehungsweise den Grenzen des Verhältnisses zur irakischen Miliz bei.[2]

Alle Aktionen des neuen ISI-Ablegers in Syrien wurden unter dem Namen der Nusra-Front ausgeführt. Schnell gelang es der Front, syrische und ausländische Kämpfer anzuwerben und Unterstützung von internationalen Dschihadistennetzwerken zu bekommen.[3]

Trotzdem entstanden Risse zwischen der Nusra-Front und dem ISI. Grund war die beschriebene unklare ideologische und strategische Ausrichtung des Syrien-Ablegers. Deshalb wollte der ISI die Loyalität des Emissärs Jaulani testen. Baghdadi schlug vor, die Nusra-Front wieder aufzulösen und die Gruppe dem Kommando des ISI zu unterstellen. Jaulani versuchte sich dem zu entziehen. Er erwiderte, der *Shura*-Rat seiner Front habe anders entschieden und die Front wolle unabhängig bleiben. Es folgten hitzige Diskussionen. Aber der Graben war nicht mehr zu überbrücken.

Die Debatte blieb nicht auf die inneren Kreise der Dschihadisten begrenzt. Sie wurde auch von Gleichgesinnten außerhalb dieser Kreise verfolgt. Im Internet vollzog sich eine immer schärfer werdende Polarisierung, bei der sich jeder einer Seite zuschlug, und auch in der realen Welt kam es zu vereinzelten Gefechten. Die Spaltung war nicht mehr vermeidbar.

In einer Audioansprache vom 9. April 2013 versuchte Baghdadi noch einmal, die Nusra-Front zu vereinnahmen. Er schlug sie seinem »Islamischen Staat« zu, der nun ISIS hieß, und ließ die Entstehung und Entwicklung seiner Organisation Revue passieren – von Abu Mus'ab az-Zarqawi über

---

2   Zu weiteren Einzelheiten zu den Anfängen der Nusra-Front und ihren wichtigsten Führungsfiguren siehe die Ausführungen von Abu Mariya al-Qahtani, der auffälligerweise die Rolle der irakischen Miliz dabei übergeht. (http://justpaste.it/fj1b).

3   Die Führung von al-Qaida und alle ihre lokalen Ableger, aber auch führende Dschihadisten weltweit unterstützten die Nusra-Front bis zum Ausbruch des Konflikts mit den irakischen Dschihadisten.

at-Tauhid wal-Jihad und AQI und die Ausrufung des ISI unter Umar al-Baghdadi bis zu seiner Führungsübernahme und der Ausbreitung nach Syrien.

Diese neue Staatsverkündung fachte auch den alten Streit zwischen der al-Qaida-Zentrale und der Irak-Miliz an, der unter Usama bin Laden noch beigelegt worden war. Denn Nusra-Chef Jaulani hielt schon einen Tag später eine Gegenrede. Er widersetzte sich der Fusion und gab stattdessen bekannt, zur Zentrale von al-Qaida zu halten und Zawahiri den Treueeid zu leisten. Allerdings vergaß er nicht zu erwähnen, dass es Baghdadis Miliz zu verdanken sei, dass seine Nusra-Front existiere und dass er selbst früher unter dessen Befehl gestanden habe.[4]

Jaulani war daran gelegen, in seiner Ansprache einen anderen Ton anzuschlagen als die irakische Miliz, deren Diskurs auf Machtübernahme und Bezwingung aller Gegner beruhte. Er stellte die Strategie der *Ansar* (»Unterstützer«) in den Mittelpunkt, die auf dem Prinzip der *Shura* (»Beratung«) beruhe, ohne andere zu marginalisieren. Und er betonte, auch sein Endziel sei die Errichtung einer Herrschaft auf der Grundlage der Scharia: »Von Anfang an haben wir verkündet, dass auch wir danach streben, Gottes Herrschaft auf Erden zu etablieren, um die *Umma* in die Lage zu versetzen, Sein Gesetz herrschen zu lassen und seinem Weg zu folgen, anstatt darauf zu drängen, etwas zu verkünden, das Bedächtigkeit von uns verlangt. Was ein Staat an Anwendung der Scharia, Schlichtung von Streitigkeiten, Herstellung von Sicherheit unter den Muslimen und ihre Versorgung mit dem Notwendigen zu leisten hat, ist in den befreiten Gebieten [Syriens] bereits Realität, auch wenn es dabei noch Defizite gibt. Die Ausrufung [eines Staates] war für uns angesichts des Vorhandenseins dieser Substanz nicht von Interesse. Zudem sollte der Staat des Islam in Syrien unter Mithilfe

---

4   http://alshaaaaaaaaaam.blogspot.de/2013/04/blog-post_315.html.

aller errichtet werden, ohne dass die entscheidenden Unterstützer von seiten derer, die den Dschihad und den Kampf in Syrien mit uns geteilt haben – Kampfverbände, angesehene sunnitische Scheichs und unsere Brüder Immigranten – dabei ausgeschlossen werden. Dazu gehören auch die führenden Mitglieder der Nusra-Front und ihres *Shura*-Rates.«[5]

Jaulani war in einer schwierigen Situation. Deshalb wählte er eine Option, von der er selbst wohl nicht gänzlich überzeugt war. Aber er war pragmatisch geworden, und er versuchte sich an die Gegebenheiten in Syrien anzupassen. Er wählte die Flucht nachvorn, indem er Zawahiri den Treueeid leistete und sich der zentralen al-Qaida unterstellte. Er wollte Baghdadi bloßstellen und sich zugleich die Unterstützung des globalen Dschihadismus sichern.

Zawahiri schaltete sich zwei Monate nach der Staatsausrufung durch Baghdadi in den Streit ein. Am 9. Juni 2013 wies er in einer schriftlichen Botschaft[6] beide Miliz-Chefs zurecht, indem er schrieb: »Von keiner der beiden Seiten wurden wir informiert oder um Rat gefragt. Leider haben auch wir davon, wie andere, nur aus den Medien erfahren.« Er schloss in seiner Eigenschaft als oberster Führer von al-Qaida schlichtend wie folgt: »Der Islamische Staat Syrien und Irak ist als aufgelöst zu betrachten. Er firmiert weiter unter dem Namen Islamischer Staat Irak und er bleibt räumlich auf den Irak beschränkt. Die Nusra-Front für die Bewohner Syriens gilt als eigenständiger Ableger von al-Qaida, untersteht ihrer Führung und ihr Gebiet ist Syrien.«

Zawahiri ernannte in demselben Schreiben Abu Khalid as-Suri zum Vertreter von al-Qaida, der betraut sei, in Unstimmigkeiten bei der Auslegung seines Urteils zu entscheiden und der befugt sei, bei jeder Feindseligkeit einer der Streitparteien gegen die andere als Richter zu fungieren.

---

5 Ebd.
6 Link nicht mehr verfügbar.

ISI-Führer Abu Bakr al-Baghdadi beantwortete das Schreiben Zawahiris entschieden ablehnend. Am 14. Juni 2013 verwarf er das Urteil des al-Qaida-Chefs mit dem Argument, es enthalte methodische und doktrinäre Fehler. Er stellte klar, dass er daran festhalte, die Aktivität seiner Miliz auf Syrien auszuweiten.[7]

Was Baghdadi in seiner Replik zusammenfassend bekundet hatte, schlüsselte der Milizsprecher Abu Muhammad al-Adnani in einer Audiobotschaft vom 19. Juni 2013 genauer auf. Er bezweifelte, dass die Zawahiri zugeschriebene Botschaft überhaupt von diesem stamme. Er beharrte darauf, der ISI sei ein tatsächlicher Staat, der im Irak und in Syrien Fuß gefasst habe, der die Grenze zwischen beiden Ländern aufheben und die Scharia zum Gesetz erheben wolle. Zawahiri liege daher falsch, wenn er auf einer räumlichen Trennung zwischen Irak und Syrien poche. Zudem sei die Nusra-Front ein Ableger der irakischen Miliz, und nur die Sicherheitssituation bedinge, dass man diese Abhängigkeit nicht öffentlich erkläre.[8]

Zawahiri wiederum reagierte mit einer Audioaufzeichnung vom 8. November des Jahres, in der er versicherte, dass sein Schiedsspruch echt sei und Gültigkeit habe und in der er dessen Inhalte wiederholte.[9]

Die zuvor unterschwellige und nun offenbare Krise zwischen al-Qaida und der Irak-Miliz beruhte auf ideologischen Differenzen, unterschiedlicher Prioritätensetzung und unterschiedlichen Haltungen bei der Konfessionsfrage. Während die einen auf einen »Identitätskrieg« setzten, beharrte al-Qaida auf einer Strategie des »Unterstützungskriegs« und strebte ein Bündnis mit Iran an, um das sogenannte »amerikanisch-zionistische Projekt in der Region« zu Fall zu bringen. Der

---

7 https://justpaste.it/gtch.
8 Link nicht mehr verfügbar.
9 Link nicht mehr verfügbar.

ISI dagegen blieb dabei, dass vorrangig das »safawidische Projekt« bekriegt werden müsse, also der Einfluss des Iran und die mit ihm verbündeten Schiiten gestoppt werden müssten, ohne dass dies das Ende des Konflikts mit den USA und ihren Verbündeten bedeute.

2 Ein neuer »Leitfaden« für al-Qaida

Mehrere Dokumente, die nach der Tötung Usama bin Ladens im pakistanischen Abottabad sichergestellt wurden, belegen die starke Kritik, die in der Zentrale von al-Qaida an der irakischen Miliz und ihrem aggressiven Vorgehen gegen die Schiiten geübt wurde. Dies führte damals allerdings noch nicht zum Zerwürfnis. Bin Laden wollte keine Konfrontation mit Zarqawi und seiner Miliz und versuchte stets, Meinungsverschiedenheiten mit dieser abseits der Öffentlichkeit beizulegen.[10]

Nach Bin Ladens Tod gab Zawahiri als sein Nachfolger im September 2013 ein Kommuniqué heraus, das als Leitfaden für das künftige Handeln von al-Qaida gesehen werden kann. Es trug den Titel »Allgemeine Anleitungen für das Vorgehen im Dschihad«. Darin wurde festgehalten, dass »das militante Vorgehen von al-Qaida zuallererst auf den Kopf des Unglaubens in der Welt zielt, nämlich Amerika und seinen Verbündeten Israel, und in zweiter Linie auf dessen über uns herrschende lokale Komplizen«, sprich die Regime der islamischen Welt. »Nicht zu bekämpfen sind dagegen vom rechten Glauben abgekommene Gruppen wie die Glaubensverweigerer [die Schiiten], die Ismailiten, die Ahmadiya und Sufisten, es sei denn, sie greifen Sunniten an. Tun sie dies, so hat sich die Reaktion auf die tatsächlichen

---

10 Mohammad Abu Rumman: »Qira'a fi Ab'ad al-Khilaf bain az-Zawahiri wal-Baghdadi«, a. a. O.

Angreifer zu beschränken und ist darauf hinzuweisen, dass es sich um Selbstverteidigung handelt.«[11] Diese Handlungsanweisung offenbart die Unterschiedlichkeit der Sichtweisen beider Gruppen, sowohl was ihre Kampfprioritäten betrifft, als auch in Bezug auf ihren Blick auf Schiiten und andere nicht-sunnitische islamische Konfessionen.

Im Gegenzug hob der Sprecher der irakischen Miliz Adnani auf den Erfolg des Plans »Mauern niederreißen« ab, der im Juli 2013 zur Doppelattacke auf die Gefängnisse Abu Ghuraib und Taji und Befreiung der dortigen Gefangenen geführt hatte, um erneut an die unterschiedlichen Anschauungen von ISI und al-Qaida zu erinnern. Zugleich wollte er Verdächtigungen gegen seine Miliz ausräumen wie jene, dass die Miliz jeden dazu zwinge, ihr Treue zu bekunden und alle anderen aus Prinzip bekämpfe: »Der Islamische Staat zwingt niemanden, ihm Treue zu schwören, und er bekämpft nur die, die ihrerseits gegen ihn kämpfen.« In Bezug auf den Vorwurf, seine Miliz würde gar nicht erst versuchen, andere zu missionieren, sondern nur Gewalt anwenden, stellte er klar, dass es sich genau umgekehrt verhalte. Im Übrigen sei es auch unrichtig, dass der ISI kein politisches Konzept habe, vielmehr sei der Islamische Staat ein Projekt der gesamten *Umma*: »Lasst uns zur Errichtung des Islamischen Staates gegen alle kämpfen, die gegen uns Krieg führen und alle die in Frieden lassen, die uns in Frieden lassen. Dies ist unser Plan, den wir nicht aufgeben und um den wir nicht mit uns feilschen werden lassen.«[12]

In derselben Ansprache geht Adnani auch auf andere Konzepte ein. Er verkürzt sie auf: »Erstens: Der zivile demokratische Staat, ein säkulares Projekt, das von allen ungläubigen Gruppen unabhängig von ihren widerstreitenden Interessen und ihren unterschiedlichen Vorgehensweisen

---

11 Link nicht mehr verfügbar.
12 Link nicht mehr verfügbar.

unterstützt wird, nicht aus Sympathie für die Bewohner des Irak oder aus Wohlwollen gegenüber den Bewohnern Syriens, sondern aus Angst vor der Rückkehr von Gottes Herrschaft auf Erden und der Errichtung des islamischen Kalifats. Zu den Anhängern dieses Projekts sagen wir: In Ägypten wurdet ihr bereits bloßgestellt, eure schlechten Absichten wurden offenbar und zwei Götzen fielen: Die Demokratie und die bankrott gegangenen ›Muslimbrüder‹. Wisset, dass zwischen euch und einem Staat in Syrien, der nicht nach Gottes Gesetz regiert wird, Meere von Blut und Berge von abgeschlagenen Köpfen und Gliedern liegen werden. Träumt nicht davon, in Sicherheit zu leben! Zweitens: Ein lokal begrenzter sogenannter ›islamischer‹ Nationalstaat. Ein solches Projekt ist nur scheinbar islamisch, in Wirklichkeit ist es ein nationalstaatliches Projekt, das sich den Tyrannen in West und Ost unterwirft und dessen Ziel es ist, den Dschihad auf eine falsche Bahn zu bringen und ihn im Innersten zu treffen.«

Adnani schließt mit dem Beharren seiner Organisation auf einem weiteren Streitgegenstand, nämlich dass es als Vorbedingung für einen islamischen Staat aus seiner Sicht nicht notwendig sei, zuerst vollständige Konsolidierung (*Tamkin*) herzustellen.

In einer weiteren Tonaufnahme unter dem Titel »Verzeihung, Emir von al-Qaida« vom 11. Mai 2014 ging Adnani Zawahiri persönlich an. Er beschuldigte ihn, von der eigenen (al-Qaida-)Linie abzuweichen, und bestritt den Treueeid (*Bai'a*) zwischen IS und al-Qaida: »Der Islamische Staat ist kein Anhängsel von al-Qaida und war es nie. Sollte Gott verfügen, dass ihr eines Tages den Fuß auf den Boden des Islamischen Staates setzt, so könntet ihr nicht anders als ihn anzuerkennen und Soldaten seines Emirs aus dem Hause der Quraish [Abkömmling des Stammes des Propheten] zu werden, so wie ihr heute Soldaten unter dem Befehl von Mullah Umar [Anführer der Taliban in Afghanistan] seid. Es steht einem Emirat oder Staat nicht an, [etwas so Weltlichem wie] einer Organisation die Treue zu schwören.«[13]

Wie weit der Streit gediehen war, lässt sich auch daran ablesen, dass Adnani in seiner Ansprache zum ersten Mal überhaupt auf das Verhältnis zwischen al-Qaida und Iran einging: »Der Islamische Staat hat sich seit seiner Gründung an den Rat und die Anweisungen der Scheichs und Führungsleute des Dschihad gehalten, die schiitischen Glaubensverweigerer in Iran nicht anzugreifen. Wir haben sie dort in Frieden leben lassen, und der Staat musste den Zorn seiner Soldaten im Zaum halten, obgleich es uns ein Leichtes gewesen wäre, Iran in ein Blutmeer zu verwandeln. Wir haben all diese Jahre über unsere Wut gebremst und mussten deshalb Anschuldigungen über uns ergehen lassen, wir seien Komplizen unseres ärgsten Feindes Iran. Wir haben die Glaubensverweigerer in Iran in Frieden gelassen, weil al-Qaida es so befohlen hatte, um ihre Interessen und ihre Nachschublinien durch Iran zu schützen. Der Iran schuldet al-Qaida großen Dank dafür. Der Islamische Staat hat in Iran und im Land der beiden Heiligtümer [Saudi-Arabien] nur deshalb nie zugeschlagen, weil al-Qaida es so verlangt hat, um ihre Interessen und ihre Nachschublinien zu schützen.«

Dieser wechselseitige Schlagabtausch führte zu einer starken Polarisierung in den dschihadistischen Reihen. In Syrien riefen die Nusra-Front und die »Islamische Front« in einer historischen Anspielung zum »Kampf gegen die Kharidschiten des Baghdadi-Staates« auf, während der IS den Kampf gegen die »Ungläubigen« von der FSA, der *Sahwat*-Stämme und der erwähnten islamistischen Fraktionen in Syrien als Neuauflage des *Ridda*-Krieges erachtete – die Niederschlagung jener arabischen Stämme, die dem Islam nach dem Tod des Propheten wieder entsagen wollten.

---

13 Link nicht mehr verfügbar.

Der Kampf um Dominanz und Einfluss zwischen IS und anderen islamischen Kampfverbänden, allen voran der Nusra-Front, wurde nun militärisch ausgetragen. Doch wie heftig die Kampagne gegen den IS auch militärisch, medial und politisch ausgetragen wurde – der IS blieb dominant, säuberte mit brutaler Terrortaktik ganze Regionen und kümmerte sich nicht um Vermittlungsversuche Dritter. Wie bereits dargestellt, trug er militärisch den Sieg davon.

Aufgrund dieser Entwicklungen entschied al-Qaida-Chef Aiman az-Zawahiri schließlich, die Beziehungen zum IS für beendet zu erklären. In einem Kommuniqué vom 2. Februar 2014 macht er klar, *Da'ish* sei nicht länger ein Ableger von al-Qaida, und zwischen beiden bestehe keine organisatorische Verbindung mehr. Somit sei al-Qaida auch nicht für das Verhalten des IS verantwortlich zu machen.[14]

Diese Entscheidung stachelte den IS nur zu weiteren Gewalttaten an. Am selben Tag, an dem die Verkündung des Bruches mit al-Qaida publik geworden war, griff der IS Stellungen der Nusra-Front bei Deir ez-Zor am syrischen Euphrat an und nahm dort ein Gasfeld ein. Auch in der Provinz Hassake griff der IS an und unterbrach Nachschublinien nach Deir ez-Zor. Die Nusra-Front reagierte in einer Erklärung vom 7. Februar mit Drohungen gegen den IS.[15]

Zwei Tage später folgte eine Erklärung der IS-Miliz.[16] Diese beharrte darauf, die Nusra-Front gehöre zum IS. Im Übrigen habe die Führung der syrischen Organisation Verrat begangen, indem sie sich *Sahwat*-Verbänden und »Apostaten« angedient habe. Die Nusra-Front solle sich daran erinnern, wie es den US-treuen Stämmen im Irak ergangen sei. Am

---

14 http://justpaste.it/ea9k.
15 https://justpaste.it/ec4z.
16 http://justpaste.it/ecx3.

10. Februar bestritt Nusra wiederum diese Anwürfe[17] und erklärte, sie kooperiere lediglich mit den syrischen Muslimen vor Ort, und der Kampf syrischer Verbände und Stämme gegen den IS sei eine Reaktion auf dessen Aggressionen.

Der Krieg der Kommuniqués brachten keine realen Veränderungen. Der IS ging seit dem koordinierten Angriff syrischer Verbände gegen ihn und der Tötung seines Kommandeurs Hajji Bakr im Januar 2014 (ungeachtet von Versöhnungsinitiativen Dritter[18]) immer gewalttätiger gegen alle anderen Milizen in Syrien vor. Zugleich fand er immer mehr Unterstützung und Treuebekundungen aus dem In- und Ausland, so dass der IS nun seinen Plan umsetzen konnte, zur dominierenden Miliz aufzusteigen und seine Gegner systematisch zu beseitigen. Dies gipfelte am 23. Februar 2014 in der Ermordung von Abu Khalid as-Suri.[19] Der al-Qaida-Mann, der jahrelang Kommandooperationen zwischen deren Zentrale und lokalen Ablegern und Netzwerken koordiniert hatte, ohne dass internationale Geheimdienste ihn hätten töten oder festnehmen können, fiel mit sechs Kombattanten infolge eines Selbstmordanschlags gegen den Sitz der *Harakat Ahrar ash-Sham* im Aleppiner Stadtteil Hellok.[20] Es folgte

---

17 http://justpaste.it/ed7l.

18 Zu den bekanntesten Vermittlungsbemühungen jener Zeit gehörte die des saudischen Scheichs Abdullah al-Muhaisni, eine anerkannte Größe des Dschihad-Salafismus. Er startete am 23.1.2014 eine Initiative, die großen Widerhall fand, nicht jedoch beim IS, der sie rundweg ablehnte. Daraufhin gab Muhaisni dem IS die Verantwortung für die Bruderkämpfe.

19 Abu Khalid as-Suri (Muhammad Bahaya), geb. 1963 in Aleppo, war ein Protagonist der ersten Generation von al-Qaida und ein Vertrauter Usama bin Ladens und Aiman az-Zawahiris. Pakistan lieferte ihn nach Syrien aus, wo er zunächst in Haft kam. Abu Mus'ab as-Suri beschreibt ihn im Buch »Aufruf zum weltweiten islamischen Widerstand« als Freund und Wegbegleiter.

20 Abu Khalid as-Suris ablehnende Haltung zum IS ist auf www.muslm.org unter »Bayan ash-Shaikh al-Qa'id al-Mujahid Abu Khalid as-Suri« dokumentiert.

ein Sturm von Debatten und Schuldzuweisungen unter bewaffneten Salafisten in Syrien und darüber hinaus.

Zwei Tage später erschien über die Medienabteilung der Nusra-Front *al-Manara al-Baidha'* eine Tonaufnahme von Abu Muhammad al-Jaulani, in der er das zerrüttete Verhältnis seiner Front zu Baghdadis IS darlegte. Er schlug erneut eine Schlichtung vor und ernannte Abu Muhammad al-Maqdisi, Abu Qatada al-Filastini und Sulaiman al-Alwan als Richter dafür – drei der herausragendsten Theoretiker des dschihadistischen Salafismus weltweit. Diese drei hatten jedoch bereits vorher ihre Unterstützung für die Nusra-Front erklärt, so dass Jaulani wissen musste, dass der IS deren Schiedsspruch nicht anerkennen würde.

Jaulani schlug einen aggressiven Ton gegenüber der irakischen Miliz an und forderte seine Widersacher dazu auf, ihre Fatwas gegen »dschihadistische Gruppen« zurückzunehmen. Er stellte dafür eine Frist von fünf Tagen und drohte, den IS im Irak und in Syrien auszurotten: »Wenn ihr eure Heimsuchung der *Umma* nicht einstellt, werdet ihr die Muslime dazu bringen, gegen euren feindseligen Unglauben aufzubegehren und euch auch im Irak zu vernichten. Ihr wisst nur zu gut, dass es im Irak hunderte von aufrechten Brüdern gibt, die nur auf ein Signal dazu warten.«[21]

Auch Zawahiri verurteilte den Mord an Abu Khalid as-Suri. In einer Audiobotschaft vom 5. April 2014 gab er implizit dem IS die Verantwortung dafür, doch rief er zugleich dazu auf, das gegenseitige Töten zu beenden und einem Schiedsspruch zuzustimmen. Er warnte vor übertriebener Verketzerung anderer und davor, konkurrierende Dschihadkämpfer zu töten. Dabei erinnerte er an Algerien, das in den neunziger Jahren des vorigen Jahrhunderts in einem Bürgerkrieg versunken war.

---

21 Link nicht mehr verfügbar.

Aber die Ratschläge des al-Qaida-Chefs fielen beim IS auf keinen fruchtbaren Boden, zumal dieser von Zawahiri gerade aus der Zentrale verbannt worden war. Diese Entscheidung seitens al-Qaida war ohnehin erwartet worden und für den IS nur ein Anlass, seinerseits die volle Unabhängigkeit zu verkünden. Im Narrativ der irakischen Miliz stand diese nun für den einzig wahren Dschihad. Der IS-Sprecher Abu Muhammad al-Adnani ging in einer Audiobotschaft vom 18. April 2014 so weit, Zawahiri zu beschuldigen, gegen die Prinzipien von al-Qaida zu verstoßen. Zawahiri, so der Vorwurf, stehe zu Muhammad Mursi, dem abgesetzten ägyptischen Präsidenten. Zudem halte er sich weit entfernt vom Kampfgebiet auf. Er kritisierte, Zawahiri huldige dem »abtrünnigen Verräter Jaulani« und handele entgegen der Linie Usama bin Ladens. Zitat: »Die al-Qaida von heute ist keine Qaida des Dschihad (*Qa'idat al-Jihad*) mehr. Eine Qaida des Dschihad lässt sich nicht von Niederträchtigen preisen, von Tyrannen umgarnen und von Abweichlern und Verlorenen den Hof machen. Eine Qaida des Dschihad lässt es nicht zu, dass sich *Sahwat*-Verbände und Säkularisten bei ihr verschanzen. Die Führung der al-Qaida von heute legt es darauf an, den Islamischen Staat und dessen kommendes Kalifat zu zerstören.«[22]

Am Tag nach diesem Statement von Adnani, am 19. April, veröffentlichte *as-Sahab*, die Medienabteilung der al-Qaida-Zentrale, ein Audio-Interview mit Zawahiri, in dem dieser erneut die Trennung von der irakischen Miliz bestätigte und ihr die Verantwortung für die Kämpfe mit anderen Dschihadgruppen in Syrien und eine Abweichung von der Linie von al-Qaida anlastete. Zawahiri sagte: »Al-Qaida ist in erster Linie eine Botschaft und erst in zweiter Linie eine Organisation. Wenn wir diese Botschaft verzerren, verlieren wir, selbst wenn wir uns als Organisation und materiell aus-

---

22 Link nicht mehr verfügbar.

breiten.« Die Abirrung der irakischen Miliz kommentierte er so: »Wir bieten unseren Feinden damit die beste Chance, unseren Ruf zu schmähen und entfremden uns damit die muslimische *Umma*.«[23]

4 Zwischen zwei Modellen

Obgleich Zawahiri nicht mehr hoffen konnte, den Riss kitten und den Kampf zwischen Baghdadis und Jaulanis Anhängern beenden zu können, und trotz seiner Verurteilung der gewalttätigen Linie Baghdadis veröffentlichte er am 2. Mai 2014 ein weiteres Tondokument »zur Vermeidung weiterer Blutvergießens«. Er kam damit einer Bitte von Hani as-Siba'i nach, einem al-Qaida nahestehenden dschihadistischen Salafisten aus Ägypten. Zawahiri beharrte in seiner Botschaft darauf, dass die irakische Miliz historisch ein Ableger von al-Qaida sei und der Treueschwur Baghdadis der Mutterorganisation gegenüber aus seiner Sicht nach wie vor Gültigkeit habe. Dabei zitierte er aus früheren Korrespondenzen. Er rief schließlich erneut zu einer neutralen Schlichtung auf. Den irakischen Milizchef sprach er auffallend freundlich an, indem er ihn den »ehrenwerten Scheich Abu Bakr al-Husseini al-Baghdadi« nannte und ihn dazu aufforderte, dem Beispiel des Hassan [des Sohnes des vierten Kalifen Ali] zu folgen und wie dieser den Zwist in den Reihen der Muslime beizulegen.

Es folgte die bereits zitierte Replik vom 11. Mai 2014, in der jede Abhängigkeit des IS von al-Qaida bestritten wurde, da dieser nicht mehr mit dem früheren al-Qaida-Ableger identisch sei. Nicht ganz zufällig erfolgte diese Erwiderung, nachdem der IS alle Angriffe verfeindeter Gruppen erfolgreich abgewehrt und seine Kontrolle über neu eroberte Gebiete konsolidiert hatte.

---

23 Link nicht mehr verfügbar.

Autor Adnani hielt Zawahiri vor, er selbst trage die Verantwortung dafür, dass es zum Richtungsstreit und Kampf unter Dschihadisten gekommen sei und ließ ihm die Wahl: »Entweder hältst du an deinem Fehler und deiner Starrsinnigkeit fest und Kampf und Spaltung werden weitergehen, oder du gestehst deinen Irrtum ein und korrigierst ihn. In diesem Fall werden wir dir erneut die Hände entgegenstrecken.« Die Treuebekundung für den »Verräter« Jaulani aber solle er »zur Vermeidung von Blutvergießen« widerrufen, ja Zawahiri solle es unterlassen, »Scharia-Grundsätze zu manipulieren«. Zudem solle er sein Verhältnis zum abgesetzten ägyptischen Präsidenten Mursi klären, dessen »Unglaube« für Adnani erwiesen ist, und zu den Muslimbrüdern insgesamt. Überhaupt müsse der al-Qaida-Chef »Friedlichkeit ächten« und die Muslime stattdessen zum bedingungslosen Dschihad aufrufen. Ein unabhängiges Schiedsgericht sei dagegen ein Ding der »Unmöglichkeit«, der IS werde sich aus Syrien nicht zurückziehen. Die verschiedenen Ableger von al-Qaida sollten sich ebenfalls offiziell zu dem Zwist unter Dschihadisten erklären.

Jaulani ließ nun – wie auch Baghdadi es getan hatte – seinen Scharia-Beauftragten antworten. Abu Mariya al-Qahtani, zugleich Kommandeur der Ostfront, rief am 13. Mai 2014 rief in einer Ansprache alle Dschihadkämpfer (*Mujahidin*) in Syrien dazu auf, *Da'ish* bis zur Ausrottung zu bekämpfen, damit die Muslime endlich »Ruhe« vor dieser Miliz hätten. Ihre Anhänger seien »die Kharidschiten unserer Zeit« und müssten bekämpft werden, um die Bestialität des IS zu beenden. Jeder, der dabei Zögerlichkeit zeige, ermögliche es der Miliz, sich weiter am syrischen Volk zu vergehen und es zu verraten. Man komme diesen Söldnern nur »mit Alis Schwert« bei, eine Anspielung auf den Kampf des Kalifen gegen die Kharidschiten in der Schlacht von Nahrawan.

Qahtani gab ISIS auch die Schuld daran, dass die syrische Stadt Homs an das Assad-Regime zurückgefallen war, denn die Miliz habe den Rebellen die Nachschublinien in der Stadt abgeschnitten. Er warnte davor, dass dies auch in Aleppo passieren könne, wo ISIS bereits die Standorte von Kämpfern anderer Fraktionen verraten habe. Das syrische Regime sei geradezu dankbar für die Miliz, die es den »Nusairiern« (abwertende Bezeichnung für Alawiten) fortgesetzt ermögliche, sich an Muslimen zu vergehen und Unschuldige zu töten.

Der Krieg der Worte, der die Schlachten auf dem Boden begleitete, war der Beginn einer neuen Phase in dschihadistisch-salafistischen Krisen weltweit. ISIS, der spätere »Islamische Staat«, stieg auf, die Nusra-Front zerfiel und al-Qaida war gespalten. Dschihadisten lieferten sich in Syrien Gefechte mit *Da'ish*, und während einige Gruppen sich der Nusra anschlossen, entschieden sich andere, Baghdadi den Treueeid zu leisten. Die dschihadistischen Gruppen in Syrien waren verunsichert. Sie wussten nicht, wie sie ISIS und dem syrischen Regime beikommen sollten und konnten auch nicht darlegen, welche Staatsform sie selbst für Syrien anstrebten und wie dieser Staat international eingebettet sein sollte. Diese Verunsicherung spiegelte sich auch in einer Erklärung mehrerer Kampfverbände vom 17. Mai 2014, die mit »Revolutionärer Ehrenkodex« betitelt war.[24]

Während noch Dutzende islamistischer und dschihadistischer Vereinigungen Fatwas erließen, in denen sie Baghdadis Ausrufung des Kalifats verurteilten, weil die Voraussetzungen dafür nicht gegeben seien oder Baghdadi kein hinreichend Gelehrter dafür sei, trat ebenjener »Kalif« plötzlich persönlich an die Öffentlichkeit. Am sechsten Ramadan, dem 5. Juli 2014, beendete er mit einem Auftritt als Freitagsprediger in der

---

24 Verschiedene islamische Kampfgruppen in Syrien riefen darin zu Mäßigung und Einhaltung der Menschenrechte auf. Syrien solle als Staatsgebiet erhalten bleiben, nur Syrer sollten gegen das Regime kämpfen (www.youtube.com/watch?v=6xPyM3bjgGw). Die Nusra-Front stellte sich wegen der letztgenannten Forderung gegen die Erklärung Der IS reagierte nicht offiziell, verfolgte aber im Nachgang alle, die den Kodex mitunterzeichnet hatten.

Moschee von Mossul alle Spekulation um seine Person und vor allem darüber, ob es ihn in Wirklichkeit überhaupt gebe.

Zu den Kritikern des Kalifats gehörten allerdings auch weltbekannte dschihadistische Führungsfiguren wie Abu Muhammad al-Maqdisi und Abu Qatada al-Filastini. Auf seiner Website stellte Maqdisi, der frühere Mentor von Milizgründer Zarqawi, in einem Artikel Fragen, mit denen er die Legitimität des Kalifats anzweifelte: »Wird dieses Kalifat eine Zuflucht jedes Benachteiligten und jedes Muslims sein, oder wird man unter dieser Bezeichnung jedem andersdenkenden Muslim das Schwert vorhalten? Was werden die, die sich mit dem Namen des Kalifats schmücken, den übrigen muslimischen Kämpfern, welche anderen Kampfgruppen im Irak, in Syrien und überall auf der Welt die Treue gelobt haben, antun?«[25]

Auch Abu Qatada kritisierte das »Baghdadi-Kalifat« scharf. In einem langen Brief warnte er, dessen Ausrufung stürze alle Dschihadisten in ein inneres Dilemma. Er schloss mit den Worten: »Was die Gruppe des Islamischen Staates Irak »islamischen Kalifatsstaat« nennt, ist als ungültig anzusehen. Es ist das Unwissen derer, die nicht wissen, wie man das Detail vom Grundsätzlichen ableitet.« Die irakische Miliz sei »ein Haufen von Anhängern unzulässiger religiöser Neuerung (*Bid'a*), unter deren Banner man allenfalls notgedrungen kämpft«. Die »Vernünftigen in dieser Gruppe sollten weitere Exzesse verhindern, wenn sie für sich und ihre Brüder Gutes wollen.«[26]

Für die Nusra-Front war die Kalifatsausrufung noch alarmierender, denn nicht wenige ihrer Anhänger huldigten bereits Baghdadi. Es war erneut Abu Mariya al-Qahtani vorbehalten – diesmal über Twitter –, zu äußern, der Islamische

---

25 Link nicht mehr verfügbar.
26 Unter dem Titel »Thiyab al-Khalifa« (»Die Kleider des Kalifen«) auf eldorar.net/sites/default/files/klefha.pdf.

Staat stehe außerhalb der muslimischen Gemeinschaft, das Kalifat sei Illusion und Trug und diene nur dazu, arabische und andere muslimische Kämpfer zu rekrutieren und so die Lücken in den Reihen der irakischen Miliz zu füllen.

Fazit

Der Zwist zwischen al-Qaida (und in deren Schatten der Nusra-Front) und dem Islamischen Staat war unüberbrückbar geworden, und er beschränkte sich nicht mehr auf Irak und Syrien, sondern erfasste dschihadistisch-salafistische Kreise weltweit, indem die einen sich zum IS und die anderen zur Linie von al-Qaida beziehungsweise der Nusra-Front bekannten.

Heute haben wir es daher mit zwei widerstreitenden Lagern zu tun, die sich gegenseitig des Unglaubens und Verrats bezichtigen. Führende Dschihadisten, al-Qaida und die Nusra-Front verorten den Kalifatsstaat außerhalb der muslimischen Gemeinschaft und sehen seine Agenda als ein Geschenk für die Gegner des Dschihadismus. Trotz der aktuellen Stärke des IS glauben sie, dass diesem kein dauerhafter Erfolg vergönnt sein werde. Dafür steht Abu Qatadas Einschätzung, das Projekt »Islamischer Staat« sei eine »Blase«.

Dagegen beschuldigen die Anhänger des IS Zawahiri, er sei von der Linie des al-Qaida-Gründers Usama bin Laden abgeirrt, und die Nusra-Front habe Verrat begangen, indem sie gegen den Treueeid zum IS verstoßen habe. Der IS sei mit seinem Vorbild von Stärke, Härte und Unerbittlichkeit im Kampf gegen die Gegner der beste Garant für einen dauerhaften Schutz der sunnitischen Bevölkerung und ihrer Identität in Irak, Syrien und Libanon. Zudem benenne er die Gefahrenquellen am deutlichsten: die Schiiten, der iranische Einfluss in der Region sowie konservative arabische Regime, die gegen den IS stehen. Die Anhänger des IS äußerten sich in zahlreichen Büchern, Schriften und Kommuniqués ausführlich zum Streit mit al-Qaida beziehungsweise der Nusra-Front, zum innermuslimischen Kampf und zur Ausrufung des Kalifats.[27]

Wer sich unter Dschihadisten weltweit und in den arabischen Ländern auf welche Seite gestellt hat, blieb oft undurchsichtig. Viele Gruppierungen haben sich implizit oder explizit zum IS bekannt und wenden dessen Methoden an, so zum Beispiel *Majlis Shura l-Mujahidin* in Darna (Libyen)[28] und einige dschihadistische Gruppen in Jordanien[29] und den Maghrebländern, während andere der Mutterorganisation al-Qaida die Treue halten, wie die *Ansar ash-Shari'a* in Tunesien, und andere noch darüber streiten, welcher Seite sie sich zuordnen, wie die al-Qaida-Ableger der Arabischen Halbinsel (AQAP) und im Jemen.[30]

Der IS ist zu einem realexistierenden Modell geworden, das in Konkurrenz zu al-Qaida getreten ist und versucht, dieser den Boden zu entziehen. Der IS will der legitime Vertreter der dschihadistisch-salafistischen Strömung sein und präsentiert dafür eine Erfolgsgeschichte von Macht, Schlagkraft und Wiedererrichtung des islamischen Kalifats. Die Dauer dieses Erfolgs wird jedoch davon abhängen, wie lange sich der IS halten kann, zumal sich eine internationale Militärkoalition zu seiner Bekämpfung in Irak und Syrien gebildet hat.

Zugleich stellt sich aber die Frage, ob eine militärische Niederlage des IS in diesen beiden Ländern tatsächlich dazu führen wird, dass dieses Modell verschwinden oder so geschwächt sein wird, dass die Gegenseite, die al-Qaida-Mut-

---

27 Der Blog von Jarir al-Hasani steht beispielhaft dafür (https://thabat111.wordpress.com/page/6/).

28 Abdullah Sulaiman Ali: »Da'ish fi Darna al-Libiya: Mahkama Shar'iya wa-Istamalat Dhubbat«. As-Safir (Beiruter Tageszeitung), 22.10.2014.

29 Siehe dazu Tamir as-Samadi: »Tanzim ad-Daula. Qiblat al-Jihadiyin al-Urduniyin« auf www.aljazeera.net.

30 Sa'ud bin Salih as-Sarhan: »Qa'idat al-Yaman. Bawadir Tassadu' wal-Baghdadi Yataqaddam«. 13.10.2014 (www.aawsat.com/home/article/199751).

terorganisation, rehabilitiert ist – oder ob dies eher zur Entstehung einer neuen Generation dschihadistischer Salafisten führen wird, die ebenfalls die Ideologie und Ausrichtung von al-Qaida hinter sich lassen wird.

Bevor wir diese Frage zu beantworten versuchen, gehen wir noch auf die ideologische Entwicklung im dschihadistischen Salafismus im Allgemeinen und die Organisationsstruktur des IS und der Nusra-Front ein.

FÜNFTES KAPITEL

Der Kampf um die Ideologie des dschihadistischen Salafismus

Einleitung

Trotz des offenen Ideologiestreits zwischen dem IS und al-Qaida ist festzuhalten, dass beide Gruppen derselben Schule entstammen, nämlich der des dschihadistischen Salafismus. Sie repräsentieren eine neue Phase der Entwicklung und der anschließenden Entzweiung dieser Richtung, aber sie teilen auch einige ihrer zentralen ideologischen Grundlagen.

Es ist daran zu erinnern, dass die Bewegung des heutigen dschihadistischen Salafismus historisch einen Bruch mit dem zuvor verbreiteten Reform-Islamismus vollzogen hat, einer Bewegung, die Ende des 18. Jahrhunderts aufkam und bis zur Mitte des 20. Jahrhunderts Bestand hatte. Die neue, radikale Richtung stellte den Begriff des Dschihad in den Mittelpunkt und definierte ihn theoretisch und praktisch neu. Hatte man unter Dschihad zuvor nur eine gegen einen äußeren Feind beziehungsweise gegen Besatzung gerichtete Auseinandersetzung verstanden, stand er nun für revolutionären Umsturz gegen alles Bestehende und auch gegen Reformbestrebungen, mit denen man die Scharia nur nach und nach und mit friedlichen Mitteln einführen wollte.

Der Dschihad, wie ihn der dschihadistische Salafismus versteht, ist eine revolutionäre Ideologie, die auf den Umsturz »vorislamischer« (jahili) Regime zielt, die die Geschicke der arabischen und muslimischen Länder lenken. Dabei nimmt diese Ideologie Bezug auf das Prinzip der »Gottesherrschaft«, nach der die modernen postkolonialen islamischen Staaten

»ungläubig« beziehungsweise »apostatisch« seien. Demzufolge sind Nationalstaaten, ob demokratischer, liberaler oder sozialistischer Ausrichtung (oder eine Mischung von alledem), abzulehnen.

Der Bruch, der zwischen den erwähnten radikalen Gruppen auftrat, hat aber das grundlegende Konzept des dschihadistischen Salafismus nicht berührt. Beide Richtungen hängen nach wie vor der Überzeugung an, dass ein islamischer Staat aufzubauen ist und dass die arabischen Regime gottlos sind, weil sie nicht nach der Scharia regieren. Zudem gilt für sie der Grundsatz von *al-Wala' wal-Bara'* (»Allianz und Distanz«)[1], der Notwendigkeit des Kampfes als Strategie für Veränderung und der Konfrontation mit den USA und dem Westen. Ihre religiöse Doktrin beruht auf historischen salafistischen Quellen; sie lehnen Demokratie ab und verwerfen die Vorgehensweise anderer islamistischer Gruppen wie die der Muslimbrüder oder anderer salafistischer Gruppen, die keinen bewaffneten Ansatz verfolgen, sowie die des traditionalistischen oder aktionistischen Salafismus.[2] Sie differieren jedoch in anderen, nicht weniger wichtigen Bereichen, die auch nicht rein taktischer Natur sind. Dazu gehören Ausrichtung und Prioritäten des Kampfes: Steht man zu Schiiten und anderen islamischen Gruppen, die nicht dem Dschihadismus anhängen, in grundsätzlicher Gegnerschaft (die Linie, die der IS in Irak und Syrien verfolgt)? Oder sind der Hauptgegner die USA und der Westen und versucht man, Unterstützer für deren Bekämpfung zu gewinnen und dafür Bündnisse mit anderen Islamisten einzugehen (wie die Nusra-Front es tut)?

Die unterschiedlichen Standpunkte umfassen noch weitere Bereiche, wie die Frage nach den Bedingungen für die Errichtung eines Staates beziehungsweise Emirats, die mehr oder weniger exzessive Anwendung von Selbstmordattentaten,

---

1   Vgl. Mohammad Abu Rumman: Ich bin Salafist, a. a. O. S. 50 und 139.
2   Ebd. das Kapitel »Was sind Salafisten?«, S. 57 ff.

die Grenzen, in denen andere zu Ungläubigen oder Verirrten erklärt oder getötet werden dürfen und anderes.

Im folgenden Abschnitt wollen wir einen kurzen Überblick über die historischen Entwicklungsphasen des dschihadistischen Salafismus geben. Wir beginnen mit seiner Entstehung Mitte der sechziger Jahre in Form lokal aktiver Gruppierungen, und folgen der Entwicklung über den »solidarischen Dschihad« im Afghanistan der achtziger Jahre und die damit verbundene Gründung von al-Qaida bis zur globalen Variante des Dschihad und die Entstehung einer neuen Generation infolge des US-Krieges in Afghanistan ab 2001. Daraus erwuchs schließlich der IS mit einer neuen Ideologie, aber auch al-Qaida orientierte sich im Zuge des arabischen Frühlings um. Daraus erwuchs die Nusra-Front, und das ideologische Zerwürfnis begann.

1 Die Gründungsväter der dschihadistisch-salafistischen Ideologie

Das radikale Konzept vom Dschihad entwickelte sich in der Ära des modernen arabischen Nationalstaats. Es wurde im Kontext der Gegnerschaft zu den entsprechenden Regimen verwendet, denen vorgeworfen wurde, sie würden sich nicht an die Grundlagen der islamischen Scharia halten, seien tyrannisch und würden sich loyal zu den ehemaligen Kolonialmächten verhalten.

Eine der historischen Führungsfiguren und Ideologe der Gemeinschaft der Muslimbrüder in Ägypten, Sayyid Qutb, gilt als einer der Begründer der zeitgenössischen dschihadistisch-salafistischen Ideologie. Zwar gelten die Muslimbrüder den Radikalen heute als reformistisch, aber es waren vor allem seine Ideen, die einen Bruch mit dem islamischen Reformismus darstellten.

Qutbs Werk Wegzeichen ist allen dschihadistischen Salafisten so etwas wie ein Grundgesetz, aus dem sich ihre Weltanschauung, ihre Vorgehensweise und ihr Programm zur Veränderung der Verhältnisse ergeben. Zwei Grundbegriffe stehen im Mittelpunkt dieses Buchs: Hakimiya und Jahiliya. Ersterer bedeutet »Herrschaftsgewalt [Gottes]« und wurde von dem islamischen Vordenker des indischen Subkontinents Abu l-A'la al-Maududi übernommen. Mit Jahiliya (»Unwissenheit«; im Islam die Bezeichnung für die Zeit vor der Verkündung des Islam) meint Qutb den »Verstoß gegen Gottes Herrschaft auf Erden und insbesondere den ultimativen Charakter der Göttlichkeit in der Hakimiya. Sie [die Jahiliya] stellt die Herrschaft stattdessen den Menschen anheim, auf dass diese abseits des von Gott festgelegten Wegs zum Leben die Vorstellungen, Werte, Vorschriften, Gesetze, Ordnungen und Umstände [der Gesellschaft] anordnen.«[3]

Der grundlegende Antrieb Sayyid Qutbs bei der Anwendung dieser Begrifflichkeiten und seiner Frage, ob das arabische beziehungsweise muslimische »Haus« islamisch regiert würde, war, deren Regimen, nannten sie sich nun national, sozialistisch oder demokratisch, nachzuweisen, dass sie illegitim seien und daher beseitigt werden müssten. Hier brachte Qutb den revolutionären Aspekt des islamischen Dschihad ins Spiel und agitierte gegen alle, die den Dschihad auf ein Mittel der Verteidigung gegen äußere Feinde verkürzen wollten. Wer dies tue, sei »moralisch und geistig kompromittiert aufgrund der trostlosen Wirklichkeit, in der die heutigen Abkömmlinge der Muslime leben. Diese kennen den Islam nur noch unter der Maßgabe, dass er lediglich zur Verteidigung kämpfe, und sie glauben, sie täten ihrer Religion einen Gefallen, wenn diese sich ihres eigenen Grundsatzes entledigt, alle Tyrannen der Welt hinwegzufegen und die Menschen dazu zu bringen, Gott allein zu verehren, statt

---

3   Sayyid Qutb: Ma'alim fi t-Tariq. Kairo, Beirut: Dar al-Shuruq, 1982, S. 10.

seinen Dienern zu dienen. Dienerschaft gebührt allein dem Herren der Diener – nicht indem man diese dazu zwingt, den [wahren] Glauben anzunehmen, sondern indem man ihnen keinen anderen Glauben belässt, nachdem alle politischen Regime entweder zerstört oder so bedrückt sind, dass sie die *Jizya*-Steuer [für Nichtmuslime] entrichten und ihre Kapitulation erklären, so dass ihren Bürgern kein anderer Glaube [als der Islam] bleibt.«[4]

Die Situation in Ägypten seit der Nasser-Revolution von 1952 und der ab 1954 einsetzenden Verfolgung der Muslimbrüder hatten zu einer Spaltung der Gemeinschaft geführt. Daraus ging eine friedliche Strömung unter der Führung von Hassan al-Hudhaibi und eine radikal-revolutionäre unter Sayyid Qutb hervor. Dies war der Anfang der Entstehung und Ausbreitung dschihadistischer Gruppen.[5]

Eine weitere Entwicklung erfuhr der dschihadistische Salafismus unter dem Palästinenser Salih Sariya.[6] Er arbeitete seit seiner Übersiedlung nach Ägypten 1974 am Aufbau einer dschihadistischen Vereinigung, die unter dem Namen »Technisch-Militärisches Kolleg« bekannt wurde. Sariya hatte 1973 sein Buch Botschaft vom Glauben verfasst, das

---

4 Sayyid Qutb: Thalath Rasaʿil fi l-Jihad. Amman: Dar Ammar, 1991, S. 113 f.

5 Der erste Anhänger der Muslimbrüder, der zu Gewalt aufrief, war 1958 Nabil Barʾi. Er berief sich dabei insbesondere auf den mittelalterlichen Gelehrten Ibn Taimiya. 1973 spaltete sich von dieser Bewegung Alawi Mustafa ab, der eine Organisation namens *Jihad* gründete. Zu den Entwicklungen auf Grundlage von Qutbs Ideen hin zum Radikalismus siehe Muhammad Ahmad Khalaf Allah: Al-Harakat al-Islamiya al-Muʿasira fi l-Watan al-Arabi. Beirut: Markaz Dirasat al-Wahda al-Arabiya, 1987, S. 64-67.

6 Geboren 1947 in Jaffa, Palästina. Erlebte den jordanischen »Schwarzen September« 1970, der zur Ausweisung der palästinensischen Kampfgruppen aus Jordanien und ihrem Umzug nach Beirut führte. Kam über Irak 1971 nach Ägypten, wo er zunächst in der Arabischen Liga arbeitete und Pädagogik an der Ain-Shams-Universität abschloss. 1973 gründete er den Verein *Shabab Muhammad* und scheiterte mit einem Umsturzversuch gegen Sadat. 1975 wurde er hingerichtet.

ebenfalls zum ideologischen Fundament dschihadistischer Bewegungen wurde.

Sariya beschreibt die Problemlage der muslimischen Gesellschaft mit dem Begriff »kollektiver Abfall vom Glauben« und definiert, inwiefern es zulässig sei, einen Staat für gottlos und eine Gesellschaft für vorislamisch zu erklären. Sein Werk beginnt mit einem Blick auf die Realität und die Frage nach der Identität. Sodann erklärt er die arabischen und muslimischen Gesellschaften für ungläubig. Für ihn kann Glaube nur mit Wort und Tat verknüpft sein, daher sei eine Verkürzung des Glaubens auf das Gebet eine Nachahmung dessen, was die christlichen Kirchen vorgemacht hätten, nämlich ein Verzicht auf Gesetzgebung und Handeln. Im besten Fall sei die Religion im westeuropäischen Kapitalismus und im osteuropäischen Sozialismus, aber auch im »künstlichen« arabischen Nationalismus Partner der Regierungen. Alle aus dieser Religionsverbannung folgenden »verwestlichten« materiellen und kulturellen Erscheinungsformen seien Unglaube und kollektive Apostasie.

Darauf aufbauend kam Sariya zu dem massiven Urteil, dass sämtliche Regime der islamischen Welt gottlos und ihre Gesellschaften »vorislamisch« seien. Dementsprechend seien auch alle Gesetze und Praktiken, die im Widerspruch zum Islam stünden, als gottlos zu betrachten, und jeder, der sich zu diesen Regimen loyal verhalte, sie als islamisch bezeichne oder ihre Maßnahmen und ihre Politik gutheiße, sei ebenfalls ungläubig.[7] Es gebe nur eine Lösung, so Sariya, nämlich »Dschihad zum Sturz dieser Regime und die Errichtung eines islamischen Staates«, und dies sei »eine Pflicht jedes Muslims und jeder Muslimin, denn der Dschihad dauert bis zum Jüngsten Tag.«[8]

---

7   Salih Sariya: Risalat al-Iman. University of Cairo, 1977, S. 28.
8   Ebd., S. 37.

Gegen Ende der siebziger und Anfang der achtziger Jahre machten mehrere dschihadistische Gruppen in Ägypten zunehmend von sich reden und gaben dem Dschihadismus in der Region und in der arabischen und islamischen Welt insgesamt Auftrieb. Entscheidenden Anteil daran hatten auch die Ideen von Muhammad Abdussalam Farag[9], dessen Buch mit dem Titel »Die vergessene Pflicht« (mit der er die »Pflicht zum Dschihad« meinte) zu einem Grundpfeiler der salafistisch-dschihadistischen Bewegung wurde. Farag stellt in seinem Buch fest, dass die meisten islamistischen Bewegungen sich darin einig seien, dass ein islamischer Staat zu errichten sei und dass der gegenwärtige Staat mit dem Islam nichts zu tun habe. Alle Staaten der arabischen und islamischen Welt seien gottlos und müssten durch den Dschihad bekämpft werden, der das religiös einzig legitime und wirksame Mittel sei, um die gewünschte Veränderung zu erreichen.

Farag verweist bei seiner Verketzerung des Staates auf die Gesetzgebung, durch die eine »säkulare Elite« herrsche, die das Volk als Quelle der Macht bezeichne und deren Verfassungen den Parlamenten die alleinige gesetzgeberische Gewalt zugeständen. Der Scharia komme dagegen nur ein minimaler Teil der Gesetzgebung zu, die im Übrigen kapitalistischer, sozialistischer oder nationalistischer Natur sei. Somit sei der Staat, so Farag, gottlos, denn im Koran stehe: »Wer nicht nach dem richtet, was Gott herabgesandt hat, das sind Ungläubige«.[10]

Nach Farag ist ein strategisch militanter Dschihad unerlässlich, um solche Regime aus den Angeln zu heben und einen islamischen Staat zu errichten. Auch er definiert dabei

---

9 Geboren 1942, studierte Ingenieurwissenschaften an der Cairo University, arbeitete anschließend dort. Wurde zum ersten Anführer des genannten *Jihad* und war der Drahtzieher des Attentats auf Präsident Saddat 1981. Im Jahr darauf hingerichtet.

10 Muhammad Abdussalam Farag: *Al-Jihad: Al-Faridha al-Gha'iba*. Verfasst 1980 (http://alkalema.net/algehad.htm).

einen »nahen Feind« und einen »fernen Feind« und erklärt den Dschihad zu einer individuellen Pflicht (*Fardh Ain*) jedes einzelnen Muslims.[11]

Zu den radikalislamistischen Bewegungen, die zu jener Zeit entstanden, gehörte auch die mit den Muslimbrüdern verbundene »Kämpfende Avantgarde« in Syrien unter Führung von Marwan Hadid, eine salafistisch-dschihadistische Organisation unter Mustafa Buy'ali in Algerien sowie eine Gruppe um Abdulkarim Muti' in Marokko. In Saudi-Arabien erlangte die Gruppierung um Juhaiman al-Utaibi Berühmtheit, indem sie 1979 die Große Moschee von Mekka besetzte, und in Afghanistan begann um dieselbe Zeit der Dschihad gegen das prosowjetische Regime, der in einen langen Guerillakrieg gegen die daraufhin eingreifende Rote Armee mündete.

2 Vom regionalen zum globalen Dschihad

Der afghanische Dschihad erfuhr den größten Zulauf muslimischer Kämpfer, und unter ihnen waren führende Köpfe des dschihadistischen Salafismus, wie Abdullah Azzam, der 1984 nach Afghanistan kam und dort das »Büro für Dienstleistungen« als Anlaufstelle für ausländische Kämpfer aufbaute. Zudem gehörten zu den Kämpfern der ersten Stunde Usama bin Laden, Aiman az-Zawahiri und andere Salafisten, die jeweils ihre eigenen Camps in Afghanistan aufbauten.

Die Konzepte, mit denen die Begründer des dschihadistischen Salafismus wie Qutb, Sariya und Farag antraten, fanden nun weite Verbreitung. Auch die von der Arabischen Halbinsel stammenden Kämpfer prägten den dschihadistischen Diskurs zunehmend, indem insbesondere das Erbe des Wahhabismus zunehmend Eingang in diesen fand. Gerade unter Anhängern der sunnitisch-hanbalitischen Rechtsschule fanden diese An-

---

11 Ebd.

klang, namentlich die Schriften von Ibn Taimiya und seiner Schüler Ibn al-Qayyim, Ibn Kathir und Ibn Rajab sowie die Schriften des Muhammad ibn Abdulwahhab selbst und seiner Epigonen. Entsprechend wurden salafistisch-wahhabitische Begrifflichkeiten wie *Hakimiya*, *Jahiliya*, Dschihad und *al-Wala' wal-Bara'* zur ideologischen Doktrin der Dschihadisten.

Für diese waren sämtliche Regierungen der Welt gottlos, unabhängig davon, ob sie eine religiöse Bezeichnung verwendeten oder sich kapitalistisch, demokratisch, sozialistisch, kommunistisch oder nationalistisch nannten oder ob sie einen historisch-islamischen Ansatz mit einem modernen westlichen kombinierten. Diese Verketzerung nimmt im dschihadistischen Salafismus breiten Raum ein. Der oberste Mentor der »afghanischen Araber«, die zum Dschihad an den Hindukusch zogen, Abdullah Azzam, drückte es so aus: »Allein das Festhalten an Koran und Sunna als Quelle der Herrschaft ist Islam. Wer dagegen aus Überzeugung und freiwillig das menschliche Wort über das göttliche stellt, der entledigt sich des Jochs des Islam. Wer immer Gottes Wort übergeht und ein anderes darüber stellt oder ein menschliches Wort über Koran und Sunna stellt, dem ist in der islamischen Religion kein Glück beschieden. Dies ist nichts als eindeutiger und unverhohlener Unglaube.« Und weiter: »Ein Tyrann ist ein Tyrann (*Taghut*), sei er Araber oder Amerikaner, Afghane oder Russe. Der Unglaube ist eine eigene Nation, und diejenigen, die Gesetze machen, welche nicht von Gott offenbart wurden, sind Ungläubige, selbst dann, wenn sie beten, fasten und religiöse Riten befolgen.«[12]

1988 gründete Usama bin Laden al-Qaida, zentralistisch aufgebaut und strukturiert. Jedes Mitglied musste Bin Laden Treue geloben, es gab einen *Shura*-Rat und zahlreiche Aus-

---

12 Abdullah Azzam: Al-Aqida wa-Atharuha fi Bina' al-Jil, S. 94. Siehe auch Abu Ubada al-Ansar: Mafhum al-Hakimiyya fi Fikr ash-Shahid Abdullah Azzam. Abdullah Azzam Media Center, Peshawar, Pakistan.

schüsse, darunter solche für Militärisches, Finanzen, Verwaltung und Mediales. Ideologisch waren die Ideen dieser ersten Generation noch nicht ausgereift, und man war sich nur in Grundsätzen einig.[13] Zudem praktizierte man damals noch eine starke Geheimhaltung und betrieb keine eigene Medienarbeit.

Der Golfkrieg von 1991 führte al-Qaida eine »zweite Generation« von Kämpfern zu, nachdem die sowjetische Armee im Zuge der Auflösung der Sowjetunion und des Ostblocks Afghanistan bereits 1989 verlassen hatte. Zudem hatten afghanische Milizen damit begonnen, sich gegenseitig zu bekämpfen, so dass die ausländischen Dschihadisten Ausschau nach neuen Fronten beziehungsweise Rückzugsräumen hielten. Viele dieser Afghanistan-Rückkehrer trugen den Kampf nun in ihre Herkunftsländer wie Algerien, Libyen, Ägypten, Tschetschenien oder Bosnien. Andere blieben in Afghanistan und schlossen sich lokalen Milizen an, und wieder andere flüchteten sich nach Europa. Insbesondere Großbritannien wurde einem Medien- und Logistikzentrum vieler salafistisch-dschihadistischer Gruppen, und von der britischen Hauptstadt sprachen manche als von »Londonistan«.[14]

Zum Entstehen der »zweiten Generation« bei al-Qaida trug bei, dass die Konfrontation mit den Regimen der Region gescheitert war. Eine Rolle spielte aber auch das Ende des sozialistischen Blocks und die Privatisierung des Wirtschaftslebens im Zuge der Globalisierung, die soziale und kulturelle Folgen hatte. In dschihadistischen Kreisen wuchs die Überzeugung, dass der »nahe Feind«, also die eigenen Regime, nicht aus eige-

---

13 Siehe zu al-Qaida Abdulbari Atwan: Al-Qaʻida: At-Tanzim as-Sirri. Beirut, Dar al-Saqi, 2007; Gilles Kepel: Fitna: Guerre au Coeur de l'Islam. Paris: Gallimard, 2004; Kamil at-Tawil: Al-Qaʻida wa-Akhawatuha. Qissat al-Jihadiyin al-Arab. Beirut, Dar al-Saqi, 2007.

14 Siehe dazu Gilles Kepel: Jihad. Expansion et Déclin de l'Islamisme. Paris: Gallimard, 2000; sowie Ray Takeyh and Nicholas Gvosdev: The Receding Shadow of the Prophet: The Rise and Fall of Radical Political Islam. Westport, Ct: Praeger, 2004.

ner Kraft Bestand hatten – sondern nur deshalb, weil sie aus dem Ausland, in erster Linie von den USA, gestützt wurden.

Daher gründeten Usama bin Laden und Aiman az-Zawahiri 1998 zusätzlich die »Globale Islamische Front zum Kampf gegen Juden, Kreuzfahrer und Amerikaner«, die einen sogenannten Jihad an-Nikaya, einen »Dschihad zur Schädigung [des Feindes]« aufnehmen sollte. Durch Selbstmordanschläge sollten amerikanische Ziele getroffen und die USA gezwungen werden, die Unterstützung für arabische und islamische Regime sowie die koloniale Siedlermacht Israel aufzugeben und sich aus der Region zurückzuziehen.

Zawahiri theoretisierte zu dieser neuen Strategie in seinem Buch »Ritter unter dem Banner des Propheten«.[15] Es gehe darum, den Dschihad zu internationalisieren und eine Weltrevolution in Gang zu setzen. Al-Qaida wandelte sich nun zur wichtigsten Organisation des dschihadistischen Salafismus. Drei veränderte Voraussetzungen erklären in besonderer Weise ihre neue ideologische Ausrichtung. Der versprochene demokratische Wandel in der islamischen Welt blieb aus, es kam zu keiner Friedenslösung in Palästina und schließlich war die Welt nach der Auflösung der Sowjetunion unipolar geworden und die USA als einzige Weltmacht übriggeblieben.[16]

Die ersten Anschläge von al-Qaida nach der Ausrufung der »Islamischen Weltfront« waren die gegen amerikanische Einrichtungen in Nairobi und Daressalam 1998. Es folgten die Anschläge vom 11. September 2001, die zur Bildung einer »dritten Generation« bei al-Qaida führten, indem die Vereinigten Staaten daraufhin Afghanistan besetzten und die Taliban von der Macht vertrieben. Dieser »Krieg gegen den Terror« hatte unter Beteiligung eines internationalen Bündnisses zum Ziel, al-Qaida zu beseitigen.

---

15 Aiman al-Zawahiri: »Fursan tahta Rayat al-Nabi«. Veröffentlicht in der Zeitung Al-Sharq al-Awsat, Dezember 2001, S. 41.

16 François Burgat: L'islamisme à l'heure d'al-Qaida. Paris, La Découverte/ Poche, 2010.

Al-Qaida verlor im Lauf dieses Krieges wichtige ideologische und militärische Führungspersonen: Usama bin Laden, Anwar al-Aulaqi, Abu Mus'ab az-Zarqawi, Abu Yahya al-Libi, Atiya Abdurrahman, Abu l-Yazid al-Masri, Abu Hafs al-Masri und Abu l-Laith al-Libi fanden den Tod, andere wurden verhaftet, wie Khalid Shaikh Muhammad, Abu Zubaida, Ramzi Binalshibh und Abu l-Faraj al-Libi. Aber die Miliz erwies sich als flexibel und erfinderisch genug, auf diese Herausforderungen zu reagieren und wurde noch gefährlicher, indem sie die Bewegung internationalisierte. Auf mehreren Kontinenten gelang es al-Qaida, Ableger zu gründen, und während in der realen Welt die »dritte Generation« auftrat, übernahm dank der Dynamik der Globalisierung und der digitalen Revolution zugleich die erste Generation von Dschihadisten in der virtuellen Welt das Kommando.

In Reaktion auf den globalen »Krieg gegen den Terror« arbeitete der dschihadistische Salafismus, der den ideologischen Raum von al-Qaida bildet, daran, die eigene Bewegung zu globalisieren und somit noch effizienter zu machen. Der Verlust des sicheren Hafens Afghanistan führte zu einer Debatte um den Zentralismus der Organisation. Abu Bakr Naji führte Argumente zur Beibehaltung des Zentralismus ins Feld, während Abu Mus'ab as-Suri sich für Dezentralismus aussprach.[17]

Und während die Ideologie von al-Qaida und globalem Dschihad gerade an Glanz verlor, bescherten die US-Invasion im Irak ab April 2003 und der Sturz Saddam Husseins al-Qaida eine Wiedergeburt, indem Abu Mus'ab az-Zarqawi im Irak ein Terrornetzwerk aufbauen konnte. Es entstand ein neues dschihadistisches Modell: noch gewalttätiger und effizienter als al-Qaida, mit identitärer Ausrichtung und dem Prinzip des »Kampfes zur Machtkonsolidierung« (Qital at-Tamkin) verpflichtet.

---

17   Abu Mus'ab as-Suri: Da'wat Al-Muqawama al-Islamiya al-'Alamiya, S. 896.

3 Die Grundzüge der Ideologie des Islamischen Staates

Als US-Präsident George W. Bush am 20. März 2003 seinen Feldzug gegen den Irak begann, sollte dies eigentlich das Ende des »Krieges gegen den Terror« markieren, indem man das »tyrannische« Regime Saddam Husseins absetzen und es gegen ein »demokratisches«, den USA gegenüber möglichst loyales Regime austauschen würde. Ein »neuer Naher Osten« sollte entstehen.

Zehn Jahre später und kanpp zwei Jahre nach dem Abzug amerikanischer Kampftruppen aus dem Irak im Jahre 2011 war klar, dass die amerikanische Politik gescheitert war. Weder hatte man ein loyales beziehungsweise stabiles demokratisches System hinterlassen noch hatte man den iranischen Einfluss begrenzt. Stattdessen war im Irak die Gesellschaft zerrissen und der Staat zerstört. Aber nicht nur das. Die US-Invasion hatte Rückzugsräume für al-Qaida geschaffen und eine neue, noch gefährlichere Generation von Dschihadisten hervorgebracht. Der Irak war zu einem Labor geworden, in dem eine dschihadistische Ideologie identitär-sunnitischer Prägung entstand, die noch brutaler und tödlicher war und sich noch stärker verbreitete als die aller vorherigen Terrorgruppen.

Abu Mus'ab az-Zarqawi praktizierte in seiner Miliz eine religiöse Ideologie, die weit über den »solidarischen Dschihad« von Afghanistan und die Taktik der »Schädigung« (*Nikaya*), wie al-Qaida sie betrieben hatte, hinausging. Zarqawi hatte es stattdessen auf »Konsolidierung« (*Tamkin*) abgesehen. Er orientierte sich dabei an den Thesen von Abu Bakr Naji in dessen Buch mit dem Titel: »Verwaltung der Barbarei. Die kritischste Phase in der Geschichte der Umma«. Diese Phase sollte den Übergang vom »Stachel im Fleisch« (*Nikaya*) zum »Stachel der Konsolidierung« (*Tamkin*) markieren. In der religiösen Rechtslehre baute Zarqawi zugleich sehr direkt auf den Grundlagen seines Mentors Abdullah al-Muhajir auf und übernahm von diesem vor allem die Priorität des Kampfes gegen den »nahen Feind« (die gottlosen Regime in der arabischen und islamischen Welt) und die Verketzerung aller Schiiten. Die meisten extremen Standpunkte Zarqawis in Bezug auf Selbstmordattentate, Schädigung von Zivilisten, Entführungen und Mord durch Enthauptung sowie andere Taktiken von Gewalt und Terror gehen auf Muhajir zurück.[18]

Beginnen wir mit dem Buch von Abu Bakr Naji.[19] Najis Doktrin baut auf einer Kampfstrategie auf, die sich an einem autoritären islamischen Modell der Machtübernahme orientiert. Er vermengt dies mit modernen westlichen Revolutionsdiskursen und Kriegs- und Guerillatheorien. Insofern ist er Materialist und bedient sich »universaler Themen«, denn für ihn ist der Aufbau eines Staates insofern etwas zugleich Weltliches wie Religiöses, als für jeden Staat materielle Voraussetzungen erfüllt sein müssten, die über seine Stärke und Schwäche entscheiden. Daher will er entsprechende soziale Gesetzmäßigkeiten untersuchen.

Najis Begriff von der »Barbarei« (*Tawahhush*) ist von dem mittelalterlichen arabischen Historiker und Soziologen Ibn Khaldun entlehnt und meint in etwa »Chaos«. Für Naji ist eine Phase der Barbarei beziehungsweise des Chaos unvermeidbar, ja wünschenswert, denn es gilt, sie für den Aufbau des islamischen Staates zu nutzen: »Die Umma wird eine Phase des Chaos (*Tawahhush*) durchlaufen, und diese ist die kritischste. Wenn wir es schaffen, dieses Chaos zu beherrschen, dann wird diese Phase – wenn Gott es erlaubt – der Übergang zum Staat des Islam sein, auf den wir seit dem Ende des Kalifats warten. Sollten wir daran scheitern – wovor Gott uns

---

18 Abu Bakr Naji: Idarat at-Tawahhush. O. O., o. J., S. 26.

19 Naji gehörte Ende der neunziger Jahre zur ersten Generation der »virtuellen Dschihadisten«, von denen niemand wusste, wer sie im wirklichen Leben waren. Dazu gehörten zudem ab 2002 Abu Ubaida al-Qurashi und Luwis Atiya, ab 2006 Hussein bin Mahmud und Atiyatullah und ab 2009 Abdurrahman al-Faqir, Yaman Mukhdhab und »Asad al-Jihad 2«.

bewahren möge – bedeutet dies jedoch nicht das Ende, sondern noch mehr Chaos! Und dieses gesteigerte Chaos infolge unseres Scheiterns heißt wiederum nicht, dass es schlimmer ist als die aktuelle Situation oder die der neunziger Jahre oder die in den Jahrzehnten davor. Selbst das schlimmste Ausmaß von Chaos ist weit besser als Stabilität unter einem gottlosen Regime«, doziert Naji.[20]

Er untersucht in seiner Abhandlung mehrere historische Beispiele und kommt zu dem Schluss, dass der moderne Staat theoretisch auf zweierlei Wegen zu stürzen sei: entweder durch »die Völker« oder »die Armeen«. Beide seien jedoch durch Ablenkung, Bestechung, Manipulation etc. »gezähmt«. Zudem unterliege der Nationalstaat dem Einfluss internationaler Mächte und einer Weltordnung, die diese Staaten sowie die internationale Hegemonie bewahren wolle. Dennoch produziere die Gesellschaft eine Schicht von Menschen, die sich diesen Bedingungen verweigere und Veränderung wolle. Und trotz der großen Macht, die die Hegemonialstaaten hätten, erlägen diese zugleich einer »Machtillusion«, die sich durch ihre »verlogene Medienmaschinerie« ergebe. Naji: »Es handelt sich hier zwar tatsächlich um eine große Macht, und sie bedient sich zusätzlich der Macht regionaler Regime, die die islamische Welt als Agenten regieren, doch trotz allem ist diese Macht letztlich unzureichend. Deshalb flüchtet sich der Kapitän in einen medialen Schein, der diese Mächte unbesiegbar erscheinen lässt, so als würden sie das Universum beherrschen und seien in der Lage, jeden Planeten und jeden Himmel zu erreichen und quasi gottgleich.«[21]

Um das »Chaos zu beherrschen« (*Idarat at-Tawahhush*), gelte es, in dem betreffenden Gebiet Maßnahmen zu ergreifen, zum Beispil: Innere Sicherheit herstellen, Lebensmittel und Behandlung bereitstellen, das Gebiet gegen Angriffe von

---

20 Abu Bakr Naji: Idarat at-Tawahhush, S. 4.
21 Ebd., S. 7.

Feinden absichern, ein Gerichtswesen nach Schariaregeln aufbauen, Frömmigkeit fördern, Kampfbereitschaft durch militärisches Trainig junger Männer und Aufklärung über deren Notwendigkeit in der Bevölkerung herstellen, religiöses und weltliches Wissen verbreiten, Überwachung durch Aufbau eines Geheimdienstes, die Menschen durch »etwas Geld« geneigt machen, Durchsetzung religiöser Regeln, Zurückdrängen und »Zum-Schweigen-bringen« von Heuchlern sowie ein sanfterer Umgang mit den Mächtigeren, um von ihnen nichts befürchten zu müssen, Feinde angreifen, um sie abzuschrecken, ihnen Geld rauben und sie in ständige Furcht versetzen, sowie das Eingehen von Bündnissen auch mit solchen Parteien, die den »Chaosverwaltern« keine volle Loyalität zugesichert haben.[22]

Najis Liste mit Regeln für den Übergang von der Phase der terroristischen Nadelstiche hin zur Gebietsabsicherung ist so etwas wie die »zehn Gebote« für die Verwaltung des Chaos, die jeweils umfangreich erklärt werden. Sie sind wie folgt überschrieben: 1. Gute Verwaltungsführung. 2. Aufgabenverteilung (Führung, Verwaltung, Entscheidungen). 3. Anwendung erprobter Kriegsregeln. 4. Mit äußerster Kraft zuschlagen, wo der Feind am verletzlichsten ist. 5. Macht (Shauka) erlangen. 6. Verstehen der politischen Spielregeln. 7. Unterstützer gewinnen. 8. Regeln für die Aufnahme festlegen. 9. Sicherheit herstellen und Überwachung organisieren. 10. Bildung und Lernen im Kampf.[23]

Das Netzwerk von Abu Mus'ab az-Zarqawi, auf den das Baghdadi-Kalifat zurückgeht, entwickelte diese zehn Grundsätze jedoch radikal weiter und übernahm sie auch nicht offiziell als Leitfaden für die Strategie des Islamischen Staates oder zur Heranbildung von Führungskadern – ganz anders als die Schriften von Abdullah al-Muhajir, die von Anfang an

---

22 Ebd., S. 12.
23 Ebd., Inhaltsverzeichnis.

das religionsrechtliche und ideologische Grundlagenwerk der irakischen Miliz war, die sich zum IS entwickelte. Dennoch ist Najis Buch ein wichtiger Schlüssel zum Verständnis des Unterschieds zwischen der Strategie von al-Qaida, die auf »Nadelstichen« (*Nikaya*) gegen den fernen Feind beruht, und der des Islamischen Staates, die auf die Errichtung von Emiraten und Machtaufbau in Übergangsphasen abzielt, wenn infolge von Staats- und Gesellschaftszerfall Chaos entsteht, statt sich mit der Bekämpfung des fernen Feindes zu »begnügen«.

Muhajirs Werk *Masa'il min Fiqh al-Jihad* (»Religionsrechtliches zum Dschihad«) gilt als verbindlich für den Islamischen Staat, wobei die Dschihadisten das Buch üblicherweise *Fiqh ad-Dima'* (»Rechtslehre vom Töten«) nennen. Darin bezieht sich Muhajir auf Koran, Sunna und die historische sunnitische Literatur der vier Rechtsschulen, besonderen Wert legt er jedoch auf die hanbalitische und hierbei auf die Werke von Ibn Taimiya, Ibn al-Qayyim und die wahhabitische Schule. In der Einleitung verweist Muhajir darauf, dass sein Buch »im Grunde das zweite Kapitel einer anderen langen Botschaft ist, nämlich die Grundlagen zur Rechtslehre des Dschihad, wobei es im vorliegenden Buch um die Regeln des Tötens und damit Zusammenhängendes geht.«[24]

Es genügt fast, die Kapiteleinteilung des Buches zu lesen, um festzustellen, dass all dies tatsächlich im »Islamischen Staat« umgesetzt wurde. Zudem atmen die Diskurse der Milizführer von Zarqawi über Abu Umar al-Baghdadi bis zu Abu Bakr al-Baghdadi den Geist von Muhajirs Werk. In dessen erstem Teil wird über die gegenwärtigen politischen Regime geurteilt, dass diese gottlos beziehungsweise vom Glauben abgefallen seien. Daher seien sie Feindesland (*Dar Harb*) und entsprechend zu bekämpfen, insbesondere die

---

24 Abu Abdullah al-Muhajir: Masa'il fi Fiqh al-Jihad, a. a. O., S. 8 (http://ia601203.us.archive.org/19/items/kotobjehad/masael.pdf).

arabischen und islamischen Staaten. Muhajir: »Diese Regel gilt so lange, bis die Missionierung [zum Islam] überall angekommen und verbreitet ist und keiner der Gottlosen mehr übrig ist, und so bleibt es bis zum Jüngsten Tag.«[25] Muhajir stellt außerdem fest: »Es besteht im Islam Einigkeit darüber, dass Muslimen in einem Land der Ungläubigen (*Dar al-Kufr*) alles erlaubt ist. Betreten sie es ohne Schutzzusicherung, können sie sich nach Belieben am Blut und Besitz der Ungläubigen vergehen.«[26]

Im zweiten Kapitel stellt der Verfasser klar, dass vor Tod und Raub nur geschützt sein könne, wer sich zum islamischen Glauben bekennt. Die Erlaubnis zum Töten hänge nicht davon ab, ob die Gegenseite Krieg führt. Schließlich herrsche schon dadurch Krieg, dass die Betroffenen Gottlose seien. Entsprechend dürfe beziehungsweise müsse man sie töten. »Kein Ungläubiger, für den kein Muslim als Schützling bürgt, ist davor bewahrt, getötet oder seines Besitzes beraubt zu werden.«[27] Im vierten Kapitel wird ausgeführt, dass ein kriegführender Ungläubiger erst recht ermordet werden dürfe. Im fünften werden Selbstmordanschläge gerechtfertigt; der Verfasser findet, dass diese in ihrer modernen Form ein »Unglück« (*Nawazil*) seien, führt aber vergleichbare historische Ereignisse, Koranzitate und Hadithe an und kommt zu dem Schluss: »Das Vorstehende belegt, dass Märtyreroperationen in ihrer heutigen Form ohne jeden Zweifel legitim sind.«[28]

In Kapitel sieben bekräftigt Muhajir die Legitimität, Ungläubige mit allen geeigneten Mitteln zu bekämpfen und zu töten: »Gottes kämpfenden Dienern ist es, um seinem Wort Geltung zu verschaffen, Gesetz, kriegführende Ungläubige zu töten und mit allen Mitteln zu bekämpfen, die ihr Leben beenden, und ihren Körpern ihre Seelen zu entreißen, um die

---

25 Ebd., S. 28.
26 Ebd., S. 27.
27 Ebd., S. 29.
28 Ebd., S. 114.

Erde von ihrer Unreinheit zu säubern und um die Gläubigen vor ihrem Krieg zu bewahren. Dabei darf jedes Mittel angewandt werden.«[29] Er legitimiert auch den Besitz und Gebrauch nicht-traditioneller Waffen: »Wenn wir die Legitimität des Schießens auf kriegführende Ungläubige und ihre Bekämpfung und Tötung mit allen Mitteln hergeleitet haben, so gilt dies bei Bedarf auch für das, was heute Massenvernichtungswaffen genannt wird, seien es Atomwaffen, chemische oder bakteriologische Waffen usw. Diese sind zweifelsfrei zulässig, wenn der ungläubige Feind in muslimisches Land einfällt.«[30]

Im zehnten Kapitel wird die Entführung von kriegführenden Ungläubigen erlaubt, im elften wird erörtert, welche Regeln es für die Schändung von Leichen gebe.[31] Im zwölften Kapitel geht es um das Köpfen von Ungläubigen. Laut Muhajir »hat nie ein Gelehrter des Islam die Legitimität des Köpfens kriegführender Ungläubiger oder das Erlaubtsein, ihnen lebendig oder tot die Kehle durchzuschneiden, angezweifelt. Im Gegenteil, sie zählen dies zu den Selbstverständlichkeiten, die die Muslime in ihrem Dschihad gegen die Feinde Gottes von Generation zu Generation seit der Zeit des Propheten bis zum heutigen Tag weitergegeben haben.«[32]

Muhajirs Buch ist ganz offensichtlich eine Anleitung zu allen denkbaren Methoden des Tötens, wie es im Titel »Rechtslehre vom Töten« anklingt.

Die religiöse Ideologie, die Naji und Muhajir entwickeln, wurde zu einer direkten Handlungsanleitung für den IS und erklären dessen bestialische Praktiken. Sie kamen in einer Umgebung zur Anwendung, die idealtypisch für diese Art von Dschihad-Anweisungen war, denn Chaos war im Irak allgegenwärtig – ausgelöst durch die amerikanische Besatzung, die staatliche Strukturen zerstörte und die Gesellschaft

---

29 Ebd., S. 163.
30 Ebd., S. 187 f.
31 Ebd., S. 569-573.
32 Ebd., S. 278.

ethnisch und konfessionell grob in Araber und Kurden beziehungsweise Schiiten und Sunniten aufteilte. All dies bot die Voraussetzungen, die Zarqawi und seine Nachfolger nutzen konnten, um ihre dschihadistische Kampfideologie auf konfessionalistischer Grundlage im Rahmen des »gesellschaftlichen Rückhalts« weiterzuentwickeln, den ihnen die sunnitische Bevölkerungsgruppe des Irak bot. Diese litt unter einer komplexen politischen Unterdrückung und Ausgrenzung, was der Bewegung Dynamik verlieh. Zudem gewann die Miliz durch die Rekrutierung ehemaliger Offiziere der irakischen Armee und durch das Know-how, das arabische Freiwillige aus früheren Kampfgebieten mitbrachten, militärische und geheimdienstliche Stärke.

4 Die Nusra-Front: al-Qaidas ideologische Neuausrichtung

Die Ideologie der Nusra-Front basiert auf eine Vielzahl salafistisch-dschihadistischer Quellen und entbehrt auch deshalb einer Homogenität, weil die Miliz erst nach dem Beginn des syrischen Aufstands im März 2011 entstand. Ihre Gründung wurde im Januar 2012 verkündet, damals noch als ein Ableger der irakischen Miliz. Geistig liegen die Wurzeln der Nusra-Front in der aktionistischen Strömung des Salafismus, die aus der Tradition der Bewegung der Muslimbrüder entstand, und folgt der dschihadistischen Schule des Sayyid Qutb, der auch Aiman az-Zawahiri anhing, als er die ägyptische Organisation al-Jihad al-Islami und später al-Qaida führte. Marwan Hadid, der Gründer von *at-Tali'a al-Muqatila* in Syrien, und Abdullah Azzam, der geistige Vater der arabischen Freiwilligen in Afghanistan, waren ebenfalls Vertreter dieser Strömung, und Abu Mus'ab as-Suri führte diese Tradition für die Diaspora weiter.

Die Ideologie der Nusra-Front hatte also viele Väter, aber im Allgemeinen basiert sie auf den Grundlagen des dschihadistischen Salafismus, der selbst, wie bereits ausgeführt, wiederum mehreren Wandlungen unterlag. Die Ausrichtung der Nusra-Front folgte letztlich einer Umorientierung der zentralen al-Qaida, wie sie in Unterlagen dokumentiert ist, derer die Amerikaner nach der Stürmung des Verstecks von Usama bin Laden und seiner Tötung habhaft werden konnten und die sie später veröffentlichten. Sie spiegeln den Unmut der al-Qaida-Führung über die irakische Miliz unter Abu Mus'ab az-Zarqawi bis zur Ausrufung eines islamischen Staates im Irak wider, offenbaren aber auch das Eingeständnis, dass man selbst die arabische Öffentlichkeit nicht ausreichend mobilisieren konnte und dass mehrere Ableger der Organisation Fehler begangen hätten, wie die bedenkenlose Gefährdung und Tötung von Zivilisten bei Anschlägen und eine übertriebene Verketzerung anderer Muslime.

Die Unterlagen, im Wesentlichen Korrespondenzen zwischen Bin Laden und anderen Führungsfiguren von al-Qaida, handeln von der Notwendigkeit einer Umorientierung durch eine bessere »Integration« in die arabischen und muslimischen Gesellschaften, auch wenn dies eine Umbenennung der Organisation erfordere, und einer politischen, medialen und sozialen Imageverbesserung.[33]

Der arabische Frühling hatte wesentlichen Anteil daran, dass man diese Maßnahmen für geboten hielt und auch öffentlich machen wollte. Aus der ersten Phase der arabischen Aufstände finden sich Briefe der al-Qaida-Führung, aus den die Sorge hervorgeht, man könne die Unterstützung der öffentlichen Meinung in der arabischen und islamischen Welt verlieren.

---

33 Die in Abbottabad von den Amerikanern sichergestellten Dokumente sind online verfügbar über die Website des Combatting Terrorism Center at West Point (Arabisch und Englisch): www.ctc.usma.edu/posts/letters-from-abbottabad-bin-ladin-sidelined. Der IS äußerte in einem nicht mehr verfügbaren Blog Zweifel an der Echtheit der Briefe.

Die Autoren schlugen eine Art »ideologischer Anpassung« vor, indem man den salafistisch-dschihadistischen Diskurs so weiterentwickle, dass er nicht mehr im Widerspruch zum Ansatz der friedlichen Volksaufstände stünde. Der Kern jener Ideologie solle jedoch beibehalten werden, zumal das Prinzip der *Hakimiya*, das Ziel der Einführung der Scharia und die unausweichliche Konfrontation mit den Vereinigten Staaten – allerdings unter Rehabilitierung der friedlichen Option.[34]

Aus diesen Überlegungen entstand die Idee der *Ansar ash-Shari'a* (»Unterstützer der Scharia«), die im Jemen, Tunesien und Libyen eine praktische Umsetzung erfuhr, wo bewaffnete Gruppen dieses Namens auftauchten, und in der Nusra-Front, deren Name (»Unterstützungsfront«) ebenfalls ein Echo auf diese Idee darstellt. Ihr Vorgehen beruht darauf, sich in die Umgebung einzufügen, Interesse für die Anliegen der Menschen vor Ort zu zeigen und gegen das jeweilige Regime mitzukämpfen, um eine islamische Ordnung zu errichten. Der revolutionäre Schwung sollte dabei in eine islamische Richtung gelenkt werden. Allerdings sollten parlamentarische Arbeit und Beteiligung am »politischen Spiel« ausgeschlossen bleiben.[35]

Dieser Wandel von elitären militanten Aktionen hin zur Beteiligung an Aktionen der Allgemeinheit, selbst wenn diese friedlich geartet sind, unter dem Motto der Einführung der Scharia ist als Wende zu sehen. Zuvor war aus der dschihadistischen Richtung des Salafismus militantes Handeln geworden, und von der Bekämpfung des »nahen Feindes« ging man Ende der neunziger Jahre zum Kampf gegen den »fernen Feind« über. Nun wurden diese Ansätze vermengt. Man blieb dem Projekt »Globalisierung des Dschihad« und der Konfrontation mit den USA treu, wollte aber auch die Welle der Volksaufstände

---

34 Siehe Mohammad Abu Rumman: »Min as-Salafiya al-Jihadiya ila Ansar ash-Shari'a«. Majallat al-Ulum al-Ijtima'iya, Universität Kuwait, Bd. 42 Nr. 2, 2014, S. 236-241.

35 Ebd., S. 241-251.

nutzen und ihnen da, wo die Bevölkerung Regime stürzen wollte, eine islamische Richtung geben.

Verfolgt man die Vorgehensweise der Nusra-Front, in die lokale Bevölkerung einzutauchen, um dort Anhänger zu gewinnen, so stellt man fest, dass dies der Umorientierung von al-Qaida entsprach. Dies erklärt zugleich, dass al-Qaida und die Nusra-Front anfangs vermieden, auf jede wechselseitige Verbindung beziehungsweise einen Zusammenhang zwischen Nusra und der irakischen Miliz hinzuweisen – um die Fehler der letzteren nicht zu wiederholen, aber auch, um Geheimdienste in die Irre zu führen und als reine »Unterstützer« die Zusammenarbeit mit anderen Kampfgruppen nicht zu gefährden.

Auch wollte man dem syrischen Regime nicht das Argument in die Hand geben, es schlage die Revolution im »Kampf gegen Terrorismus« nieder, und wollte die USA nicht reizen. Allerdings musste Nusra-Chef Jaulani nach der Ausrufung des »Islamischen Staates Irak und Syrien« einräumen, dass er mit al-Qaida im Bunde stand. Al-Qaida-Chef Zawahiri bestätigte dies, indem er sagte: »Wir waren überrascht von der Erklärung [dass die Nusra-Front zum »Islamischen Staat« gehöre], auf die das syrische Regime und Amerika nur gewartet hatten.« Außerdem hätten »die Menschen in Syrien sich gefragt, warum al-Qaida Unheil über sie bringen will. Reichte ihnen nicht schon Baschar al-Assad? Wollten wir ihnen jetzt auch noch Amerika auf den Hals hetzen?«[36]

Die Nusra-Führung fand, was sie suchte, in den Schriften von Abu Mus'ab as-Suri, dem Theoretiker des globalen Dschihad. Dieser entwickelte seine Sicht auf der Grundlage des aktionistischen Salafismus der Muslimbrüder, von Autoren wie Sayyid Qutb, Abdullah Azzam und Marwan Hadid und des Konzepts des »Kriegs der Entrechteten«. Seine Werke gelten als wegweisend für Nusra-Chef Jaulani.

---

36 Link nicht mehr verfügbar.

Fazit

Die Nusra-Front bekam nach dem Aufbrechen der Konflikte mit dem Islamischen Staat viel Unterstützung von Führungskadern der al-Qaida sowie bekannten Salafi-Dschihadisten. Abu Muhammad al-Maqdisi äußerte sich dahingehend ebenso wie Abu Qatada al-Filastini, und Unterstützungsschreiben für Zawahiris Entscheidung und die Nusra-Front kamen von Scheichs wie Sulaiman al-Alwan und Iyad al-Qunaibi. Dies zeigt, dass die Nusra-Front für eine neue Phase stand, die der Neuorientierung von al-Qaida und dem dschihadistischen Salafismus entsprach.

Doch zugleich waren Nusra und al-Qaida nicht mehr die einzigen, die für den Dschihad standen. Eine zweite ideologische Linie war entstanden, die des IS, der ebenfalls zahlreiche Theoretiker des Dschihad für sich einnahm und vor allem viele junge Dschihadisten anzog – nicht nur im Irak und in Syrien, sondern in weiten Teilen der arabischen und islamischen Welt. Gerade viele Dschihadisten der zweiten und dritten Generation, die in der virtuellen Welt aktiv waren, machten sich für den IS stark, darunter Abu Sa'd al-Amili[37], Abu l-Hassan al-Azadi[38], Abu Humam Bakr bin Abdul'aziz al-Athari[39], Abu l-Mundhir ash-Shinqiti, Abu Muhammad al-Azadi, Scheich Ani al-Alam, Abu Yusuf al-Bashir und Abu l-Mundhir Umar Mahdi Zaidan.

---

37 https://archive.org/details/bayan_2013.
38 Link nicht mehr verfügbar.
39 https://archive.org/details/baghdadi-001.

SECHSTES KAPITEL

Die Entwicklung der Struktur des Islamischen Staates

Einleitung

Die Schlagkraft, die der IS insbesondere seit 2014 entwickelte, warf viele Fragen auf. Viele betrachteten es als ein Rätsel, wie eine Miliz solche Blitzsiege erringen konnte, sei es über reguläre Armeen, wie in Mossul und in anderen irakischen Städten, aber auch in Syrien, wo sie sowohl den Militärflughafen von at-Tabaqa als auch die 17. Division überrennen konnte, oder über konkurrierende Kampfverbände wie die Nusra-Front und andere islamistische Gruppen in Syrien.

Aber die Fähigkeiten des IS beschränkten sich nicht aufs Militärische. Auch wirtschaftlich war die Miliz enorm stark und verfügte über Geldsummen wie keine andere dschihadistische oder islamistische Vereinigung auf der Welt. Dies ließ schon damals vermuten, dass es einen professionellen Apparat geben musste, der diesen auch für eine Miliz wichtigen Bereich managte.

Zudem unternahm die Miliz Operationen, die ein hohes Maß an professioneller geheimdienstlicher Arbeit verlangten, wie die Einnahme der Millionenstadt Mossul und gezielte Ermordungen von Führungsfiguren verfeindeter Gruppen. Sie konnte zudem die eigene Führung schützen, die unter scharfer Beobachtung von internationalen und regionalen Geheimdiensten stand, welche Spionagesatelliten und modernste Abhörgeräte nutzten.

Auch medial erreichte die Organisation ein Niveau, das alles übertraf, was frühere dschihadistische und islamistische

Gruppen je geleistet hatten. Sie nutzt das Internet zur Rekrutierung und für Propaganda, produziert Filme von hoher technischer Qualität in arabischer und englischer Sprache und veröffentlicht Online-Magazine.

Wir wollen nun auf die strukturellen Wandlungen des IS eingehen – von seiner frühesten Phase, als er noch *at-Tauhid wal-Jihad* hieß, über die Zeit, in der sich die Miliz al-Qaida anschloss, über die Ausrufung eines islamischen Staates im Irak nach der Tötung Zarqawis bis zur Verkündung des Kalifats unter Abu Bakr al-Baghdadi. Ziel dieser Beleuchtung der inneren Struktur ist, die Dynamiken und die Institutionen darzustellen, die Aufschluss über die Fähigkeiten der Miliz geben, so dass es möglich wird, ihr professionelles Niveau in vielen Bereichen zu erklären.

1 Der Aufbau von *at-Tauhid wal-Jihad*

Nach der amerikanischen Besetzung des Irak machte sich Zarqawi an die Wiederbelebung seines Dschihad-Netzwerks aus der Zeit in Herat, indem er sich auf dessen harten Kern stützte. Er umgab sich mit einer Gruppe von engsten Getreuen.[1] Beim Aufbau seiner Miliz ging Zarqawi nach den Grundsätzen seines Mentors Abdullah al-Muhajir vor, die für

---

1 Zu diesen gehörten Abu Hamza al-Muhajir, ein Ägypter, der die Miliz nach Zarqawis Tod leitete, Abu Anas ash-Shami aus Jordanien, der erste Scharia-Betraute der Organisation, Nidhal Muhammad Arabiyat, ein weiterer Jordanier (aus Salt) als Experte für Sprengstoff und Autobomben, Mustafa Ramadhan Darwish (alias Abu Muhammad al-Lubnani) aus Libanon, Auras Abu Umar al-Kurdi, Thamir al-Atruz ar-Rishawi, ehemaliger irakischer Offizier, die Iraker Abdullah al-Juburi (Abu Azzam), Umar Hadid (Abu Khattab) und Muhammad Jasim al-Isawi (Abu l-Harith), sowie Abu Nasir al-Libi und Abu Usama at-Tunisi. Die Genannten wurden bereits 2003 getötet (Abu Azzam 2005). Zu weiteren Jordaniern aus dem engen Umfeld von Zarqawi gehörten Muwaffaq Adwan, Jamal al-Utaibi, Salahaddin al-Utaibi, Muhammad as-Safadi, Mu'adh an-Nusur, Shahada al-Kailani, Muhammad Qutaishat, Mundhir Shiha, Mundhir at-Tamuni und Umar al-Utaibi.

ihn in der Kampf- und Glaubensdoktrin verbindlich waren. Das Netzwerk entwickelte sich auffällig schnell, ohne noch einen Namen und eine klare organisatorische Struktur zu haben. Laut Abu Anas ash-Shami wartete Zarqawi damals noch ab, bis er sich einer irakischen Gruppe anschließen könnte, durch die und in deren Namen er tätig würde. Shami aber empfahl, eine eigene Organisation aufzubauen und sie *at-Tauhid wal-Jihad* zu nennen. Zarqawi, der sich über derlei in einem *Shura*-Rat aus Vertrauten besprach, zögerte zunächst, übernahm dann aber die Empfehlung Shamis. Ab jetzt ergingen alle Erklärungen und Audio- oder Videobotschaften im Namen dieser Gruppe.

Unter Zarqawis Führung und seinem *Shura*-Rat begann eine Strukturierung der Miliz mit dezidierter Aufgabenzuweisung. Es entstanden Ausschüsse für Militärisches, Medienarbeit, Sicherheit, Finanzen und religiöse Fragen. Die letztgenannte Abteilung leitete Shami ab Ende September 2003. Einen Vertreter für sich selbst ernannte Milizführer Zarqawi nicht.

2 Der Aufbau von al-Qaida im Irak (AQI)

Nach acht Monaten des Briefwechsels zwischen *at-Tauhid wal-Jihad* und al-Qaida beugte sich Letztere widerwillig den Bedingungen Zarqawis, welcher seinen Kurs weiter unbeirrt fortsetzen konnte. Unter diesen Voraussetzungen leistete Abu Mus'ab az-Zarqawi Usama bin Laden am 8. Oktober 2004 den Treueschwur und benannte seine Miliz um in *Qa'idat al-Jihad fi Bilad ar-Rafidain* (»Dschihad-Basis im Zweistromland«), worin die Bezeichnung »al-Qaida« im Namen mitschwang.

Unter Zarqawi wuchs die Miliz, aber ihre Struktur blieb zunächst flexibel. Nichts war unumstößlich, und bei Zarqawi liefen alle Fäden zusammen. Erst später übertrug er einige

Kompetenzen an andere, weil er damit rechnete, getötet zu werden. Abu Abdurrahman al-Iraqi ernannte er zu seinem Vize, und viele andere Iraker stiegen ebenfalls in Führungspositionen auf. Damit wurde auch die innere Struktur der Organisation differenzierter.

Die Einrichtung des Postens eines Vize-Emirs war der Sorge um die Sicherheit der Miliz geschuldet, und der genannte Vertreter erhielt wichtige Kompetenzen. Zarqawi übertrug ihm den Kontakt zu den irakischen Milizionären, während er selbst die Aufsicht über die freiwilligen Kämpfer aus dem Ausland führte. Zudem sollte Abu Abdurrahman al-Iraqi Buch über den Bedarf der verschiedenen Milizausschüsse führen.

Den militärischen Flügel übernahm Abu Asyad al-Iraqi, der verschiedene Kampfgruppen der Miliz befehligte. Eine Sonderformation war die »Umar-Brigade«, die speziell als Antwort auf die schiitische »Badr-Brigade« gegründet wurde. Die militärischen Einheiten folgten einem Ansatz, der Elemente des Zentralistischen und des Dezentralen kombinierte. Bei kleineren Anschlägen mussten die Terrorgruppen in den verschiedenen Gebieten nicht auf direkte Befehle warten, sondern deren Kommandeure konnten in Abstimmung mit anderen Gruppenführern eigene Entscheidungen treffen.

Neu gegründete Kampfgruppen trugen Namen der vier ersten Kalifen des Islam wie Abu Bakr und Umar oder waren nach Emiren von al-Qaida auf der Arabischen Halbinsel wie Abdul'alziz al-Muqrin oder nach Abu Anas ash-Shami und Abu Azzam al-Iraqi benannt. Die übrigen Kampfeinheiten behielten ihre alten Namen. Eine davon, *Katibat al-Bara' bin Malik* unter Führung des Emirs Abu Dujana al-Ansari, war für Selbstmordattentate zuständig, die ihre Kämpfer in großem Ausmaß gegen besonders sensible Ziele begingen. Hier fanden sich besonders viele nicht-irakische Araber, die als Freiwillige gekommen waren, später schlossen sich ihr aber auch immer mehr Iraker an.

Andere Abteilungen unterstanden direkt der Führung der Miliz, zum Beispiel die für Sicherheit und Aufklärung. Ihre Aufgabe war es, neu aufgenommene Mitglieder einer gründlichen Prüfung zu unterziehen und Informationen über Personen und Orte zu sammeln, die Ziel von Anschlägen werden sollten, wie Straßen, die die Besatzer benutzten, oder über Sicherheits- und Logistikunternehmen, die im Irak für die Amerikaner tätig waren. Zudem erkundeten sie Bewegungen des US-Militärs und dessen Kampftaktiken sowie Planungen der Besatzung und der irakischen Regierung. Dazu wurden häufig Komplizen in die Nationalgarde, die Polizei und bei Kontraktoren und Transportfirmen eingeschleust.

Eine andere Aufgaben der Aufklärungsabteilung bestand darin, unter die Leute zu gehen, um sich einen Eindruck über deren Nöte zu verschaffen, aber auch, führende Personen aus Regierung, Armee oder Polizei oder von ausländischen Vertretungen auszukundschaften, die ermordet werden sollten. Allgemein lag ein Augenmerk auf besonders sensiblen Zielen, wurde nach dort nutzbaren Schwachpunkten gesucht. Alle entsprechenden Berichte wurden regelmäßig der Milizführung vorgelegt, die sie auswertete und nach Beratung Ziele und Angriffszeitpunkte festlegte. Diese Anweisungen wurden an den militärischen Arm weitergegeben, wo Gruppen für die Anschlagsausführung ausgewählt wurden. Über das Ergebnis der Operationen wurde ebenfalls jeweils formell die Führung informiert.

Die Scharia-Abteilung erstellte Studien im Namen der Miliz und verteidigte sie gegen religiös unterlegte Vorwürfe. Dazu gab sie eine eigene Zeitschrift heraus (*Dharwat as-Sinam*), deren Aufgabe im Wesentlichen darin bestand, Urteile zu religiösen Fragen so zu fällen und zu begründen, wie es der Doktrin der Miliz entsprach. Das Scharia-Komitee befasste sich mit Fragen und Fatwas zu Dschihad und Widerstand und berichtete über die Erfolge der Miliz. Nach dem Tod des Gründers Abu Anas ash-Shami wurde nicht bekanntgegeben, wer ihm in der Position der Komiteeleitung nachfolgte, um dessen Leben nicht auch zu gefährden. Zur Schariaabteilung gehörte auch ein Gericht, das Anklagen wegen Spionage gegen die Miliz verfolgte und Verurteilungen, meist zum Tode, gegen Entführte und Gefangene verhängte. Alle diese Urteile waren endgültig und nicht anfechtbar.

Die Medienabteilung übernahm Abu Maisara al-Iraqi. Hier wurden Kommuniqués, Erklärungen sowie Audio- und Videobotschaften veröffentlicht, und auch diese Abteilung machte merkliche Fortschritte. Die Videos wurden immer professioneller, und die so betriebene Milizpropaganda hatte entscheidenden Anteil an der Rekrutierung neuer Kämpfer.

Das Internet war und ist das wichtigste Medium der Abteilung, und die Miliz verfügt über ein hohes Maß an Professionalität im Umgang damit, auch was die Spurenverwischung angeht. Die IP-Adressen der Administratoren und Nutzer sind nur schwer nachzuverfolgen, es werden immer neue Methoden ersonnen, Sperrungen eigener Webseiten zu umgehen und Mitglieder und Sympathisanten werden darin geschult, wie sie das Netz am sichersten nutzen. Auch für alle anderen dschihadistischen Organisationen ist das Internet heute das wichtigste Medium für Eigenwerbung und politische, militärische und religiöse Publikationen.

Die Finanzabteilung stützte sich damals auf ein Netz von Aktivisten, die über Geschäftsleute und Moscheen Geld sammelten, nicht nur im Irak, sondern in der gesamten arabischen und islamischen Welt. Zudem verwaltete diese Abteilung auch »Kriegsbeute« der Miliz, wenn zum Beispiel ein Gebiet neu erobert wurde, und erhob in den von ihr kontrollierten Städten und Gemeinden Steuern.

3 Die institutionelle Struktur des Islamischen Staates Irak (ISI)

Als Zarqawi im Juni 2006 zu Tode kam, hinterließ er seinen Nachfolgern eine straff organisierte und schlagkräftige Miliz, deren Anhänger entschlossen waren, einen islamischen Staat auf sunnitischer Grundlage zu errichten. Schon bald darauf, am 12. Oktober, wurde die Bildung eines Paktes (*Hilf al-Mutayyabin*) bekanntgegeben, der jene Bewegungen und bewaffneten Gruppen umfasste, die vorher bereits Teil des irakischen »*Shura*-Rats der Dschihadkämpfer« waren, dazu einige sunnitische Stammesführer.[2] Am 15. Oktober wurde der »Islamische Staat Irak« verkündet. Theoretisch umfasste das »Staatsgebiet« mehrere sunnitische Provinzen des Irak, namentlich al-Anbar, Kirkuk, Ninive, Diyala, Salah ad-Din, Babylon und Wasit.

Abu Umar al-Baghdadi (eigentlich Hamid Dawud az-Zawi) wurde Oberhaupt des ISI. Der erste offizielle Sprecher des Staates, Muharib al-Juburi, stellte die erste Regierungsmannschaft vor, die erkennen ließ, wie schon jetzt vor allem Iraker an den entscheidenden Schaltstellen saßen. Außer Muhajir waren kaum noch nicht-irakische Kämpfer in der Regierung vertreten. Die erste Kabinettsumbildung erfolgte erst am 22. September 2009.

Als Abu Umar al-Baghdadi zusammen mit Kriegsminister Abu Hamza al-Muhajir am 19. April 2010 ums Leben kam, baute der ISI die Führung der Miliz um. Am 16. Mai 2010 ließ der *Shura*-Rat verlauten, man sei übereingekommen, Abu Bakr al-Baghdadi als Befehlshaber der Gläubigen im Irakischen Staat Irak zu huldigen. Sein Stellvertreter sei Abu

---

2 Davon kursierte ein derzeit nicht mehr verfügbares Youtube-Video mit Vermummten.

Abdullah al-Hassani al-Qurashi, und zum neuen Kriegsminister wurde Abu Sulaiman bestimmt.[3]

4 Der organisatorische Aufbau des Islamischen Staates und des Kalifats

Der heutige IS gilt als die weltweit entwickeltste Dschihadbewegung im Hinblick auf Organisationsstruktur und administrative Effektivität. Sein Aufbau folgt einer Mischung aus traditionell-islamischen Elementen aus der Zeit des frühislamischen Kalifats, den Theorien eines herrschaftsorientierten islamischen Staatsrechts und moderner Staatsorganisation mit Militär, Sicherheitsapparat, Ideologie und Bürokratie.

Der Kalif

Der Kalif (arabisch für »Nachfolger« [des Propheten]) muss traditionell über religiöses Wissen verfügen, seinen Stammbaum auf das Haus Quraish (dem der Prophet entstammte) zurückführen können und im Besitz aller Sinneskräfte sein. Er ist zuständig für alle religiösen und weltlichen Aufgaben gemäß sunnitisch-islamischer Politiktradition. Er ist religiöses und politisches Oberhaupt und genießt das Recht auf Gehorsam seiner Untertanen, nachdem er von einem *Shura*-Rat und einem »Kreis einflussreicher Männer« (*Ahl al-Hall wa l-Aqd*) gewählt wurde.

Der IS sieht sich als vollgültigen islamischen Staat an. Der frühere Milizführer Abu Umar al-Baghdadi hatte die Grundstruktur des »Staates« ersonnen, und der heutige Anführer beziehungsweise »Kalif« Abu Bakr al-Baghdadi entwickelte sie insbesondere im Hinblick auf die Verankerung des Prinzips der Huldigung und des Gehorsams weiter, wodurch der

---

3 www.muslm.org/vb/archive/index.php/t-388724.html.

Zentralismus der Organisation und die Kontrolle des Kalifen über alle ihre Schaltstellen verankert war.

Der IS ist hierarchisch aufgebaut, wobei der Kalif an der Spitze steht. Er übt direkte Kontrolle über die »Räte« aus, eine Ersatzbezeichnung, die Baghdadi statt der »Ministerien« seines Vorgängers einführte. Die Räte sind die grundlegenden Institutionen des IS. Dieser ist jedoch so zentralistisch, dass Baghdadi weitgehende Befugnisse hat, »Ratsvorsitzende« jederzeit zu berufen oder abzusetzen. Zuvor muss er lediglich den *Shura*-Rat anhören, der jedoch nur beratende Funktion hat. Die Entscheidung liegt letztlich bei Baghdadi, dessen »religiöse« Macht ihm auch die Befugnis über alle strategischen Belange verleiht. Bei fast allen wichtigen Entscheidungen ist er es, welcher »befiehlt und verbietet«.

Baghdadi war bestrebt, Iraker an den Schaltstellen seiner Organisation unterzubringen und andere Araber nur für nachgeordnete Aufgabenbereiche wie Beratung, Medienarbeit, Rekrutierung und Spendensammlung einzusetzen. Er hat fast absolute Vollmachten für Kriegserklärungen und die Anordnung von Überfällen. Baghdadi überwacht auch den Sicherheits- und Geheimdienstapparat, den *Shura*-Rat, den Militärrat (vormals Kriegsministerium), die Medienabteilung, die religiösen Gremien und die Finanzverwaltung selbst. Zudem ernennt Baghdadi die Emire in den verschiedenen Provinzen des Irak und Syriens unter IS-Kontrolle.

Unter Baghdadi wurde die innere Organisation des IS umgestaltet und damit geheimer und schwerer durchschaubar. Militärisch stützte sich der Milizchef auf ehemalige irakische Offiziere wie Hajji Bakr und Abdurrahman al-Bilawi. Dadurch wurde der militärische und der Sicherheitsbereich professioneller und effektiver, und auch hier hatten Iraker das Sagen. Die religiösen Abteilungen besetzte Baghdadi hauptsächlich mit Golfarabern wie Abu Bakr al-Qahtani, Abu Hammam al-Athari aus Bahrain und den Saudi-Araber Uthman Al Nazih al-Asiri. In sensiblen Sicherheitspositio-

174

nen setzte Baghdadi vor allem auf den bereits erwähnten »Turkmenischen Tala'far-Kreis«. Mit dem Anwachsen der Miliz und der Verkündung des Kalifats nach der Einnahme Mossuls im Juni 2014 bezog er nach und nach mehr Araber und Ausländer in die Führung der Miliz ein, jedoch besetzen Iraker nach wie vor die wichtigsten Posten.[4]

Der *Shura*-Rat des IS

Trotz aller Wandlungen, die dieses Gremium von Zarqawi über Abu Umar bis zu Abu Bakr al-Baghdadi durchlaufen hat, behielt der *Shura*-Rat immer eine bedeutende Rolle. Abu Arkan al-Amiri ist momentan der Vorsitzende des Rates, der je nach Umständen und Bedarf unterschiedlich groß ist. Er umfasst meist neun bis elf Mitglieder, die Baghdadi auf Empfehlung der Emire und Walis ernennt und die Scharia-Gelehrte sind. Im *Shura*-Rat werden aktuelle Entwicklungen erörtert, Beschlüsse gefasst und die politischen Leitlinien bestimmt.[5]

Der Rat kann theoretisch den Kalifen absetzen. Ansonsten übernimmt er Aufgaben gemäß islamischer Politiktradition, d. h. er berät den Kalifen in Fragen von Krieg und Frieden, sein Standpunkt beziehungsweise Rat ist für diesen aber nicht bindend. Der *Shura*-Rat befasst sich vor allem mit organisatorischen Fragen, für die Koran und Sunna keine eindeutigen Vorschriften bereithalten. Da wo diese aber präzise geregelt sind, ist nach Scharia-Tradition kein anderslautendes Urteil durch *Ijtihad* (weiterführende oder angepasste Interpretation) zulässig, sofern es sich nicht auf die Interpretation solcher Textstellen beschränkt. Der *Shura*-Rat empfiehlt zudem

---

4   Siehe Suhaib Anjarini: »Ad-Daula al-Islamiya min al-Baghdadi al-Mu'assis ila Al-Baghdadi al-Khalifa«. Zeitung Al-Akhbar (Beirut) (www.al-akhbar. com/node/210299).

5   Siehe Hisham al-Hashimi: »Haikaliyat Tanzim Da'ish«. Zeitung Al-Mada (Bagdad) (http://almadapaper.net/ar/printnews.aspx?NewsID=466428).

Kandidaten für die Posten von Walis (regionale Statthalter) und anderer Ausschüsse der Miliz.

Der Schariarat ist Teil des *Shura*-Rates und sein Vorsitzender ist Baghdadi selbst. Er umfasst sechs Personen und kontrolliert hauptsächlich, ob die übrigen Abteilungen der Miliz schariagerecht handeln. Hier werden auch Kandidaten für die Wahl eines neuen Kalifen aufgestellt, falls der aktuelle stirbt, in Gefangenschaft gerät oder aus sonstigen Gründen den »Staat« nicht weiter führen kann.

»Der Kreis einflussreicher Männer« (*Ahl al-Hall wa l-Aqd*)

Mit diesem Terminus aus der traditionellen islamischen Rechtslehre ist ein Personenkreis aus Emiren, Gelehrten, Stammesführern, Politikern und Notabeln gemeint. Diese Personen sollen »gerecht« sein und die Voraussetzungen kennen, die an die Führung der Muslime geknüpft sind, so dass sie eine solche wählen können.

Im IS gehören zu den *Ahl al-Hall wa l-Aqd* neben einflussreichen Leuten der genannten Art auch der *Shura*-Rat. Sie alle setzen den Kalifen ein und huldigen ihm. Gemäß IS-Sprecher Abu Muhammad al-Adnani verlief die Wahl Baghdadis wie folgt:

»Der Shura-Rat des Islamischen Staates trat zusammen und erörterte die Angelegenheit, nachdem die Voraussetzungen für das von den Muslimen erstrebte Kalifat durch Gottes Güte erfüllt waren. Es gab für den Islamischen Staat keinen Grund oder gesetzlichen Vorwand, das Kalifat zu verschieben oder nicht auszurufen. Daher entschied der Islamische Staat, vertreten durch die Versammlung der *Ahl al-Hall wa l-Aqd*, den Notabeln und den *Shura*-Rat, das Islamische Kalifat zu verkünden und als Kalifen der Muslime den Kämpfer für den Dschihad, den gelehrten und eifrigen Diener Gottes aus dem Haus des Propheten Ibrahim bin Awwad bin Ibrahim bin Ali bin Muhammad al-Badri al-Qurashi al-Hashimi al-Husseini [Abu Bakr al-Baghdadi] einzusetzen.«[6]

Der Schariarat

Aufgrund der religiösen Charakters des Islamischen Staates hat der Schriarat eine wichtige Funktion. Abu Ali al-Anbari war zuvor noch für Religiöses und Sicherheit zugleich zuständig; heute leitet diesen Rat Abu Muhammad al-Ani. Unter Zarqawi war Abu Anas ash-Shami der Schariabetraute, unter Abu Umar wurde es Uthman bin Abdurrahman at-Tamimi.

Der Schariarat gibt Bücher und Schriften heraus, formuliert Reden Baghdadis und Kommuniqués und er kommentiert Filme und religiöse Gesänge und andere Publikationen des IS. Er zerfällt in zwei Hauptabteilungen. Die eine ist mit der Organisation von Schariagerichten und dem Aufbau der Justiz insgesamt befasst und setzt eine Markt- und Religionspolizei ein. Die andere organisiert Predigt, religiöse Unterweisung, Rekrutierung, Missionierung und Medienarbeit. Wie schon erwähnt, sind nicht-irakische Araber, vor allem aus der Golfregion, und sonstige Ausländer im Schariarat stark vertreten.

Die Medienabteilung

Medienarbeit spielt beim Islamischen Staat eine zentrale Rolle. Keine andere dschihadistische Miliz hat dem Internet und der öffentlichen Werbung ein so großes Interesse entgegengebracht wie der IS. Schon in einer frühen Phase nach der Gründung der Miliz wurde man sich in dieser der enormen Bedeutung von Kommunikationsmedien bewusst, um die eigene politische Botschaft und dschihadistische Ideologie zu verbreiten. Der »elektronische Dschihad« wurde schon

---

6   Der »eigentliche« Name des Kalifen variiert je nach Quelle, siehe die Biografie zu Baghdadi am Ende des Bandes.

177

zu Zeiten der Vorläuferorganisation *at-Tauhid wal-Jihad* zu einem Hauptpfeiler der Miliz.

Abu Maisara al-Iraqi leitete die Medienabteilung als erster, bis 2006 Abu Muhammad al-Mashhadani übernahm und »Informationsminister« genannt wurde. 2009 bekam Ahmad at-Ta'i diesen Titel. Heute führt die Medienabteilung des IS ein Redaktionsrat unter Leitung von Abu l-Athir Amr al-Absi.

Die Medienabteilung hat eine starke Entwicklung in Form und Inhalt durchlaufen und wird sorgfältig gepflegt. In der Abteilung sind mehrere Miliz-»Agenturen« aktiv. Die älteste ist *al-Furqan*, dazu kamen später *al-I'tisam, al-Hayat, A'maq, al-Battar, Dabiq, al-Khilafa, Ajnad, al-Ghuraba', al-Isra', as-Saqil, al-Wafa'* und *Nasa'im* sowie kleinere regionale Büros wie *al-Baraka* und *al-Khair*. Dazu entstanden arabisch- und englischsprachige Online-Magazine wie *Dabiq* und *ash-Shamikha* sowie lokale Radiosender wie *al-Bayan* in Mossul und ein weiterer im syrischen Raqqa.

Zudem betreibt die Miliz über Blogs Propaganda, die zum Teil auch in Englisch und Russisch erscheinen. Die Medienabteilung übersetzt zudem viele Beiträge ins Französische, Deutsche, Spanische, Urdu und weitere Sprachen.

Zahlreiche Webseiten und Onlineforen, auf denen sich ganze Bibliotheken ideologischer Literatur finden, werden vom IS verwaltet. Hier wird den Anhängern auch erklärt, wie man rekrutiert, Geld einwirbt oder sich versteckt. Auch Kampftaktiken und Bombenbau werden erläutert. Dschihadisten finden hier alles, was sie für ihren Guerilla- und Abnutzungskrieg brauchen.

Das Propagandamaterial, das die Medienabteilung des IS produziert, zeigt eindrücklich, wie weit es die Miliz mit ihren Gewalttaktiken und ihrer Terrorstrategie gebracht hat. Unter dem Titel »Klingende Schwerter« (*Salil as-Sawarim*) erschienen seit 2012 ganze Serien von professionell produzierten Videos von Kämpfen und Anschlägen.

Nach der Einnahme Mossuls im Juni 2014 begann der IS mit der Verbreitung entsetzlicher Hinrichtungsvideos. Es begann mit der »Botschaft an Amerika«, einem Video, in dem ein IS-Kämpfer der amerikanischen Geisel James Foley den Kopf abschneidet. Am 2. September erschien ein weiteres Video, in dem wieder ein Amerikaner geköpft wurde, Steven Sotloff. Beide Opfer waren Journalisten. Unter dem Titel »Botschaft an Amerikas Verbündete« wurde am 14. September ein Video von der Enthauptung des Briten David Haines gezeigt, und ein weiteres mit der Ermordung von Alan Henning, ebenfalls Brite. Der amerikanischen Geisel Peter Kassig wurde hier dasselbe Schicksal angedroht.

Zu den meistgesehenen IS-Videos auf Youtube gehört der bereits erwähnte Film »Die Grenzen aufbrechen« (*Kasr al-Hudud*) vom 29. Juni 2014, die Rede des Kalifen Baghdadi in Mossul vom 5. Juli sowie eine Filmreihe namens »Botschaften vom Schlachtfeld« mit bis heute fünfzig Folgen über IS-Angriffe und -Anschläge. Ähnliche Videos gibt es über Kämpfe mit der syrischen Armee in Raqqa und die Einnahme von Flughäfen in derselben Provinz. Zu den größten IS-Produktionen gehört auch ein Film namens »Flammen des Krieges« vom September 2014, in dem Drohungen an die Staaten gerichtet werden, die der internationalen Koalition gegen den IS angehören. Verantwortlich dafür zeichnete die auf Englisch spezialisierte *Al-Hayat*-Agentur der IS-Medienabteilung.

Die Finanzabteilung (*Bait al-Mal*)

Der IS gilt als die reichste dschihadistische Guerilla aller Zeiten. Sein Geldvermögen übersteigt das von al-Qaida mit all ihren Ablegern. Schon Zarqawi hatte weitverzweigte Finanzierungsnetzwerke aufgebaut und durch den damaligen Finanzausschuss Geld einsammeln lassen. Dies geschah durch Anhänger, die vor allem in den arabischen Golfstaaten und in Europa Spenden über Moscheen und Geschäftsleute ein-kassierten. Dazu kamen Geldsammlungen im Irak und die Finanzierung durch Beute in eroberten Gebieten sowie die Erhebung von Steuern.

2006 war schon von mehreren »Ministerien« im Islami-schen Staat Irak die Rede gewesen, darunter eines für Erdöl und eines für Rohstoffe, aber erst 2009 wurde ein Finanz-ministerium mit Yunus al-Hamdani an der Spitze benannt. Heute kontrolliert der »Kalif« das *Bait al-Mal* (»Schatzhaus«, eine traditionelle islamische Bezeichnung), das von Muwaffaq Mustafa al-Karmush geführt wird. Das Vermögen des IS ist seit seiner Eroberung Mossuls und weiter Teile des Irak und Syriens im Jahr 2014 immens gewachsen und wird von manchen auf zwei Milliarden Dollar geschätzt. Das Geld kommt aus vielen Quellen, insbesondere[7]:

- Spenden und Schenkungen: Ein Bericht des US-Außenmi-nisteriums vom Juni 2014 listet wohlhabende Golfbürger auf, die den IS im Irak und in Syrien unterstützten. Unter ihnen waren 28 Saudis, zwölf Iraker, fünf Kuwaiter sowie weitere Personen aus Katar, den Vereinigten Arabischen Emiraten und Bahrain. Zudem erhielt die Miliz demnach nach der Einnahme Mossuls Schenkungen von reichen Irakern.

- Spenden und *Zakat* (»Almosensteuer«): Seit 2011 und 2012 schon riefen viele islamische Medien dazu auf, Spenden und *Zakat* für die Unterstützung des Dschihad bzw. des Widerstandes in Syrien zu zahlen. Solche Gelder fanden neben der Nusra-Front und anderen Kampfgruppen oft auch ihren Weg zum IS.

- Lösegeld für die Freilassung entführter Ausländer: Der IS entführte ausländische Fachkräfte und westliche Journalis-

---

7   Siehe Ahmad Muhammad Abu Zaid: »Min al-Tabarruʻat ila n-Nift: Kayfa tahawwala Daʻish ila aghna Tanzim Irhabi fi l-Alam?« The Regional Center for Strategic Studies, 10.9.2014 (abrufbar über www.rcssmideast.org).

ten und verhandelte anschließend mit deren Angehörigen beziehungsweise Staaten um millionenschwere Lösegelder.

- Beschlagnahmungen in eroberten Gebieten: Wo der IS einmarschiert, übernimmt er Krankenhäuser, Einkaufsmärkte, Restaurants sowie Strom- und Wasserwerke. Daraus bezieht die Miliz millionenschwere monatliche Erlöse.

- Erlöse aus Rohstoffen: Hier sind besonders Öl und Gas zu nennen, denn der IS kontrolliert über achtzig kleinere Ölfelder und verkauft das Öl lokal und über Zwischenhändler ins Ausland. Monatlich kamen so schätzungsweise zwei Millionen Dollar zusammen. Dazu kommen Goldminen in Mossul.

- Steuern und Abgaben: Händler, Bauern und Bürger werden in den vom IS kontrollierten Gebieten besteuert. Sofern Nichtmuslime dort noch leben, fällt für diese eine Sondersteuer (*Jizya*) an. Firmen zahlen ebenso eine monatliche Steuer. Sechs Millionen Dollar sollen so pro Monat zusammenkommen.

- Regierungsgelder: Bei der Plünderung von Banken und Behörden in Mossul soll der IS viele Millionen Dollar erbeutet haben.

- Agrarprodukte und Getreide: Der IS hat sich in Irak und Syrien weite Ländereien angeeignet und kontrolliert heute etwa ein Drittel der irakischen Weizenproduktion.

Der Militärrat

In diesem zentral wichtigen Rat des IS gibt es keine feste Anzahl von Mitgliedern, da diese unmittelbar mit momentaner Stärke oder Schwäche der Miliz und der Größe des von ihr kontrollierten Gebiets verknüpft ist. In der Vergangenheit waren es zwischen neun und dreizehn Mitglieder.[8] Die Be-

---

8   Hisham al-Hashimi: Haikaliyat Tanzim Da'ish, a. a. O.

zeichnung Militärrat gilt seit der Tötung von Nu'man Mansur az-Zaidi, besser bekannt als Abu Sulaiman an-Nasir li-Dinillah, der bis Mai 2011 »Kriegsminister« war.

Heute ist der Vorsitzende des Militärrats zugleich Vertreter Baghdadis. Zarqawi führte das Militär noch selbst, danach wurde zu Zeiten des Islamischen Staates Irak Abu Hamza al-Muhajir Militärchef. Unter Abu Bakr al-Baghdadi übernahm Hajji Bakr die Militärführung. Nach seinem Tod in Syrien im Januar 2014 ging die Leitung an Abdurrahman al-Bilawi, der im Juni 2014 zu Tode kam. Der momentane Militärchef ist Abu Muslim at-Turkmani. Zur Führung des Rates gehören ferner Abu Ahmad al-Alwani und Umar ash-Shishani.

Der Militärrat besteht aus den Führern der sogenannten Sektoren (*Qawati'*), wobei jeder Sektor aus drei Batallionen und jedes Batallion aus 300 bis 350 Kämpfern besteht und weiterhin in Brigaden von jeweils fünfzig bis sechzig Milizionären zerfällt.

Der Militärrat hat einen Generalstab und verfügt über Angriffstruppen, Selbstmord-Einheiten, Logistik-Abteilungen, Scharfschützen und Verminungs-Brigaden. Dem Militärrat obliegen die strategische Planung, das Kampfkommando, die Vorbereitung von Angriffen, Beaufsichtigung, Kontrolle und Bewertung der Arbeit der Feldkommandeure sowie das Bewaffnungsmanagement und die Verwaltung von Kriegsbeute.

Der Sicherheitsrat

Sicherheit und geheimdienstliche Kontrolle spielen eine große Rolle beim IS.[9] Abu Ali al-Anbari, ehemaliger Geheimdienstoffizier in der irakischen Armee, leitet diesen Apparat, der für die Sicherheit der Miliz ebenso verantwortlich zeichnet wie

---

9   Haytham Manna: »Khilafat Da'ish min Hijrat al-Wahm ila Buhayrat al-Dam«. Scandinavian Institute for Human Rights, August 2014 (http://sihr.net/wp-content/uploads/2014/07/DAEESH-first-part1.pdf).

für die persönliche Sicherheit des Kalifen. Alle seine Aufenthaltsorte, Begegnungen und Wege werden von ihm gesichert. Ebenso überwacht der Sicherheitsrat die Ausführung aller Entscheidungen Baghdadis seitens der Statthalter und die Arbeit der Sicherheitsfunktionäre in den Kampfverbänden und Städten. Der Rat überwacht zudem die Ausführung von Urteilen und Körperstrafen, unterwandert gegnerische Organisationen und betreut in Abstimmung mit dem Militärrat Sondereinheiten der Miliz wie die Selbstmordtruppe und Undercover-Kämpfer.

Ferner hat der Sicherheitsrat den Auftrag, die eigene Miliz vor Unterwanderung zu schützen und betreibt dafür Niederlassungen in allen Provinzen. Dort wird auch die Kommunikation unter allen Teilen der Miliz abgewickelt. Spezielle Stützpunkte des Dienstes sind auf politische Attentate, Entführungen und Geldbeschaffung spezialisiert.

Administrative Gebietsaufteilung

Der IS unterteilt seine Einflussregionen in Provinzen, für die der historische Terminus *Wilaya* gebraucht wird und an deren Spitze Emire stehen. Der IS kontrolliert derzeit zumindest teilweise 16 solcher Provinzen. Im Irak sind dies: Diyala, al-Janub, Salahuddin, al-Anbar, Kirkuk, Ninive, Bagdad-Nord, Bagdad; in Syrien: Homs, Aleppo, al-Khair (Deir er-Zor), al-Baraka (Hassake), al-Badiya, Raqqa, Hama und Damaskus.[10]

Die Provinzen wiederum sind in »Sektoren« eingeteilt, in denen sie Städte liegen. Die Provinz Aleppo zum Beispiel besteht aus zwei Sektoren: dem Sektor Manbij, zu dem die Orte Manbij, Jarablus und Maskane gehören, und dem Sektor al-Bab, zu denen al-Bab und Dair Hafir gehören. Für jede

---

10 Suhaib Anjarini: »Ad-Daula al-Islamiya min al-Baghdadi al-Mu'assis ila Al-Baghdadi al-Khalifa«, a. a. O.

Provinz ist ein »Statthalter« (*Wali*) eingesetzt, dem Emire mit verschiedenen Aufgabenbereichen unterstellt sind. Zudem gibt es in jedem Sektor einen obersten Emir mit unterstellten Bereichs-Emiren, denen wiederum »Stadt-Emire« verantwortlich sind.

Wichtige Führungspersonen

Neben Milizchef und »Kalif« Abu Bakr al-Baghdadi gehört zu den obersten Führungsleuten des IS dessen Stellvertreter Fadhil Ahmad Abdullah al-Hayali, besser bekannt als Abu Muslim at-Turkmani, der sich meist in Ninive aufhält und den Militärrat der Miliz führt. Der Statthalter von al-Anbar und Mitglied des Militärrates ist Adnan Latif Hamid as-Suwaidawi beziehungsweise »Abu Muhannad« as-Suwaidawi oder auch »Abu Abdussalam«.

Zu nennen wären auch der *Wali* der Provinz Süden und Mittlerer Euphrat Ahmad Muhsin Khalaf al-Juhaishi beziehungsweise »Abu Fatima«, der Leiter der Finanzabteilung Muwaffaq Mustafa al-Karmush (»Abu Salah«), der Postkoordinator für die Provinzen Muhammad Hamid ad-Dulaimi (»Abu Hajar al-Assafi«) sowie der Koordinator für Angelegenheiten für Witwen und Familien von Märtyrern und Gefangenen Auf Abdurrahman al-Afari (»Abu Saja«).

Wichtige organisatorische Funktionen üben aus: Post-Sonderkoordinator und Lagerverwalter Faris Riyadh an-Na'imi (»Abu Shaima'«), Sprengstoffexperte Khairi Abd Mahmud at-Ta'i (»Abu Kifah«) und Verwaltungs-Generalfunktionär Shaukat Hazim Kalash al-Farhat (»Abu Abdulqadir«). Die Gästehäuser für arabische Freiwillige verwaltet Abdullah Ahmad al-Mashhadani (»Abu Qasim«), der auch für die Transporte von Selbstmordattentätern zuständig ist. Um die Belange von Gefangenen in Regierungsgefängnissen kümmert sich Bashshar Ismail al-Hamdani (»Abu Muhammad«), und für allgemeine Sicherheitsfragen zeichnet

Abdulwahid Khudhair Ahmad verantwortlich (»Abu Lu'ay« bzw. »Abu Ali«).

Ebenfalls hoch in der Hierarchie stehen der *Wali* von Kirkuk Ni'ma Abd Nayif al-Juburi (»Abu Fatima«), der *Wali* der Grenzregion Ridhwan Talib Hussein Isma'il al-Hamduni (»Abu Jarnas«), der *Wali* von Salah ad-Din Wisam Abd Zaid az-Zubaidi (»Abu Nabil«) sowie jener der Region Bagdad Ahmad Abdulqadir al-Jazza' (»Abu Maisara« beziehungsweise »Abu Abdulhamid«).[11]

Fazit

Es ist offensichtlich, wie steil die Entwicklung der inneren Organisationsstruktur des IS verlief. War das Gefüge in der Anfangsphase der Miliz noch clusterartig, wie es für kleine, lokal aktive dschihadistische Gruppen typisch ist, wurden dieses bereits mit der Gründung von *at-Tauhid wal-Jihad* verfeinert, indem spezialisierte Abteilungen dazukamen. Diese Entwicklung setzte sich fort, als Zarqawis Miliz sich offiziell al-Qaida anschloss. Die Strukturierung orientierte sich nun zunehmend an institutionellen Einrichtungen und Bezeichnungen, wie sie historische islamische Quellen ausweisen. Als nach Zarqawis Tod der »Islamische Staat Irak« ausgerufen wurde, wurden Ministerien gebildet und Provinzverwalter für die von der Miliz kontrollierten Gebiete eingesetzt, um den Staatscharakter zu unterstreichen. Aber der eigentliche Quantensprung kam erst mit der Führungsübernahme durch Abu Bakr al-Baghdadi, welcher immer mehr Abteilungen institutionalisierte und ihnen spezifische

---

11 »Revealed: The Islamic State ›Cabinet‹, From Finance Minister to Suicide Bomb Deployer«. The Telegraph, 9.7.2014 (www.telegraph.co.uk/news/worldnews/middleeast/iraq/10956193/Revealedthe-Islamic-State-cabinet-from-finance-minister-to-suicide-bomb-deployer.html). Biografien am Ende dieses Buches.

Aufgaben zuwies. Diese verbanden den Charakter moderner staatlicher Institutionen mit den Eigentümlichkeiten einer Miliz, die ebenso komplex wie intransparent vorgeht. Wir haben es also mit einem hybriden Erscheinungsbild zu tun, insofern der IS Staat und Geheimorganisation zugleich ist.

Die strukturelle Weiterentwicklung ging auch mit einer Neustrukturierung der zentralen und lokalen Führung der Miliz einher. Besonders in den Bereichen Militär, Sicherheit und Wirtschaft wurden systematisch professionelle Führungskräfte eingesetzt. Bekannte Namen wie Hajji Bakr, Abu Abdurrahman al-Bilawi, Abu Ali al-Anbari und Abu Aiman al-Iraqi trieben diese Professionalisierung entscheidend voran.

Auffällig ist auch, wie es die Miliz vermochte, die verschiedenen Rollen und Aufgaben unter irakischen und zugereisten Kadern zu verteilen. Trotz des beschriebenen Doppelcharakters der Organisation als Staat und Geheimbund und der Präsenz von Irakern an den Schaltstellen der Miliz gelang es, auch den Freiwilligen aus dem Ausland Funktionen zuzuweisen, so dass der IS zugleich lokal (irakisch) und global erschien.

Die Ausrufung des Kalifats kann im Übrigen auch damit erklärt werden, dass der IS so besser in der Lage war, die Vielfalt seiner Anhänger aufzufangen und den Zusammenhalt der Miliz zu stärken. Es gab Iraker, Syrer, sonstige Araber, Asiaten und Europäer in ihren Reihen, aber eine religiös so bedeutungsgeladene Einrichtung wie das Kalifat war geeignet, all diese Glaubenskämpfer zu integrieren, insbesondere in einem Land wie dem Irak, wo das Abbasidenkalifat von Bagdad (750–1258) bis heute historische Erinnerungen wachruft. Dass Baghdadi an diese Epoche anknüpfen möchte, ließ sich auch daran ablesen, dass er bei seiner berühmten, auf Video festgehaltenen Freitagspredigt in Mossul schwarze Kleidung trug – schwarz ist die Farbe, mit der man historisch das abbasidische Kalifat verknüpft.

Westliche Schätzungen gehen davon aus, dass die Zahl derer, die sich dem IS angeschlossen haben, nach der Eroberung von Mossul und der Verkündung des Kalifats signifikant anstieg. Es könnte auch anders kaum sein. Die Zahl von Anhängern und Kämpfern einer Guerilla ist immer auch verknüpft mit deren Stärke, Macht und Einfluss. Und wo immer der IS eine Provinz oder einen Distrikt einnimmt, verlangt er von den Bewohnern zudem eine Treuebekundung gegenüber dem Kalifen, betreibt intensive Propaganda und rekrutiert neue Kämpfer. Er bemächtigt sich des Verwaltungsapparats (Bildung, Presse, Moscheen, Justiz) und gewinnt so verhältnismäßig leicht einen guten Teil der Einwohner, die entweder Angst vor harter Bestrafung haben, sollten sie sich verweigern, oder die sich pragmatisch auf die Seite des Gewinners stellen.

Der komplexe Organisationsgrad, die effiziente Rekrutierungsarbeit und professionell betriebene Propaganda des IS sowie die Stärke seines inneren Zusammenhalts bedeuten jedoch nicht, dass die Miliz nicht auch großen Herausforderungen gegenüberstünde. Die Expansion des Gebietes unter Kontrolle der Dschihadisten ist zugleich eine Gefahr für sie, wenn dies größere Militärschläge der Gegenseite zur Folge hat oder der amerikanische Druck Erfolg haben sollte, die Miliz wirtschaftlich und geografisch zu isolieren. Sollte der IS auf diese Weise langsam ausbluten, so hätte dies auch Auswirkungen auf seine Anziehungskraft, die noch vor kurzer Zeit so gewachsen war. Diesen Aspekt werden wir in Bezug auf mögliche Zukunftsszenarien des IS im abschließenden Kapitel dieser Studie aufgreifen.

Der Tag danach: Krieg gegen den IS

Unmittelbar nach dem Fall Mossuls und der blitzartigen Expansion des IS begannen die USA und ihre Verbündeten damit, ihre Strategie zu verändern. Bisher hatte man die Situation in Syrien und Irak so bewertet, als handele es sich beim IS um ein lokales Phänomen – um eine Miliz, die mit ihrer radikalen religiösen Ideologie Schwierigkeiten hat, bei der ansässigen sunnitischen Bevölkerung zu punkten, und der man, wie 2008, ihr mit *Sahwat*-Stämmen als einer Art Konter-Guerilla begegnen könnte. Nun war offensichtlich, dass man es mit einem regionalen, grenzüberschreitenden, ja Grenzen zerstörenden Akteur zu tun hatte, der über weite Teile des Irak und Syriens herrschte und diese miteinander verband. Zudem verfügte diese Dschihad-Guerilla über ein riesiges militärisches Arsenal, das sie überwiegend bei Schlachten mit der irakischen und syrischen Armee erbeutet hatte, über Kampferfahrung, ein professionelles Feldkommando und über Ölfelder, durch die sie unter Umgehung der Blockade über eine enorme Einkommensquelle verfügten. Noch wichtiger war: Diese Miliz instrumentalisierte einen regionalen Konflikt und den Widerstreit von Interessen zwischen Staaten der Region und der Weltmächte – während sie gesellschaftlichen Rückhalt aus einem sich ausbreitenden Konfessionalismus sowie aus dem Chaos und dem politischen Vakuum in der offiziellen arabischen Sphäre schöpfte.

Jetzt bewegten sich die USA und scharten eine Militärkoalition westlicher und arabischer Staaten mit dem Ziel um sich, dem IS die Flügel zu stutzen. Nachdem man das grundlegende Problem, das zum Aufstieg der Miliz geführt hat, jahrelang geleugnet hatte, begann man zu begreifen, dass es eine »sunnitische Krise« in der Region gab und diese den IS erst großgemacht hatte. Die USA einigten sich mit den regionalen Großmächten Iran und Saudi-Arabien darauf, den damaligen irakischen Ministerpräsidenten Nuri al-Maliki loszuwerden; es war dessen Politik, die den Konfessionalismus im Irak entscheidend mitbefördert und an der Legitimität des neuen politischen Systems des Landes gekratzt hatte.

Das war aber nur eine oberflächliche Lösung und Ausdruck einer verkürzten Sicht auf die Krise. Die Krise bestand nämlich auch darin, dass der Iran nach wie vor versucht, seinen Einfluss nicht nur im Irak, sondern in der ganzen arabischen Region zu vergrößern und zu verankern. Insbesondere in Syrien unterstützt Teheran offen Präsident Assad. Der Iran hat beispielsweise die schiitisch-libanesische Hizbullah mobilisiert, in den syrischen Bürgerkrieg einzugreifen, um das Assad-Regime vor dem Untergang zu bewahren.

Das Anti-IS-Bündnis entschied zwar, die Terrormiliz zugleich im Irak und in Syrien zu bombardieren, ignorierte jedoch eine weitere wichtige Ursache für den den Aufstieg der Dschihadisten: die Politik des syrischen Regimes. Präsident Assad hatte zuvor die friedlichen Proteste der Bevölkerung blutig niedergeschlagen. Anschließend war er drei Jahre lang mit allen Arten von Waffen auf die Opposition losgegangen. Das führte nicht nur zur Militarisierung des Aufstandes, sondern auch zu einem Eingreifen von al-Qaida, zu deren Spaltung zwischen IS und Nusra-Front und schließlich zu einer immer größeren Macht des IS, der sich darauf verstand, den Konfessionalismus als Spielball zu nutzen, um die Konfrontation mit dem Gegner zu suchen. Der IS praktizierte einen unverstellten und harten identitären Diskurs, um die Sunniten auf die eigene Seite zu ziehen. Dabei kam der Dschihad-Miliz zugute, dass die Sunniten kaum noch Hoffnung hegen konnten, eine politische Veränderung friedlich zu erreichen; sie waren frustriert, dass die internationale Gemeinschaft nichts unternahm, ihrer Tragödie Einhalt zu gebieten. In Syrien führte dies zur Vertreibung von Millionen, zur Tötung Hunderttausender durch Massaker und brutale Gewalt.

Das Aufleben des sunnitisch-schiitischen Gegensatzes, die zunehmende Orientierung der irakischen Schiiten an Teheran als dem regionalen Zentrum der Schia, die politische Schwäche der irakischen Sunniten und das allgemeine Gefühl der sunnitischen Gemeinschaften in Irak, Syrien und Libanon, die eigene Identität und die eigenen Interessen seien bedroht, lassen den IS in einem anderen Licht erscheinen.

Angesichts der genannten Konstellationen ist der Aufstieg der Terrormiliz nicht mehr ganz so unbegreiflich. Der IS ist zwar sicher keine zwingend vorhersehbare kulturelle Erscheinung, aber unter den gegebenen, alles andere als normalen Umständen und angesichts von Chaos und Bürgerkrieg mag er manchen Sunniten als ein Mittel zur Selbstverteidigung erscheinen, ob ihnen die Miliz nun sympathisch ist oder nicht. Eine effektive Widerstandsalternative scheint für sie jedenfalls nicht in Sicht zu sein. Dies heißt nicht unbedingt, dass die Sunniten mit dem Diskurs und dem Verhalten des IS einverstanden sind. Die vielen Kämpfe, die in Syrien und im Irak zwischen nationalistischen und gemäßigteren islamistischen Gruppen einerseits und dem IS andererseits stattgefunden haben, mögen ein Beleg dafür sein, welchen innersunnitischen Widerstand es gegen die Terrormiliz gibt und dass viele Sunniten sich darüber im Klaren sind, wie gefährlich diese für sie politisch und kulturell ist. Aber die Dynamik der Entwicklungen und die Gefahr der Marginalisierung der Sunniten insgesamt dienen eher dem IS als seinen sunnitischen Gegnern.

Der große Schwachpunkt der amerikanischen Strategie gegen den IS besteht darin, dass sie die »sunnitische Krise« kaum berücksichtigt hat. Die Sunniten sind kaum noch bereit, sich auf Teillösungen einzulassen, die zu nur noch mehr eigener Schwächung führen würden, sollte der IS an Schlagkraft verlieren. Weil aber auch die US-Regierung verstanden hat, dass der Krieg gegen den IS insofern kompliziert ist, als die militärische Dimension mit der politischen verzahnt ist, hat sie ein langfristiges Konzept entworfen, das militärische Erfolge damit verknüpft, dass man dem IS in Irak und Syrien den sunnitischen Rückhalt entzieht. Um Luftschläge in echte militärische Erfolge zu überführen, setzen die USA sowohl auf die kurdische Peschmerga und die irakische Armee, um dem IS auf dem Boden zu begegnen, als auch auf die arabisch-sunnitische Bevölkerung des Irak und Syriens. Sie soll sich nach dem Willen der USA und ihrer Verbündeten gegen die Dschihadisten wenden. Im Rahmen dieser Überlegungen wurde im Irak eine neue »Nationalgarde« gegründet, in der Angehörige sunnitischer Stämme trainiert werden sollen, und werden in Syrien Kämpfer der FSA ausgebildet.[1]

Dies alles [das vorliegende Buch erschien im Original, bevor Russland im September 2015 auf Seite Assads in den Krieg eintrat und Luftschläge ausführte; d. Ü.] bringt uns zu der zentralen Frage nach der Zukunft der arabischen Welt und den Szenarien für die Zeit nach dem Krieg gegen den IS. Aus dieser Frage ergeben sich viele weitere: Werden die USA und ihre Verbündeten in der Lage sein, den IS militärisch zu besiegen und dessen Staatsgebilde zunichte machen, das sich über syrisches und irakisches Gebiet erstreckt? Und wenn ja, wie wird sich die Situation im Irak und in Syrien weiterentwickeln, gesetzt den Fall, dass die sunnitische Krise in Syrien ungelöst bleibt und die Sunniten des Irak weiterhin vom politischen Prozess ausgeschlossen bleiben? Wird das Ende des IS für die Region eine Rückkehr zu Stabilität bedeuten?

Bevor wir eine Antwort versuchen, müssen wir uns ins Gedächtnis rufen, welche Hauptfaktoren dem Aufstieg des IS

---

1   David Ignatius: »Obama Faces Growing Pressure to Escalate in Iraq and Syria«. The Washington Post, 14.10.2014 (www.washingtonpost.com/opinions/david-ignatius-obama-faces-growingpressure-to-escalate-in-iraq/2014/10/14/28b2ae56-53e1-11e4-809b-8cc0a295c773_story.html).

zu einem supranationalen Player zugrunde lagen: Der wachsende iranische Einfluss in der Region ließ die konfessionellen Spannungen wachsen, die Sunniten befanden sich in einem politischen Vakuum, in Irak und Syrien entluden sich interne Konflikte auf konfessioneller, religiöser und ethnischer Ebene. Und die autoritären Regime der Region betrieben eine Politik der Niederschlagung friedlicher Proteste, die eine politische Lösung unmöglich machten. Die Forderungen des arabischen Frühlings wurden als Resultat einer tiefen politischen Krise der arabischen Region abgewürgt.

Der IS stellt nur ein Modell von vielen dar, die wir in mehreren arabischen Ländern beobachten können. Überall schwingen sich heute religiös-konfessionell geprägte Bewegungen aufgrund von politischem Chaos und einer prekären Sicherheitslage zu politischen Hauptakteuren auf. Schiitische Milizen im Irak, die Hizbullah im Libanon, kurdische Verbände, dschihadistisch-salafistische Bewegungen, regionale Ableger von al-Qaida oder die Huthis im Jemen sind alle vor ähnlichen politischen und gesellschaftlichen Hintergründen entstanden wie der IS. Dass solche nichtstaatlichen Akteure politisch und militärisch derart einflussreich werden konnten, liegt daran, dass die arabischen Nationalstaaten unfähig waren, sie politisch zu integrieren. Sie lösen die Prinzipien von Staatsbürgerschaft und Rechtsstaat nicht ein, woraus sich Sicherheitsprobleme und politischer Stillstand ergeben.

Der IS stieg nicht zufällig auf. Er wird sich nicht rein militärisch und durch Sicherheitsmaßnahmen besiegen lassen. Vielmehr sind die politischen Voraussetzungen zu verändern, die ihn und vergleichbare Milizbewegungen begünstigt haben.

Daraus lassen sich zwei Dinge ableiten. Erstens: Ein langfristiger Erfolg im Krieg gegen den IS kann sich nur einstellen, wenn es möglich wird, die Dschihadmiliz aus der sunnitischen Gemeinschaft herauszulösen und diese dazu gebracht werden kann, sich noch einmal – wie 2007 im Irak – gegen die Dschihadisten zu wenden. Und zweitens: Die gesamte Region ist in einem Übergang begriffen, der mit einer Erodierung von Nationalstaaten und ihrer politischen Ordnung einhergeht. Dies ist nicht auf Irak und Syrien beschränkt, sondern betrifft die überwiegende Zahl der arabischen Staaten. Chaos und Instabilität herrschen auch im Jemen, in Libyen, im Libanon und in Ägypten zumindest auf Teilen der Sinai-Halbinsel. Zeitgleich erscheinen bewaffnete Milizen konfessioneller, religiöser oder ethnischer Ausrichtung.

Vor diesem Hintergrund kehren wir zur Ausgangsfrage dieses Abschnitts zurück und halten fest:

1 Die Internationale Koalition gegen den IS

Das Bündnis krankt an einer unklaren Zukunftsvision und weist folgende Probleme auf:

Erstens: Die US-Administration hat begriffen, dass eine Beseitigung oder Schwächung des IS das Problem nicht lösen wird, wenn das syrische Regime dabei unangetastet bleibt, denn dann wird man die Sunniten nicht als Partner im Kampf gegen den IS gewinnen können. Solange Präsident Obama nicht die magischen Worte ausspricht, dass auch die Armee des Assad-Regimes Angriffsziel ist oder man dieses zur Aufgabe zwingt, werden die syrischen Sunniten kein Licht am Ende des Tunnels sehen und die Faktoren des Aufstiegs des IS bestehen bleiben. Auch die Türkei stellt diese Bedingung für eine komplette Beteiligung zur Bekämpfung der Miliz, und Frankreich unterstützt dies. Andererseits würde eine Kriegserklärung der USA an das Regime von Präsident Bashar al-Assad die Amerikaner in einen zusätzlichen Konflikt mit Iran und damit mit der bisher verbündeten irakischen Regierung bringen.

Zweitens: Während die USA den IS zu schwächen versuchen, stehen sie mit der irakischen Regierung im Bunde, welche schiitische Milizen unterstützt, die eine ähnliche, wenn auch konfessionell entgegengesetzte Richtung vertreten wie der IS und ähnliche Exzesse begehen wie die Dschihadisten-Miliz. Und die Regierung in Bagdad sieht das Regime Assads und die Hizbullah als Partner im Kampf gegen den IS. Eine solche direkte oder indirekte Kooperation zur Erreichung gemeinsamer Ziele zwischen der amerikanischen Regierung und Milizen der genannten Art ist nicht dazu geeignet, die Sunniten zu beruhigen und ihnen das Gefühl zu geben, die Bedrohungssituation überwinden zu können.

Drittens: Wie werden die USA im Zeichen einer fehlenden politischen Lösung die Sunniten davon überzeugen können, dass ihnen ihr Krieg gegen den IS dient – und nicht nur ihren Gegnern? Die Sunniten sehen, dass die Nutznießer der Militärschläge in erster Linie das irakische und das syrische Regime sind. Wenn diese beiden als Sieger über den IS hervorgehen, was garantiert den Sunniten, dass sie nicht die Verlierer sein werden? Ebendies ist schließlich im Irak passiert, nachdem sunnitische *Sahwat*-Stämme die Miliz geschwächt hatten, und ebendieses Modell wird nun unter dem Namen »Nationalgarde« wiederbelebt. Mit dem Untergang des IS verlöre die Sunna einen Akteur, der trotz seiner radikalen und bei den Sunniten nicht sonderlich beliebten Agenda auch eine Art Kräftegleichgewicht im Irak gewährleistet.

Viertens: Nach wie vor bestehen große Zweifel daran, wie fest das Bündnis gegen den IS tatsächlich ist. Sicher sind Dutzende Staaten an den Luftschlägen beteiligt. Ihre Interessenlage ist aber sehr unterschiedlich. Die Türkei weigerte sich, die syrisch-kurdische Stadt Kobane an der eigenen Grenze mit Bodentruppen zu retten, als der IS sie angriff, und sie verwehrte anfangs auch die Nutzung ihrer Luftbasen zur Bombardierung der Miliz. Aus türkischer Sicht darf es nicht nur darum gehen, den IS loszuwerden, sondern man will auch ein Ende der Assad-Herrschaft. Saudi-Arabien will dies ebenfalls. Dort ist zudem in Sorge wegen des starken iranischen Einflusses und der guten Beziehungen der irakischen Regierung zu Teheran. Auch Riad sieht zwar den IS als eine Hauptgefahr für die eigene Sicherheit und die Stabilität der Region, betrachtet aber auch Teheran als eine Bedrohung. Das Ganze macht das Anti-IS-Bündnis brüchig, besonders dann, wenn der Krieg lange dauern sollte – wie von den USA bereits angekündigt.

Fünftens: So wichtig und langfristig wirksam die Luftschläge auch sein mögen, werden sie doch letztlich nicht ausreichen, den IS zu besiegen. Dafür müsste es irgendwann auch Bodentruppen geben. Man spricht zwar davon, die Sunniten im Irak und in Syrien für einen Kampf gegen den IS zu schulen, dem stehen aber noch viele politische und technische Hindernisse im Weg. Die im Irak geplante Nationalgarde wird noch Jahre brauchen, bis sie einsatzfähig ist. Und die FSA in Syrien ist zu schwach, um von einer militärischen Schwächung oder geografischen Isolierung des IS zu profitieren. Es ist unabsehbar, wie sich der Krieg gegen den IS weiterentwickeln wird und wie sich seine Zielvorgaben noch verändern werden, solange man die »sunnitische Krise« in Irak und Syrien politisch nicht zumindest abmildert.

2 Die IS-Miliz

Der IS konnte die Militärschläge und die damit verbundenen Verluste anfangs noch verkraften. Es ist davon auszugehen, dass dies der Miliz in naher Zukunft schwerer fallen wird. Zwar waren die Dschihadisten in al-Anbar und Kobane nicht leicht zurückzudrängen. Sie verloren allerdings die Fähigkeit, Blitzsiege wie zu Beginn in Mossul, Tikrit und anderen sunnitischen Gebieten des Irak zu erringen. Der IS ist heute eingekreist. Er muss an mehreren Fronten zugleich kämpfen, was die Miliz aufreiben könnte. Zugleich werden ihre finanziellen und logistischen Möglichkeiten und ihre Fähigkeit zur Rekrutierung leiden, wenn das Bündnis die Gegner des IS weiter so tatkräftig unterstützt.

Und wie stark der Zusammenhalt des IS auch sein mag und seine Anhänger zu ihrem Kalifen stehen: Gerade auch in der Ausdehnung des Einflussgebiets liegt der Keim für eine gegensätzliche Dynamik. Seit dem Durchmarsch der Dschihadisten und der Ausrufung des Kalifats in Syrien und Irak haben sich zahllose Personen dem IS angeschlossen. Doch je größer deren Zahl wird, desto stärker können auch die Fliehkräfte innerhalb der Organisation wirken, und je weiter das kontrollierte Gebiet reicht, desto mehr können militärische und geografische Einbußen dazu führen, dass sich Anhänger wieder vom IS abwenden. Dies kann Freiwillige aus dem Ausland ebenso betreffen wie ansässige Stämme, die der Miliz aus faktischen, aber nicht ideologischen Gründen die Treue gelobten. Man erinnere sich an 2007, als der Einfluss der Vorgängermiliz des IS infolge der *Sahwat*-Stämme merklich zurückging. Viele Anhänger wandten sich damals von ihr ab.

Der eigentliche Schwachpunkt – eines Tages möglicherweise der Grund für den Untergang der Miliz – liegt in ihrem Verhältnis zur sunnitischen Gesellschaft. Wenn ein großer Teil der Sunniten sich gegen den IS erheben sollte, sei es aus politischen Gründen oder weil sie die religiösen Vorschriften und den Lebensstil nicht mehr hinnehmen, den der IS der Gesellschaft aufzwingt, werden die Gründe für den Aufstieg des IS auch die seines Verschwindens sein.

Der IS weiß um die Bedeutung des »sunnitischen Rückhalts« und erinnert sich noch gut an die Rückschläge, die die damalige Miliz durch die *Sahwat*-Stämme hinnehmen musste. Deshalb säubert der IS eroberte Gebiete gründlich, er beseitigt alle Konkurrenten, indem er sie nötigt, sich dem IS anzuschließen oder ihm Treue zu bekunden. Der IS räumt der Bekämpfung opponierender Sunniten sogar Priorität ein (gemäß der erwähnten Regel »Neun Kugeln für Glaubensabtrünnige und eine für Kreuzzügler«). Diese Vorgehensweise ist allerdings auch riskant. Sie setzt auf Einschüchterung und

Gewalt statt auf Überzeugung und Konsens. Insofern bleibt das Verhältnis der Miliz zur sunnitischen Gesellschaft ein temporäres und aus der Not geborenes. Es baut auf keiner wirklichen strategischen Entscheidung von kultureller Tiefe auf.

3 Eine Soziologie der Gewalt: Der IS als »Modell«

Forscher und Politiker liegen falsch, wenn sie den Islamischen Staat als ein Phänomen ohne Bezug zum politischen Kontext der Region sehen. Die Gewalt und Brutalität des IS ist nicht unerklärlich. Sie ist Auswuchs einer »strukturellen Gewalt«, die viele arabische Staaten und Gesellschaften heimsucht.[2] Politische Faktoren, seien sie konfessioneller Natur wie im Irak und in Syrien, oder diktatorischer wie in Ägypten, Algerien und vielen anderen arabischen Ländern, müssen ebenso Berücksichtigung finden wie die strukturellen Krisen, unter denen die arabische Welt leidet und die bei den Bürgern zu einem starken Gefühl der Ausgrenzung führen. Die sozio-ökonomischen Umstände in arabischen Ländern sind bedrückend, und eine friedliche Veränderung ist nicht absehbar.

Den Aufstieg des IS muss man im Zusammenhang mit einer zunehmenden Instabilität im arabischen Raum als Ganzes sehen: dem Chaos in Libyen wegen des dortigen politischen Zusammenbruchs und der daraus resultierenden Ausbreitung dschihadistischer Gruppen, der Anarchie in der Sinaiwüste, der Machtübernahme der Huthis in Sanaa, der Krise in Bahrain usw. Immer mehr Gesellschaften in der Region zerfallen, die moralische Macht der arabischen Staaten schwindet, und damit einher geht eine Rückkehr zu vergessen geglaubten identitären Ausdrucksformen.

---

2 Vgl. Aaron David Miller: »Middle East Meltdown«. Foreign Policy, 30.10.2014 (http://foreignpolicy.com/2014/10/30/middleeast-meltdown).

Ein solches Klima macht ein Modell wie das des IS attraktiv. Es wird zunehmend auch in anderen Gesellschaften imitiert, solange sich keine alternativen Wege anbieten. Die Gefährlichkeit einer Organisation wie des IS liegt nicht nur darin, dass er ein grenzüberschreitendes Gebilde erschaffen hat und seine Gegner und Opfer auf bestialische Weise bekämpft, sondern auch darin, dass er angesichts eines verkommenen Bewusstseins in arabischen und muslimischen Gesellschaften zu einem Vorbild werden konnte.

Milizen in Libyen und im Jemen eifern diesem Vorbild schon nach. Solange die politische Krise der Sunniten nicht gelöst ist und der arabische Autoritarismus weiterbesteht, werden solche Gruppierungen sunnitischer, schiitischer oder ethnischer Prägung Zulauf haben. Sie sind für gewöhnlich auch anpassungsfähig genug, sich immer wieder neu zu formieren, sollten sie an einem bestimmten Ort weichen müssen.

Im Afghanistankrieg konnten die USA und ihre Verbündeten die Taliban stürzen und die al-Qaida-Führung vertreiben. Wenige Jahre darauf erwies sich aber, dass das Problem nicht gelöst war. Heute räumen viele amerikanische Beobachter ein, dass die politische Umgestaltung Afghanistans zu keiner Stabilität geführt hat. Al-Qaida ist heute mit all ihren Ablegern und nicht zuletzt dem IS (der aus ihr hervorgegangen ist) weiter verbreitet und stärker als zum Zeitpunkt des Eingreifens in Afghanistan – allen Bemühungen zum Trotz, die Terrororganisation geheimdienstlich, militärisch und wirtschaftlich zu treffen und zu isolieren.

Ein militärischer Sieg über den IS allein wird die Region nicht stabilisieren und den arabischen Nationalstaat nicht vor dem Untergang bewahren. Alle Zeichen deuten darauf, dass wir vor einer Phase des Zusammenbruchs des alten Kräftegleichgewichts stehen, ohne dass sich daraus friedliche Auswege anbieten. Diese hätten sich aus den demokratischen arabischen Aufständen ergeben können, doch die Wege des arabischen Frühlings waren verschlungen und schwierig.

Chaos, Gewalt und politischer und geografischer Zerfall unter Rückgriff auf »primitive« Muster ist das wahrscheinlichste Szenario, das wir im Nahen Osten auf absehbare Zeit zu gewärtigen haben, denn von demokratischen Konsensmodellen sind die meisten arabischen Gesellschaften weit entfernt.

Anhang

Führungsfiguren des IS

Abu Mus'ab az-Zarqawi
Eigentlicher Name: Ahmad Fadhil Nazzal al-Khalayila,
geboren in Zarqa, Jordanien, am 20. Oktober 1966. Die
Familie Khalayila gehört zum Stamm der Bani Hassan. Zarqawi brach die Schule kurz vor dem Abitur ab und nahm
1983 eine Stelle in der Gemeindeverwaltung von Zarqa
an. 1984 wurde er für zwei Jahre zum Wehrdienst in der
jordanischen Armee eingezogen. Es begann eine Zeit der
Verunsicherung und des Persönlichkeitswandels, und er
wurde streng religiös. 1989 reiste er über das pakistanische
Peshawar nach Afghanistan, doch er verpasste den Dschihad
gegen die Sowjetunion, deren Soldaten kurz vor Zarqawis Ankunft abgezogen waren. In Peshawar lernte er Abu
Muhammad al-Maqdisi kennen und arbeitete kurze Zeit
für die dschihadistische Zeitschrift *al-Bayan al-Marsus*. In
Afghanistan durchlief Zarqawi ein militärisches Training
im *Sada*-Camp und anderen Lagern.

Anfang 1993 kehrte er nach Jordanien zurück und traf
dort Maqdisi wieder, mit dem er für den dschihadistischen
Salafismus missionierte. Aufgrund seiner Zugehörigkeit zur
Bay'at al-Imam-Gruppe wurde er festgenommen und zu
15 Jahren Haft verurteilt. Im Gefängnis stieg Zarqawi zu
einer Führungsfigur auf und beerbte damit Maqdisi. 1999
kam er im Zuge einer königlichen Amnestie frei und reiste
noch im Sommer desselben Jahres erneut nach Pakistan und
Afghanistan.

Im Jahr 2000 ließ er sich im afghanischen Herat nieder und
gründete dort ein Ausbildungslager speziell für Jordanier und
Palästinenser, nahm jedoch auch andere Nationalitäten auf.
Nach den Anschlägen vom 11. September 2001 reiste Zarqawi

zwischen Iran, Irak und Syrien hin und her und schuf so bis 2002 ein umfangreiches dschihadistisches Netzwerk. 2002 war er der Drahtzieher eines Attentats auf den amerikanischen Diplomaten Laurence Foley in Amman. Dadurch gelangte er unter Dschihadisten zu großer Bekanntheit.

Nach der US-Invasion im Irak im März 2003 nutzte Zarqawi sein Netzwerk zum Aufbau einer Guerillatruppe, um im Irak einen militanten Kampf gegen die US-Truppen zu führen. Er hatte Zulauf von arabischen Freiwilligen wie von Irakern. Durch den Beitritt von Abu Anas ash-Shami wurde aus der Kampfgruppe im September 2003 die Miliz *at-Tauhid wal-Jihad*, deren religiöses Oberhaupt Shami wurde. Am 8. Oktober 2004 schloss sich die Organisation al-Qaida an.

Am 9. Juni 2006 wurde der Tod Zarqawis durch einen amerikanischen Luftangriff gemeldet.

Abu Hamza al-Muhajir

Eigentlicher Name: Abdulmun'im Izzuddin Ali al-Badawi, gelegentlicher Kampfname auch: Abu Ayyub al-Masri. Geboren 1968 in der ägyptischen Provinz Sohag. 1982 trat er der von Aiman az-Zawahiri gegründeten Organisation *al-Jihad* bei und war dessen persönlicher Assistent. Er hielt sich zeitweise in Afghanistan und im Jemen auf und wurde Experte für Sprengstoff. 1998 heiratete er eine Jemenitin und kam 2002 mit ihr und Kindern nach Irak. Nach der Einnahme Bagdads durch die Amerikaner schloss er sich dem Zarqawi-Netzwerk an und wurde dessen Assistent.

Nach Zarqawis Tod 2006 wurde Muhajir der Anführer von al-Qaida im Irak (AQI) und in der Zeit des Islamischen Staates Irak (ISI) Kriegsminister und erster Stellvertreter des damaligen Milizführers Abu Umar al-Baghdadi.

Auf Muhajirs Ergreifung setzte das US-Außenministerium eine Belohnung von fünf Millionen Dollar aus, doch er fand den Tod durch die US-Armee selbst. Bei einem Hubschrauberangriff in Tharthar südwestlich von Tikrit gegen Baghdadi,

Muhajir und die Salafistengruppe *Jaish Abi Bakr*, die sich dem ISI anschließen sollte, kam Muhajir am 19. April 2010 ums Leben.

Abu Umar al-Baghdadi

Eigentlicher Name: Hamid Dawud Muhammad Khalil az-Zawi, geboren 1958 in az-Zawiya, einem Dorf bei Haditha in der irakischen Provinz al-Anbar. Er absolvierte die Polizeischule in Bagdad und wurde Polizeioffizier. In Haditha war er für seine strenge Frömmigkeit bekannt.

Nach dem Golfkrieg zur Befreiung Kuwaits 1991 von irakischer Besatzung bekannte sich Baghdadi zum Salafismus und geriet daher unter Druck der Sicherheitsbehörden. 1993 wurde er unter dem Vorwurf wahhabitischer Neigungen vom Dienst suspendiert.

In der Folge arbeitete er in seinem Wohnort als Reparateur für elektrische Geräte und wurde Imam in der al-Assaf-Moschee von Haditha. Er gab Glaubensunterricht nach salafistischer Doktrin, predigte aber nicht den Dschihad, sondern stand damals noch der akademischen Strömung des Salafismus nahe, die eine »Glaubensreinigung« der Gesellschaft nach dem Vorbild der *Sunna* des Propheten anstrebt.

Nach der amerikanischen Besetzung des Irak 2003 erwachte Baghdadis Interesse am bewaffneten Dschihad. Er begann mit Freunden in Haditha ein Kampftraining und trat mit Männern aus dem Umfeld Zarqawis in Kontakt, darunter Abu Muhammad al-Lubnani und Abu Anas ash-Shami, und trat über diese der Miliz *at-Tauhid wal-Jihad* bei, die sich im September 2003 gegründet hatte. Er übernahm in ihr verschiedene Aufgaben und reiste zwischen irakischen Provinzen hin und her. Unter anderem war er für die Aufnahme neuer Mitglieder zuständig, für die er strenge Auswahlkriterien anwandte. Abu Usama al-Iraqi berichtet, er habe »niemanden als Kämpfer aufgenommen, der nationalistischen oder demokratischen Ideen anhing.«

Nach Zarqawis Tod wurde am 15. Oktober 2006 der Islamische Staat Irak ausgerufen und Abu Umar al-Baghdadi zu dessen Emir ernannt. Schon Zarqawi und später Muhajir hatten Usama bin Laden auf Baghdadi aufmerksam gemacht; aus Sicherheitsgründen sind die beiden sich jedoch nie begegnet. Am 30. Dezember 2007 rief Bin Laden dazu auf, Abu Umar al-Baghdadi als Anführer des ISI anzuerkennen.

Die USA verkündeten am 19. April 2010 den Tod Baghdadis und Abu Hamza al-Masris nach einem Gefecht in Tharthar.

Abu Bakr al-Baghdadi
Eigentlicher Name: Ibrahim bin Awwad bin Ibrahim al-Badri as-Samarra'i, geboren 1971 in al-Jalam bei Samarra, Irak. Entstammt einer religiösen Familie, die der salafistischen Doktrin anhing und zum Stamm der al-Bubadri gehört. Er studierte an der Islamischen Universität Bagdad, wo er mit einer Doktorarbeit zur Koranrezitation abschloss.

Danach war er, noch unter dem Saddam-Regime, als Dozent und Prediger sowie als Imam in der Ahmad-bin-Hanbal-Moschee in Samarra tätig, später in der al-Kubaisi-Moschee im Bagdader Stadtteil Tubaji und 2003 in einer Moschee von Falluja. Nach dem amerikanischen Einmarsch gründete er mit anderen die dschihadistische Gruppe *Jaish Ahl as-Sunna wal-Jama'a*, die fortan in Bagdad, Samarra, Diyala und anderen sunnitischen Gebieten des Irak aktiv war. Im Februar 2004 nahmen ihn die Koalitionstruppen fest und hielten ihn bis Dezember desselben Jahres in Haft. Seine Freilassung erfolgte aufgrund der Einschätzung, er stelle keine zu große Gefahr dar.

2006 trat er mit seiner Gruppe dem *Majlis Shura l-Mujahidin* (»*Shura*-Rat der Dschihadkämpfer«) bei, für den er ein Scharia-Komitee aufbaute. Später wurde Baghdadi Mitglied des *Shura*-Rates des ISI, wo er ein enges Verhältnis zu Abu Umar al-Baghdadi entwickelte, dessen rechte Hand er wurde. So wurde er zum dritten Mann der Miliz.

Abu Bakr al-Baghdadi übernahm das Amt des Aufsehers über die Provinzführer der Miliz, dirigierte ab 2008 alle Anschläge und wurde religiöser Emir für al-Anbar, Emir von Falluja und Diyala. Schließlich wurde er selbst *Wali* von Bagdad-Nord und dann wieder religiöser Emir für Samarra. Er hatte somit in sämtlichen Regionen des westlichen und mittleren Irak gearbeitet.

Seine Frau wurde in Falluja von Angehörigen des al-Bufaraj-Stammes getötet. Abu Umar al-Baghdadi hatte vor seinem Tod bereits verfügt, dass Abu Bakr sein Nachfolger als Anführer des ISI werden solle, und so geschah es am 6. Mai 2010.

Mit der Verkündung des islamischen Kalifats wurde Abu Bakr al-Baghdadi als »Befehlshaber der Gläubigen« eingesetzt. Fünf Tage später, am sechsten Ramadan des Jahres 2014, hielt er in der Großen Moschee von Mossul die berühmt gewordene Freitagspredigt.

Abu Abdurrahman al-Bilawi

Eigentlicher Name: Adnan Ismail Najm, gelegentliche weitere Kampfnamen: Abu Usama al-Bilawi und Abu al-Bara'. Geboren 1971 in al-Anbar, Irak. Absolvierte die Militärakademie, war in der Republikanischen Garde tätig und brachte es zum Rang eines Oberstleutnant. Bilawi war ein Vertrauter von Zarqawi, verbrachte drei Jahre mit ihm und wurde sein wichtigster Mitstreiter. Er war Mitbegründer des *at-Tauhid wal-Jihad*, führte dessen Militärrat und trat dessen *Shura*-Rat bei.

2007 wurde in Basra festgenommen und im amerikanischen Gefangenenlager Camp Bucca festgehalten. Nach fünf Jahren überstellten ihn die Amerikaner an die irakischen Behörden, die ihn ins Gefängnis von Abu Ghuraib verbrachten. Im Juli 2013 gelang ihm dort die Flucht, nachdem der ISI das Gefängnis in einer Befreiungsaktion gestürmt hatte.

Er begab sich nun zunächst nach Syrien, wo er Angriffe des ISIS auf Regimetruppen anführte und kam nach Angriffen der irakischen Armee auf die Miliz in al-Anbar zurück in den Irak.

Anschließend lebte er unter falschem Namen in Mossul und heiratete dort erneut, um unauffällig zu bleiben. Zugleich setzte er seine Aktivität als Anführer des Militärrats der Miliz fort. Nach dem Tod von Hajji Bakr stieg er zum zweiten Mann der Organisation auf.

Am 5. Juni 2014 gab die irakische Armee seinen Tod bekannt. Er hatte sich in Ninive mit einem Sprengstoffgürtel selbst in die Luft gesprengt, als seine Wohnung gestürmt und sein Fahrer festgenommen wurde. Der IS-Sprecher Abu Muhammad Adnani betrauerte in einer Ansprache den Märtyrertod Bilawis und sprach von dessen zentraler Rolle bei der Einnahme Mossuls. Zahlreiche Quellen bestätigen diese Rolle. Der IS nannte die Erstürmung von Mossul und anderen irakischen Städten den »Feldzug des Löwen Gottes Abu Abdurrahman al-Bilawi«.

Hajji Bakr

Eigentlicher Name: Samir Abd Muhammad Nayil al-Khulaifawi al-Ubaidi ad-Dulaimi, weiterer Kampfname: Abu Bilal al-Mashhadani. Bis zu seiner Tötung in Syrien im Januar 2014 war er die rechte Hand von Abu Bakr al-Baghdadi.

In den sechziger Jahren wuchs er in al-Khalidiya in der Provinz al-Anbar auf. Nach einem Hauptschulabschluss ließ er sich in der Militärakademie zum Offizier ausbilden. Anschließend stieg er bis zum US-Einmarsch militärisch zum Rang eines Oberst auf.

Er war Mitbegründer von *at-Tauhid wal-Jihad* und einer jener irakischen Ex-Militärs, die Abu Mus'ab az-Zarqawi den Treueeid leisteten. Zudem stand er in enger Beziehung zu einer weiteren Miliz im Irak, der »Islamischen Armee«, die er mit seinem militärischen Know-how unterstütze. Auch Hajji Bakr war eine Zeitlang im Camp Bucca interniert.

Vom IS wurde er schon früh beauftragt, Chemiewaffen zu produzieren und das Waffenarsenal der Miliz weiterzuentwickeln. Er übernahm den Vorsitz des Militärrats und im Jahr 2012 das »Ministerium für militärische Produktion«. In Syrien organisierte er Militäroperationen und führte die Aufsicht über Ausbildungslager.

Im Januar 2014 kam Hajji Bakr in der Nähe von Aleppo bei einem Gefecht mit syrischen Rebellen ums Leben. Für den IS war Bakr ein wichtiger Militärplaner und -kommandant gewesen, und sein Tod war ein schwerer Schlag für die Miliz. Er war es gewesen, der viele alte Baath-Offiziere in die Organisation gebracht hatte, und er hatte zusammen mit Bilawi maßgeblich die militärischen Strukturen des IS entwickelt.

Abu Aiman al-Iraqi
Alias: Abu Muhannad as-Suwaidawi, einer der höchsten IS-Funktionäre in Syrien. Hatte den Rang eines Obertsleutnant in der Armee Saddam Husseins und war Mitglied des ersten Militärrats des IS, der aus nur drei Personen bestand.

Geboren 1965. Fungierte als *Wali* von al-Anbar und verwaltete die nördliche Sektion von al-Karh. 2007 verhaftete ihn die US-Armee und internierte ihn im Camp Bucca, wo er 2010 wieder entlassen wurde. Er wurde Chef der Inneren Sicherheit des IS und wurde von 2011 bis 2012 als Propagandist für Baghdadi in die syrische Stadt Deir ez-Zor am Euphrat geschickt.

Im syrischen Idlib, im Lattakia-Gebirge und im Umland von Aleppo konnte er als Militärkommandeur über 1.000 Kämpfer anwerben, die für die Konsolidierung des IS in Syrien maßgeblich waren. Auch nichtsyrische Kampfgruppen konnte er nach Aussagen von Kämpfern der Brigade *al-Mu'izz bin Adussalam* auf IS-Linie bringen.

Iraqi verfügte über große finanzielle Mittel und soll eigenhändig mehrere Kämpfer der syrischen Opposition umgebracht haben, darunter Abu Basir at-Tartusi (Kamal Hamami), Jamal

Bayirli und Yusuf Ishawi. Ein Islamist, der Iraqi mehrfach begegnet sein will, schreibt: »Abu Aiman betrachtete jeden, der mit der Koalition [der syrischen Opposition], der FSA oder der säkularen Opposition zusammenarbeitete, der den Treueschwur für *Da'ish* verweigerte oder Geld oder Waffen aus der Region oder dem Westen annahm, als Ungläubigen.«

Mehrfach wurde Iraqi für tot erklärt. Die syrische Armee verkündete, er sei mit Abu Hamza as-Sa'udi und anderen am 4. Oktober 2013 getötet worden, am 24. April 2014 erklärte die Nusra-Front, er sei in al-Hassake gefallen, und am 17. Juni 2014 behaupteten irakische Sicherheitsbehörden, er sei in Mossul ums Leben gekommen. All dies blieb jedoch unbelegt, und wahrscheinlich lebt er noch heute.

Abu Ali al-Anbari

Eigentlicher Name: Ali Qardash at-Turkmani. Weitere Decknamen: Abu Jasim al-Iraqi, Abu Umar Qardash. Leiter des Sicherheitsrates des IS und damit eine der wichtigsten Figuren der Miliz. Geboren in Tala'far in eine turkmenische Familie. War Physiklehrer und Baath-Funktionär unter Saddam.

Nach dem US-Einmarsch schloss er sich den *Ansar al-Islam* an, trennte sich von der Gruppe aber kurze Zeit später wieder und wechselte zu AQI. Drei Monate später wurde er zum Koordinator zwischen AQI und anderen Milizen ernannt, aber weniger als ein Jahr später wieder abgesetzt. Seit Abu Bakr al-Baghdadi die Miliz führte, stieg al-Anbari im ISI auf.

Er leitete den Scharia-Ausschuss und gab in der Nawawi-Moschee in Raqqa, Syrien, religiöse Unterweisungen. Er gilt als enger Vertrauter von Baghdadi, besonders seit dem Tod von Hajji Bakr. Al-Anbari war auch Baghdadis Mann bei der Nusra-Front, bevor beide Milizen sich entzweiten. Er schrieb Baghdadi regelmäßig Berichte über die Aktivitäten von Nusra-Chef Jaulani, soll Jaulani aber auch das Leben gerettet haben, indem er Abu Aiman al-Iraqi davon abhielt, ihn zu ermorden, weil er der Meinung war, dass dies zu weit ginge.

Al-Anbari wurden in Raqqa immer mehr Aufgaben übertragen, zumal die Unzufriedenheit mit Abu Luqman gewachsen war, der Raqqa lange Zeit verwaltet hatte. Manche schreiben al-Anbari die Planung des Attentats auf Muhammad Sa'id Ramadhan al-Buti (einem führenden sunnitischen Geistlichen Syriens) und den versuchten Mord an Riyadh al-As'ad zu, dem Mitbegründer der FSA.

Al-Anbari verhandelte im Beisein von Abu Firas as-Suri, Abu Hassan Taftanaz, Abu Ubaida at-Tunisi und Abu Himam ash-Shami mit der Nusra-Front, was aber ohne Ergebnis blieb.

Abu Muhammad al-Adnani

Eigentlicher Name: Taha Subhi Falaha, aus der Ortschaft Bansh bei Idlib, Syrien, geboren 1977. Als Dschihadist ging er nach dem US-Einmarsch in den Irak und schloss sich dem Zarqawi-Netzwerk an.

Laut seiner vom IS veröffentlichten Vita wurde Adnani von mehreren dschihadistischen Scheichs religiös unterrichtet, darunter Abu Anas ash-Shami, Maisara al-Gharib und dem späteren Kalifen Abu Bakr al-Baghdadi. Dabei soll er eine ausgeprägte Neigung zu Koranexegese, Literatur und Geschichte entwickelt haben. Zudem soll er Dschihadgedichte und einschlägige Abhandlungen verfasst haben.

Adnani hat laut derselben Vita Zarqawi schon vor dem amerikanischen Einmarsch in den Irak den Treueeid geleistet und war in Haditha für ihn tätig. Zarqawi setzte ihn anschließend als Emir für dasselbe Gebiet ein. Zudem war Adnani Ausbilder im Lager *al-Jazira* und Schariabeauftragter für das westliche al-Anbar. Später wurde er neben Muharib Abdullah al-Juburi (getötet 2007) offizieller Sprecher des ISI.

Am 31. Mai 2005 wurde Adnani von der internationalen Militärkoalition unter dem falschen Namen Yasir Khalaf Hussein Nazzal ar-Rawi festgenommen und erst 2010 wieder entlassen. Weitere seiner Decknamen waren Taha al-Banshi, Jabir Taha Filah und Abu Sadiq ar-Rawi.

Mit Beginn des Aufstandes in Syrien wurde Adnani mit Jaulani als dessen Stellvertreter nach Syrien gesandt, um dort die Nusra-Front mit aufzubauen. Nach dem Aufbrechen des Konfliktes zwischen der irakischen und der syrischen Miliz wurde Adnanis Rhetorik radikaler und richtete sich zunehmend gegen al-Qaida und die Nusra-Front.

Umar ash-Shishani
Richtiger Name: Tarchan Batiraschwili, geboren 1986 in Birkiani im Pankissi-Tal, Georgien. 2006 und 2007 leistete er seinen Dienst in der georgischen Armee ab. Danach verpflichtete er sich in einem Schützenbataillon der Armee und nahm 2008 am Kampf gegen eindringende russische Truppen teil.

2010 erkrankte er an Tuberkulose, wurde aus der Armee entlassen und im September desselben Jahres wegen illegalen Erwerbs von Waffen zu drei Jahren Haft verurteilt. Wegen seiner schlechten Gesundheit wurde er vorzeitig freigelassen.

Anfang 2012 reiste Shishani (»der Tschetschene«) nach Syrien und schloss sich Rebellengruppen an. Er führte zunächst die Miliz *Jaish al-Muhajirin wal-Ansar*, die weitgehend aus Tschetschenen bestand. Im August 2013 befehligte er eine bewaffnete Gruppe, die maßgeblichen Anteil an der Eroberung des syrischen Luftwaffenstützpunktes Minnigh in Nordsyrien hatte.

Im November 2013 erklärte er Abu Bakr al-Baghdadi die Treue. 2014 führte er den Angriff auf konkurrierende Milizen östlich der syrischen Stadt Deir ez-Zor, womit er nach dem Tod von Bilawi zum Militärführer des IS aufstieg. Er war zudem Mitglied des Militärrats des IS. [Im März 2016 soll er an Verwundungen durch amerikanische Luftangriffe gestorben sein.]

Abu Luqman
Eigentlich Ali al-Hamud ash-Shwakh. Geboren 1973 im Dorf as-Sahl westlich von Raqqa, vom Stamm der al-Ujail

(Kubaisat-Zweig). Emir des IS für die syrische Stadt Raqqa, gilt manchen als der wichtigste Mann des IS in Syrien.

1999 absolvierte er an der Universität Aleppo ein Jurastudium und arbeitete danach drei Jahre lang als Lehrer im Umland von Raqqa. Die syrischen Sicherheitsbehörden beobachteten ihn wegen seiner ausgeprägten Religiosität. Nach dem US-Einmarsch im Irak ging er ins Nachbarland, um sich dort dem Kampf gegen die Amerikaner anzuschließen.

2004 nahmen die syrischen Behörden ihn fest und sperrten ihn schließlich im Gefängnis von Saidnaya ein. Dort kam er im Mai 2011 im Rahmen einer Amnestie frei, durch die auch anderen späteren Milizenführern die Freiheit zuteil wurde, wie Zahran Allush (*Jaish al-Islam*), Isa ash-Shaikh (*Suqur ash-Sham*) und Hassan Abbud (*Ahrar ash-Sham*).

Das Emirat über Raqqa wurde ihm sofort nach der Einnahme der Stadt durch den IS übertragen. Angaben von Aktivisten vor Ort zufolge war es Abu Luqman, der in ständiger Abstimmung mit Abu Bakr al-Baghdadi wiederholt Militäroperationen ankündigte, Kämpfer an die Fronten verteilte und Emire in die Regionen entsandte.

Am 7. Januar 2014 wurde seine Tötung durch konkurrierende dschihadistische Gruppen vermeldet, ohne dass es dafür eine Bestätigung gab. Die Nusra-Front und andere Milizen in Syrien machten ihn für die Hinrichtung von Gegnern verantwortlich, insbesondere die des Nusra-Emirs für Raqqa, Abu Saad al-Hadhrami.

Abu Mus'ab al-Halus

Eigentlicher Name: Khalaf adh-Dhiyab al-Halus, von Verwandten auch Abu Dhiyab genannt. Stammt aus dem Dorf Kunaitara bei Saluk. Halus hatte als einer der ersten Anhänger großen Anteil daran, dass der IS in Raqqa Fuß fassen konnte, indem er der Miliz sein Haus zur Verfügung stellte. Er leistete zunächst Abu Abdullah, dann Abu Luqman einen Treueschwur.

Abu Umar al-Mulakim

Iraker, floh aus dem Gefängnis Tasfirat in Tikrit und wurde von Baghdadi beauftragt, nach Syrien zu gehen, um dort die Nusra-Front zu überwachen. Mulakim trägt eine Fußprothese. In Tunesien ist er zum Tode verurteilt. Er ist Spezialist für elektronisch ferngezündete Bomben.

Mahmud al-Khidhr

Interner Kampfname: Abu Nasser »al-Amni«. Ist in Raqqa hinter den Kulissen für die Sicherheitsabteilungen des IS tätig, wo er ein geheimdienstliches Archiv verwaltet. Er soll eine Doppelmaske tragen, die äußere davon durchsichtig, so dass seine Augen unkenntlich sind, sowie Handschuhe, die seine Hautfarbe verschleiern und fast nie sprechen, damit niemand seine Stimme kennt.

Abu Ali ash-Shar'i

Eigentlicher Name: Fawwaz Muhammad al-Hassan al-Ali, aus al-Karama östlich von Raqqa. War in den Neunzigern mehrere Jahre im syrischen Saidnaya inhaftiert, ging anschließend nach Saudi-Arabien und kehrte als einfacher Arbeiter nach Syrien zurück.

Nach der Ausrufung von ISIS und der Einnahme Raqqas durch Islamisten wandte er sich von der Nusra-Front ab, für die er zuvor gekämpft hatte.

Viel ist nicht über ihn bekannt, auch nicht, warum er Shar'i genannt wurde (»Schariarichter«). Berüchtigt ist er jedoch für seine Blutrünstigkeit; auch sein Sohn soll des Öfteren bei Todesurteilen das Schwert für ihn geführt haben. Im Übrigen gilt er als besonders treuer Anhänger seines Familienstammes. Im März bzw. April 2014 wurde er im Rahmen von Umstrukturierungen beim IS durch den Iraker Abu Ali al-Anbari ersetzt.

Führungsfiguren der Nusra-Front

Abu Muhammad al-Jaulani

Seine wirkliche Identität ist unbestätigt. Irakische Geheimdienste vermuten, sein echter Name sei Adnan al-Haj Ali, während syrische Quellen ihn mit Usama al-Hadawi angeben. Er soll aus dem Dorf Shahail bei Deir ez-Zor am syrischen Euphrat stammen. Sein gelegentlich genannter Beiname »al-Fatih« bedeutet »Eroberer«. Der Name »Jaulani« bezieht sich auf die syrischen Golanhöhen, wo er als Arabischlehrer gearbeitet haben soll. Er ist heute Anfang vierzig und gilt als Gründer und heutiger Anführer der Nusra-Front.

Unter Zarqawi schloss Jaulani sich AQI an, wurde von US-Truppen festgenommen und im Camp Bucca in der Nähe der kuwaitischen Grenze inhaftiert. Nach seiner Freilassung 2008 wurde er an der Seite von Abu Bakr al-Baghdadi aktiv und stieg schon bald in der Miliz ISI auf. In der Region Mossul organisierte er Angriffe und Anschläge.

Nach Beginn des Aufstandes in Syrien trug er an Baghdadi die Idee heran, den Kampf auch ins Nachbarland zu tragen. Daraufhin wurde er selbst zum Leiter der Mission bestimmt und ging im August 2011 mit anderen Kämpfern nach Syrien. Noch mit Baghdadis Unterstützung verkündete er im Januar 2012 die Gründung der Nusra-Front, trennte sich dann jedoch von der irakischen Miliz und bekundete stattdessen im April 2013 dem al-Qaida-Chef Zawahiri die Treue. Die Nusra-Front war somit der syrische Zweig von al-Qaida.

Abu Humam ash-Shami (Abu Humam as-Suri)

Auch: Faruq as-Suri. Übernahm von seinem Vorgänger Abu Samir al-Urduni das Amt des Militärkommandeurs der Nusra-Front.

1998 und 1999 hielt er sich in Afghanistan auf, wo er ein Jahr im *Ghuraba'*-Camp von Abu Mus'ab as-Suri zubrachte, bevor er in die Ausbildungslager *al-Faruq* und *al-Matar* wechselte. Den Treueeid gegenüber Usama bin Laden leistete er mit persönlichem Handschlag und wurde den syrischen Kämpfern in Afghanistan als Kommandant zugeteilt. Nach der Besetzung Afghanistans durch die USA und verbündete Staaten schickte ihn die al-Qaida-Führung in Khorasan kurz vor dem Fall Bagdads nach Irak. Er verbrachte dort vier Monate und traf unter anderem mit Abu Hamza al-Muhajir und Abu Mus'ab az-Zarqawi zusammen.

Gemäß der Vita, die die Nusra-Front über ihn veröffentlichte, verbrachte Abu Humam ash-Shami fünf Jahre in Haft im Libanon, bevor er sich der Nusra-Front anschloss.

Abu Firas as-Suri
Eigentlicher Name: Radhwan Namus, offizieller Sprecher der Nusra-Front. Geboren 1950 in Madhaya im Umland von Damaskus. Brachte es an der Militärakademie zum Leutnant, wurde aber nach dem Anschlag der Muslimbrüder auf eine Kadettenschule in Aleppo 1979 wegen seiner islamistischen Neigungen entlassen. Von 1977 bis 1980 war er als Ausbilder bei der den Muslimbrüder nahestehenden Organisation *at-Tali'a al-Muqatila*.

Er war an mehreren Anschlägen gegen das Assad-Regime beteiligt, bis er 1980 nach Jordanien und 1981 nach Afghanistan ausreiste, wo er Afghanen und Araber zum Kampf für den Dschihad ausbildete. 1983 traf er mit Abdullah Azzam und Usama bin Laden zusammen und war an der Gründung der pakistanischen Guerilla *Lashkar-e Taiba* beteiligt, deren Kämpfer ebenfalls unter seiner Aufsicht trainiert wurden. Das Geld dafür kam von Usama bin Laden.

Mit Beginn des Afghanistankrieges 2001 sorgte Suri dafür, dass Kämpfer mit ihren Familien sicher nach Pakistan kamen. 2003 ging er nach Jemen, bis er Anfang 2013 nach Syrien zurückging. Nach dem damaligen Aufbrechen des Konflikts zwischen Nusra-Front und ISIS versuchte er zusammen mit Abu Khalid as-Suri, den Streit zu schlichten. Er selbst schloss sich anschließend der Nusra-Front an.

Abu Mus'ab as-Suri
Eigentlich: Mustafa bin Abdulqadir bin Mustafa bin Hussein bin ash-Shaikh Ahmad al-Muzayyik al-Jakiri ar-Rifa'i, beziehungsweise Umar Abdulhakim. Geboren 1958 in Aleppo. Die Familie trägt heute nach der Großmutter den Namen Sitt Mariam.

Ingenieurs-Studium an der Universität Aleppo von 1976 bis 1980. 1980 schloss er sich der von Marwan Hadid gegründeten Geheimmiliz *at-Tali'a al-Muqatila* an und ging nach ersten staatlichen Repressionen gegen diese nach Jordanien sowie anschließend nach Bagdad, um die Organisation dort aufzubauen. Damals war er unter dem Namen Abu l-Abd bekannt. Er wurde sowohl von nach Jordanien geflohenen syrischen Offizieren trainiert als auch von der irakischen Armee und dem Regime in Kairo. Abu Mus'ab as-Suri wurde Spezialist für Sprengstoff, Guerillakrieg und Sondermissionen.

Während des Aufstands gegen das syrische Regime in Hama 1982 erhob ihn die Führung der Muslimbrüder in Bagdad unter dem Kommando von Sa'id Hawwa in die Militärführung der Partei und machte ihn nach der Niederschlagung des Aufstands und der Zerstörung Hamas zum Beauftragten für Nordwestsyrien.

Suri aber sagte sich von den Muslimbrüdern los, nachdem diese ein Bündnis mit säkularen und linken Parteien und der irakischen Baath-Partei eingegangen waren – nicht nur aus ideologischen Gründen, sondern auch wegen angeblicher Korruption und Missmanagement in der Reihen der Partei, die er für das Scheitern des islamistischen Aufstandes verantwortlich machte. Dies alles legte er detailliert in einem Buch nieder.

Es begann eine Zeit der Exile. In Frankreich versuchte Suri zwischen 1983 und 1985 sein Studium fortzusetzen, gab dies aber wieder auf, um stattdessen mit Adnan Uqla Vorbereitungen für eine Wiederaufnahme des Dschihad in Syrien zu treffen. Uqla und die meisten anderen seiner ehemaligen Mitstreiter wurden aber verhaftet, so dass er 1985 einen neuen dschihadistischen Bund für Syrien gründete. Suri zog noch Spanien und heiratete. 1987 ging er nach Afghanistan, wo er vergeblich Unterstützung für sein Vorhaben suchte, den Dschihad nach Syrien zu tragen.

Im pakistanischen Peschawar traf er Abdullah Azzam, der ihn dazu überredete, sich dem Dschihad in Afghanistan anzuschließen und arabische Freiwillige auszubilden. Suri lehrte Bombenbau, Schießen und Nahkampf (in Frankreich hatte er 1984 den Schwarzen Gürtel in Judo gemacht) und gab Lektionen in Dschihad und Guerillakampf. Bis 1991 kämpfte er in Afghanistan gegen Russen und Kommunisten.

Damals lernte Suri auch Usama bin Laden kennen, wurde sein Vertrauter und schloss sich der 1988 gegründeten al-Qaida an. Zugleich schrieb er sich per Fernstudium an der Arabischen Universität Beirut ein und schloss 1991 in Geschichte ab.

Im selben Jahr kehrte er nach Spanien zurück und zog dann nach Großbritannien weiter. Dort half er Algeriern, eine islamische Guerilla für ihr Land aufzubauen. 1994 bis 1997 lebte er in London und widmete sich dieser Aufgabe.

Er gab mit ihnen dschihadistische Zeitschriften heraus, distanzierte sich aber später von den Anschlägen der algerischen GIA (Groupe Islamique Armé), die er als »pervertiert« ansah. 1996 gründete er in London das »Studienzentrum für Konflikte in der Islamischen Welt«. Allerdings geriet er in den Fokus der britischen Sicherheitsbehörden, so dass er 1997 nach der Etablierung der Taliban-Herrschaft in Kabul erneut nach Afghanistan ging. Dort blieb er bis zu deren Sturz 2001.

In der Militärbasis Qargha in Kabul baute er das *Ghuraba'*-Camp für ausländische Freiwillige auf und leistete Taliban-Führer Mullah Umar im Jahr 2000 in Kandahar den Treueeid. Neben seiner militanten Unterstützung für die Taliban arbeitete er für das Informationsministerium der Islamisten, schrieb für das offizielle Organ *ash-Shari'a* und produzierte Beiträge für den arabischsprachigen Sender der Taliban. Auch in Afghanistan gründete Suri ein islamisches Forschungszentrum und gab die Zeitschrift *Qadhaya azh-Zhahirin ala l-Haqq* heraus.

Nach dem Fall der Taliban zog sich Suri zurück und schrieb drei Jahre lang an seinem »Aufruf zum globalen islamischen Widerstand« und anderen Werken. Im Dezember 2004 verkündete er, wieder praktisch aktiv werden zu wollen. Die USA setzten eine Belohnung von fünf Millionen Dollar für Hinweise aus, die zu seiner Festnahme führen. 2005 wurde er in Pakistan verhaftet und nach Syrien ausgeliefert, wo er noch heute in Haft ist.

Zu seinen bedeutenden Werken gehört auch das zweibändige Buch »Die dschihadistische islamische Revolution in Syrien«.

Sami Mahmud al-Uraidi

Kampfname: Abu Mahmud ash-Shami. Oberster Mufti der Nusra-Front und einer der Begründer der Doktrin der Miliz.

Geboren 1973 in Amman, Abschluss in Scharia-Wissenschaften an der Jordanischen Universität. 1994 bis 1997 weiteres Studium an derselben Universität zur Erlangung eines Magisters in Hadith-Wissenschaften. 2001 Verleihung der Doktorwürde im selben Fach. Von Uraidi liegen zudem Schriften zu Ibn Taimiya vor. Nusra-Chef Jaulani rief in einem Interview mit dem TV-Sender Al Jazeera ausdrücklich dazu auf, Uraidis Schriften zu lesen.

Seine Ernennung zum obersten Geistlichen erfolgte nach der Absetzung von Abu Mariya al-Qahtani am 30. Juli 2014 wegen des Verlustes von Deir ez-Zor an den IS.

Abu Mariya al-Qahtani

Eigentlicher Name: Maisara Ali bin Musa bin Abdullah al-Juburi, vormals Oberster Geistlicher der Nusra-Front und deren Emir für die östlichen Gebiete Syriens. Schloss an der Universität Mossul mit einem Verwaltungsdiplom ab und arbeitete eine Weile als Polizist, bevor er sich dem Dschihad im Irak anschloss. 2004 kam er für mehrere Jahre ins Gefängnis. Anschließend ernannte ihn der ISI zum Geistlichen von Mossul, dann wurde er Marktaufseher und Koordinator für die lokalen Großfamilien. Er wurde erneut verhaftet und wieder freigelassen.

Qahtani war ein entschiedener Gegner der von Baghdadi verkündeten Verschmelzung von Nusra-Front und IS. Er wirkte auf Jaulani ein, sich ihr entgegenzustellen und stattdessen Zawahiri zu huldigen.

Seine religiösen Unterweisungen erhielt er überwiegend im Gefängnis, vor allem von einem Scheich namens al-Mayahi.

Im Dezember 2012 erging ein Sanktionsbeschluss des amerikanischen Finanzministeriums gegen führende Vertreter der Nusra-Front. Er schloss namentlich auch Qahtani ein, da dieser »für al-Qaida im Irak tätig« sei. Zudem hieß es: »Ende 2011 übersiedelte Maisara Ali bin Musa bin Abdullah al-Juburi von Mossul nach Syrien, um die dortige labile Sicherheitslage dazu zu nutzen, die Ideologie von al-Qaida in Syrien zu verbreiten und dort entsprechend orientierte Terrorgruppen zu gründen. Seit Mitte 2012 ist Juburi der geistliche und militärische Führer der Nusra-Front in Ostsyrien und leitet ein Ausbildungslager für Kämpfer des Netzwerks. Er ist zudem verdächtig, 2004 an einem Überfall auf einen Checkpoint der Koalitionstruppen in der Provinz Ninive beteiligt gewesen zu sein.«

Quellenverzeichnis

Anmerkung: In vielen Fällen sind die von den Verfassern angegebenen Internetquellen nicht mehr verfügbar. Um keine toten Links aufzuführen, ist dies jeweils entsprechend angegeben. Die Quellen sind jedoch häufig durch Recherche über Internet-Suchmaschinen anderswo auffindbar. Zu lange und mit Sonderzeichen überhäufte Links werden abgekürzt (nur zur jeweiligen Startseite hin) aufgeführt. Von dort aus kann weiter gesucht werden. Auch die zum Zeitpunkt der Übersetzung noch verfügbaren Links können jedoch schon bald verschwunden sein.

Mohammad Abu Rumman: Al-Islamiyun wa d-Din wa th-Thaura fi Suriya. (»Islamisten, Religion und Revolution in Syrien«). Friedrich-Ebert-Stiftung, Amman, 2013.

Derselbe: Ich bin Salafist. Selbstbild und Identität radikaler Muslime im Nahen Osten. Aus dem Arabischen von Günther Orth. Bonn: Dietz, 2015

Mohammad Abu Rumman, Hassan Abu Hanieh: As-Salafiya al-Jihadiya fi l-Urdun ba'da Maqtal az-Zarqawi: Muqarabat al-Huwiya, Azmat al-Qiyada, Dhababiyat ar-Ru'ya. (»Der dschihadistische Salafismus in Jordanien nach dem Tod von Zarqawi: Identität, Führungskrise und unklare Aussichten«.) Friedrich-Ebert-Stiftung, Amman, 2009.

Abu Ubada al-Ansar: Mafhum al-Hakimiyya fi Fikr ash-Shaheed Abdullah Azzam. (»Das Konzept der Hakimiya bei Abdullah Azzam«.) The Abdullah Azzam Media Center in Peshawar, Pakistan.

Abu Humam Bakr bin Abdul'aziz al-Athari: »Madd al-Ayadi li Bay'at al-Baghdadi«. (»Aufruf zur Huldigung Abu Bakr al-Baghdadis«.) https://archive.org/details/baghdadi-001

Abdulbari Atwan: Al-Qa'ida. At-Tanzim as-Sirri. (»Al-Qaida: Die Geheimorganisation«.) Beirut, Dar al-Saqi, 2007.

Abu l-Hassan al-Azadi: »Mujibat al-Indhimam li d-Daula al-Islamiya fi l-Iraq wa sh-Sham«. (»Die Bedingungen für die Aufnahme in den Islamischen Staat«.) Angegebener Link nicht mehr verfügbar.

Abdullah Azzam: Al-Aqida wa-Atharuha fi Bina' al-Jil. (»Der Glaube und sein Einfluss auf die nächste Generation«.) Peshawar, Pakistan: The Martyr Abdullah Azzam Media Center.

Abu Hamza al-Baghdadi: »Limadha Nuqatil? Wa-man Nuqatil?« (»Warum und gegen wen kämpfen wir?«) Angegebener Link nicht mehr verfügbar.

Jean Charles Brisard (mit Damien Martinez): Zarqawi: The New Face of Al-Qaeda. Other Press, 2005. Arabisch von Hala Salah al-Din Lulu, Beirut: Al-Dar al-'Arabiya li al-'Ulum, Ramallah: Dar al-Shuruq, 2006.

François Burgat: L'islamisme à l'heure d'al-Qaida. Paris, La Découverte/Poche, 2010. Arabisch von Sahar Sa'id, Beirut: Al-Quds for Publishing and Distribution, 2006.

Muhammad Abdussalam Farag: Al-Jihad. Al-Faridha al-Gha'iba. (»Der Dschihad, die vergessene Pflicht«.) Verfasst 1980 (http://alkalema.net/algehad.htm).

Maisara al-Gharib: Muqatalat al-Shi'a fi l-Iraq: Al-Hukm wa l-Hikma (»Der Kampf gegen die Schiiten im Irak. Regeln und Zweck«.) Al-Furqan for Media Productions, Vol I.

Derselbe: Min Khafaya al-Tarikh: Az-Zarqawi Kama Araftuhu (»Historische Geheimnisse: Zarqawi so wie ich ihn kannte«.) Al-Furqan Institute for Media Production, part 2.

David Ignatius: »Obama Faces Growing Pressure to Escalate in Iraq and Syria«. The Washington Post, 14.10.2014. http://www.washingtonpost.com/opinions/david-ignatiusobama-faces-growing-pressure-to-escalate-iraq/2014/10/14/28b2ae56-53e1-11e4-809b-8cc0a295c773_story.html

Gilles Kepel: Jihad: Expansion et Déclin de l'Islamisme. Paris, 2000. Arabisch von Nabil Sa'ad, Kairo: Dar al'Alam al-Thalith, 2005.

Derselbe: Fitna: Guerre au Coeur de l'Islam. Paris, 2004. Arabisch bei Dar al-Saqi, Beirut, 2004.

Muhammad Ahmad Khalafullah: Al-Harakat al-Islamiya al-Mu'asira fi l-Watan al-Arabi« (»Zeitgenössische islamische Bewegungen in der arabischen Welt«.) Beirut: Markaz Dirasat al-Wahda al-Arabiya, 1987.

Haitham Manna': Khilafat Da'ish min Hijrat al-Wahm ila Buhayrat ad-Dam. (»Das IS-Kalifat von der ›Emigration‹ zum Blutbad«) Part I. Genf: Scandinavian Institute for Human Rights, August 2014. http://sihr.net/wpcontent/uploads/2014/07/DAEESH-first-part1.pdf

Abu Muhammad al-Maqdisi: »Millat Ibrahim wa-Da'wat al-Anbiya' wa l-Mursalin wa-Asalib at-Tughaat fi Tamyi'iha«. (»Abrahams Volk, der Ruf der Propheten und die Methoden der Tyrannen, diesen aufzuweichen«.) Angegebener Link nicht mehr verfügbar.

Aaron David Miller: »Middle East Meltdown«. Foreign Policy, 30.10.2014 http://foreignpolicy.com/2014/10/30/middle-east-meltdown

Abu Abdullah al-Muhajir: »Masa'il fi Fiqh al-Jihad«. (»Zur Rechtslehre des Dschihad«.) http://ia601203.us.archive.org/19/items/kotobjehad/masael.pdf

Abu Mariah al-Qurashi: »Nur al-Yaqin: Sharh Aqidat Tanzim al-Qa'ida fi Bilad ar-Rafidayn«. (»Die Erleuchtung: Die Erklärung der Doktrin von al-Qaida im Irak«.) http://up1430.com/central-guide/pencil/gimf/dar/old/Nor-ALyaqen/index.html

Sayyid Qutb: Thalath Rasa'il fi l-Jihad. (»Drei Abfassungen zum Dschihad«.) Amman: Dar Ammar, 1991.

Derselbe: Ma'alim fi t-Tariq. (»Wegzeichen«.) Kairo, Beirut: Dar al-Shuruq, 81982.

Walid ar-Rawi: Daulat al-Iraq al-Islamiya. (»Der Islamische Staat Irak«.) Amman, Dar Aminah for Publishing and Distribution, 2012.

Salih Sariya: Risalat al-Iman. (»Sendschreiben vom Glauben«.) The Student Union of Dar al-Ulum Faculty, University of Cairo, 1977.

Abu Anas Ash-Shami: »Ash-Shiʿa«. (»Die Schiiten«.) Angegebener Link nicht mehr verfügbar.

Guido Steinberg: »Jihadi-Salafism and the Shiʾis: Remarks about the Intellectual Roots of Anti-Shiʾism«. In Roel Meijer (Hg.): Global Salafism: Islam's New Religious Movement. London: Hurst, 2009. Arabisch von Muhammad Mahmoud al-Touba, Beirut: Ash-Shabaka al-Arabiya li l-Abhath wa n-Nashr, 2014.

Abu Musʿab as-Suri: »Ath-Thaura al-Islamiya al-Jihadiya fi Suriya: At-Tajriba wa l-ʿIbra/Alam wa-Amal)« (»Die dschihadistisch-islamische Revolution in Syrien. Erfahrung Lehren, Schmerzen und Hoffnungen«.) Keine Quelle angegeben.

Derselbe: »Ath-Thaura al-Islamiya al-Jihadiya fi Suriya: Al-Fikr wa l-Manhaj (Abhath wa-Asasiyat ala Tariq Jihadi Thawri Musallah)«. (Die dschihadistisch-islamische Revolution in Syrien. Geist und Methode. Grundlagen auf dem Weg eines revolutionären bewaffneten Jihad.) Keine Quelle angegeben.

Derselbe: »Daʿwat al-Muqawama al-Islamiya al-Alamiya«. (»Aufruf zum weltweiten islamischen Widerstand«.) Dezember 2004. https://archive.org/details/Dawaaah

Robert Taber: The War of the Flea: The Classic Study of Guerrilla Warfare. Virginia: Brassey's, Inc., 2002, originally published by L. Stuart, New York, 1965. Arabisch mit Kommentar von Abu Musʿab as-Suri. Angegebener Link nicht mehr verfügbar.

Ray Takeyh, Nicholas Gvosdev: The Receding Shadow of the Prophet: The Rise and Fall of Radical Political Islam. Westport, Ct: Praeger, 2004. Arabisch von Hassan Bustani, Beirut: Dar al-Saqi, 2005.

Uthman bin Abdurrahman at-Tamimi: »Iʿlam al-Anaam bi-Milad Daulat al-Islam« (»Bekanntgabe der Geburt des Islamischen Staates«.) Al-Furqan for Media Production. Angegebener Link nicht mehr verfügbar.

Kamil at-Tawil: Al-Qaʿida wa Akhawatuha: Qissat al-Jihadiyin al-Arab. (»Al-Qaida und ihre Schwestern«). Beirut: Dar al-Saqi, 2007.

Bob Woodward: Plan of Attack: The Definitive Account of the Decision to Invade Iraq. Simon & Schuster, 2004. Arabisch von Fadhil Jatkar, Riad: Al-ʿObaykan Bookstore, 2004.

Aiman az-Zawahiri: »Fursan tahta Rayat an-Nabi«. (»Ritter unter dem Banner des Propheten«.) Zeitung Al-Sharq al-Awsat, Dezember 2001. https://azelin.files.wordpress.com/2010/11/ayman-alzawahiri-knights-under-the-prophets-banner-first-edition.pdf

Periodika

Mohammad Abu Rumman: »Min as-Salafiya al-Jihadiya ila Ansar ash-Shari'a: At-Takayyuf ma'a Hiqbat al-Thawrat al-Dimuqratiya al-'Arabiya wa d-Daur as-Siyasi al-Jadid«. (»Vom dschihadistischen Salafismus zu den Ansar ash-Shari'a: Anpassung an die demokratischen arabischen Aufstände und die neue politische Rolle«.) Majallat al-Ulum al-Ijtima'iya (Social Sciences Journal), Kuwait University, Vol. 42, No. 2, 2014.

Phyllis Bennis (IPS Iraq Task Force): »A Failed »Transition«: The Mounting Costs of the Iraq War,« Institute for Policy Studies and Foreign Policy in Focus, September 2004. Arabisch in Al-Mustaqbal al-Arabi, Beirut, Vol. 309.

Anthony Cordesman: »Iraq: What is to be Done«. Center for Strategic and International Studies, Washington, May 5, 2004 (http://csis.org/files/media/csis/pubs/iraq_whatdone.pdf). Arabisch in Al-Mustaqbal al-Arabi, Beirut, Vol. 304.

Naomi Klein: »Baghdad Year Zero: Pillaging Iraq in Pursuit of Neocon Utopia«. Harper's Magazine, September 2004 (http://harpers.org/archive/2004/09/baghdadyear-Zero). Arabisch in Al-Mustaqbal al-Arabi, Beirut, Vol. 308, October 2004.

Thomas Pickering, James R. Schlesinger, Eric Shwartz: »Iraq: The Day After«, The Council of Foreign Relations Press, Task Force Report No. 43, March 2003. Arabisch in Al-Mustaqbal al-Arabi, Beirut, Vol. 302.

William R. Polk: »American Options in Iraq«. November 2004 (www.williampolk.com/pdf/2004/Options%20for%20Iraq.pdf). Arabisch in Al-Mustaqbal al-Arabi, Beirut, Vol. 311.

Adam Roberts: »The End of Occupation: Iraq 2004«. The International and Comparative Law Quarterly, Vol. 54, No. 1, Cambridge University Press, January 2005. Arabisch in Al-Mustaqbal al-Arabi, Beirut, Vol. 307.

The International Crisis Group: »What Can the U.S. Do in Iraq?« Middle East Report No. 34, December 22, 2004. (www.crisisgroup.org/en/regions/middle-east-northafrica/iraq-iran-gulf/iraq/034-what-can-the-us-do-iniraq.aspx) Arabisch in Al-Mustaqbal al-Arabi, Beirut, Vol. 312.

Berichte

Omar Ashour: »Al-Qaeda in Iraq: Eliminating Leaders Will Not Necessarily Cut Lifelines«. The Carnegie Endowment for International Peace, June 30, 2010 (http://carnegieendowment.org/2010/06/30/alqaeda-in-iraq-eliminating-leaders-will-not-necessarily-cutlifelines/gboy).

Anthony Cordesman, Adam Mausner, Sam Khazai, Peter Alsis, Charles Loi: »The Real Outcome of the Iraq War: US and Iranian Strategic Competition in Iraq«. Center for Strategic and International Studies, March 8, 2012 (http://csis.org/publication/realoutcome-iraq-war-us-and-iranian-strategiccompetition-iraq). Arabisch bei Dar Babil for Studies and Media (www. darbabl.net/show_tarjama.php?id=251).

Daveed Gartenstein-Ross, Kyle Dabruzzi: »Is Al-Qaeda's Central Leadership Still Relevant?« The Middle East Quarterly, Spring 2008, Vol. 15, No. 2 (www.meforum.org/1875/is-al-qaedascentral-leadership-still-relevant). Arabisch von Sadiq Abu al-Saʿoud, The Jerusalem Center for Strategic Studies

F. Gregory Gause: »Beyond Sectarianism: The New Middle East Cold War,« Analysis Paper, Brookings Doha Center, No. 33, July 22, 2014 (www.brookings. edu/research/papers/2014/07/22-beyond-sectarianism-cold-war-gause).

The International Crisis Group: »The Next Iraqi War? Sectarianism and Civil Conflict«. Middle East Report No. 52, February 27, 2006 (www.crisisgroup. org/en/regions/middle-east-northafrica/iraq-iran-gulf/iraq/052-the-next-iraqi-warsectarianism-and-civil-conflict.aspx).

The International Crisis Group: »Make or Break: Iraq's Sunnis and the State,« Middle East Report No. 144, August 14, 2013 (www.crisisgroup.org/en/ regions/middle-east-northafrica/iraq-iran-gulf/iraq/144-make-or-break-iraq-s-sunnisand-the-state.aspx).

The International Crisis Group: »Iraq after the Surge I: The New Sunni Landscape«. Middle East Report No. 74, April 30, 2008 (www.crisisgroup.org/ en/regions/middle-east-northafrica/iraq-iran-gulf/iraq/074-iraq-after-the-surge-i-the-newsunni-landscape.aspx).

The International Crisis Group: »Tentative Jihad: Syria's Fundamentalist Opposition«. Middle East Report No. 131, October 12, 2012 (www.crisisgroup. org/~/media/Files/Middle%20East%20North%20Africa/Iraq%20Syria%20 Lebanon/Syria/131-tentative-jihad-syrias-fundamentalist-opposition.pdf)

Felix Legrand: »The Colonial Strategy of ISIS in Syria,« Arab Reform Initiative, Juni 2014 (www.arab-reform.net/colonial-strategy-isis-syria). Arabisch bei www.arabreform.net.

Charles Lister: »Dynamic Stalemate: Surveying Syria's Military Landscape«. Brookings Doha Center Publications, No. 32, Policy Briefing, May 19, 2014 (www.brookings.edu/research/papers/2014/05/19-syria-military-landscape-lister).

»Muʿaradhat Suriya tantaqid Wasm an-Nusra bi-l-Irhab«. (»Syrische Opposition kritisiert Einstufung der Nusra-Front als terroristisch«.) Al-Jazeera Net, 13.12.2012.

Ned Parker, Isabel Coles, Raheem Salman: »Special report: How Mosul Fell – An Iraqi general Disputes Baghdad's Story«. Reuters, 14.10.2014 (www. reuters.com/article/2014/10/14/us-mideastcrisis-gharawi-special-report-idUSKCN0I30Z820141014)

»Revealed: The Islamic State ›Cabinet‹, From Finance Minister to Suicide Bomb Deployer«. The Telegraph, 9.7.2014 (www.telegraph.co.uk/news/ worldnews/middleeast/iraq/10956193/Revealed-the-Islamic-State-cabinet-from-financeminister-to-suicide-bomb-deployer.html) Arabisch bei Al-Arabiya Net, 11.7.2014

Transparency International: Corruption Perceptions Index 2011 (http://cpi. transparency.org/cpi2011/results)

Artikel

Hassan Abu Hanieh: »Rijal Bin Laden wa z-Zawahiri fi Iran«. (»Bin Ladens und Zawahiris Männer in Iran«.) 25.5.2014 (http://arabi21.com/Story/750932).

Derselbe: »Al-Qaʿida wa-Indimaj al-Abʿad: Wilada Thalitha wa-Nash'a Musta'nafa«. (»Al-Qaida und die Integration der Dimensionen. Dritte Geburt und Neuerstehung.«) 24.8.2013, www.aljazeera.net

Derselbe: »Zahirat Ansar ash-Shariʿa«. (»Das Phänomen der Ansar ash-Shariʿa«). http://islamion.com/kotap/13407/sec.php?sec=9

Derselbe: »Al-Qaʿida wa-Iran: Intahat al-Mutʿa wa t-Talaq ba'in«. (»Al-Qaida und Iran: Ende der Genussehe«). 27.12.2013 (http://arabi21.starware.net/Story/714567)

Mohammad Abu Rumman: »Qira'a fi Abʿad al-Khilaf bain az-Zawahiri wa l-Baghdadi«. (»Die Dimensionen des Streits zwischen Zawahiri und Baghdadi«). Al-Jazeera Net, 22.5.2014 (www.aljazeera.net/home/print/6c87b8ad-70ec-47d5-b7c4-3aa56fb899e2/3bb731af-a559-441d-8d56-c76d09bed3a4).

Ahmad Muhammad Abu Zaid: »Min at-Tabarruʿat ila n-Nift: Kaifa Tahawwala Daʿish ila Aghnaa Tanzim Irhabi fi l-Alam?« (»Von Spenden zum Erdöl: Wie der IS zur reichsten Terrororganisation der Welt wurde«.) The Regional Center for Strategic Studies, 10.9.2014 (http://www.rcssmideast.org)

Abdullah Sulaiman Ali: »Daʿish fi Darna al-Libiya: Mahkama Sharʿiya wa-Istamalat Dhubbat«. (»Der IS im libyschen Darna: Schariagerichte und Umgarnen von Militärs«). Zeitung As-Safir, Beirut, 22.10.2014.

Hazim al-Amin: »Wathiqa an ʿal-Harb al-Marghuba' baina 'Daʿish' wa n-Nizam«. (»Dokument zu einem ›erhofften‹ Krieg zwischen IS und dem Regime«.) Zeitung Al-Hayat, 9.11.2013.

Suhaib Anjarini: »Ad-Daula al-Islamiya: Min al-Baghdadi al-Mu'assis ila al-Baghdadi al-Khalifa«. (»Der IS: Vom Gründer Baghdadi zum Kalif Baghdadi«.) Zeitung al-Akhbar, 10.7.2014 (www.alakhbar.com/node/210299).

Oliver Belcher: »The Best-Laid Schemes: Postcolonialism, Military Social Science, and the Making of US Counterinsurgency Doctrine, 1947-2009«. Blackwell Publishing Ltd, Antipode, Vol. 44, Issue 1, 2012.

Mujahid Diraniya: »Khara'it Mutaharrika: Al-Quwa al-ʿAskariya fi th-Thaura as-Suriya«. (»Veränderliche Landkarten: Die militanten Kräfte in der syrischen Revolution«). Al-Jazeera Center for Studies, 23.12.2013 (http://studies.aljazeera.net/reports/2013/12/20131223111212549392.htm

Steve Dobransky: »Why the U.S. Failed in Iraq: Baghdad at the Crossroads«. The Middle East Quarterly, Vol. 21, No. 1, Winter 2014 (www.meforum.org/3680/iraq-us-failure). Arabisch unter www.darbabl.net/show_tarjama.php?id=327

Toby Dodge: »State and Society in Iraq Ten Years after Regime Change: The Rise of a New Authoritarianism,« International Affairs, Vol. 89, Issue 2, March 2013, S. 241-257. Arabisch von Shadi Abd al-Wahhab (www.baghdadcenter.net/print-149.html).

Muhammad Habash: »Abu l-Qaʻqaʻ, Dhikrayat at-Tariq ila Daʻish« (»Abu l-Qaʻqaʻ, Erinnerungen an den Weg zum IS«). 17.10.2014 (www.judran. net/?p=2831).

Ahmad Hashim al-Habubi: »Ghazwat Qahr at-Tawaghit. Khatimat Khuttat Hadm al-Aswar« (»Feldzug gegen die Tyrannen. Das Ende der Phase ›Mauern einreißen‹«.) 2.9.2013 (www.kitabat.com/ar)

Hisham al-Hashimi: »Sahawat al-Fasaʼil al-Sunniyya«. (»Die *Sahwat*-Verbände der sunnitischen Fraktionen«). www.ynewsiq.com/?aa=news&id22=3155 &iraq=%D5%CD%E6%C7%CA%25

Derselbe: »Haykaliyat Tanzim Daʻish: Akhtar 18 Irhabiyan yuhaddidun Istiqrar al-Iraq«. (»Die Struktur des IS: Die 18 gefährlichsten Terroristen des Irak«). Zeitung Al-Mada, 15.6.2014 (http://almadapaper.net/ar/printnews. aspx?NewsID=466428).

Akram Hijazi: »Ath-Thaura as-Suriyya wa-Masarat at-Tadwil, Kharitat al-Quwa al-Musallaha«. (»Die syrische Revolution und ihre Internationalisierung, eine Karte der bewaffneten Gruppen«) www.almoraqeb.net/main/articles-action-showid-350.htm

Derselbe: »Ad-Daura at-Tarikhiya: Al-Iraq ma bayna l-Baghdadi al-Awwal wal-Baghdadi ath-Thani« (»Ein historischer Kreislauf: Der Irak zwischen al-Baghdadi dem Ersten und al-Baghdadi dem Zweiten«.) 2.8.2010 (www. almoraqeb.net/main/articles-action-show-id-239.htm).

Basil al-Junaydi: »Qissat Asdiqaʼ Sidnaya: Aqwa Thalathat Rijal fi Suriyya al-Yaum!« (»Freunde aus Sadnaya: Heute die drei mächtigsten Männer Syriens«.) 16.10.2013 (http://aljumhuriya.net/19328).

Ely Karmon: »Al-Qaʼida and the War on Terror: After the War in Iraq«. Middle East Review of International Affairs, Vol. 10, No. 1 (März 2006). Arabisch auf www.alqudscenter.org/arabic

Raphael Lefevre: »The Syrian Brotherhood's Armed Struggle«. The Carnegie Middle East Center, 14.12.2012 (http://carnegiemec.org/2012/12/14/syrian-brotherhood-s-armedstruggle). Arabisch unter http://carnegie-mec.org/ publications/?fa=50428

Haytham Mannaʻ: »Sijn Saidnaya: Baina l-Haqiqa wa al-Tauzif«. (»Das Sednaya-Gefängnis: Zwischen Wahrheit und Funktionalisierung«). Al Jazeera net, 17.7.2008.

Andrew Gavin Marshall: »Empire Under Obama, Part 4: Counterinsurgency, Death Squads, and the Population as a Target,« The Hampton Institute, 31.10.2013 (www.hamptoninstitution.org/empireunderobamapartfour. html). Arabisch auf www.islamdaily.org/ar/democracy/11690.article.htm

Peter Neumann: »Suspects into Collaborators: Peter Neumann Argues that Assad has Himself to Blame«. London Review of Books, Vol. 36, No. 7, 3.4.2014 (www.lrb.co.uk/v36/n07/peterneumann/suspects-into-collaborators). Arabisch auf http://aljumhuriya.net/26403

Walid Ramzi: »Inqisam al-Qaʻida fi l-Maghrib al-Arabi haula Daulat al-Khilafa«. (»Al-Qaida in Nordafrika gespalten über die Haltung zum Kalifatsstaat«). 18.7.2014 (http://magharebia.com/ar/articles/awi/features/2014/07/18/ feature-01).

Tamir as-Samadi: »Tanzim ad-Daula. Qiblat al-Jihadiyin al-Urduniyin,« (»Der Islamische Staat, das Mekka der jordanischen Dschihadisten«.) www.alja-zeera.net

Sa'ud bin Salih as-Sarhan: »Qa'idat al-Yaman. Bawadir Tassadu' wa l-Baghdadi yataqaddam«. (»Al-Qaida im Jemen: Auflösungserscheinungen, Baghdadi auf dem Vormarsch«). Zeitung Al-Sharq al-Awsat, 13.10.2014 (www.aawsat. com/home/article/199751).

Aaron Y. Zelin: »The Rise of Al Qaeda in Syria«. Foreign Policy, The Washington Institute, 6.12.2012 (www.washingtoninstitute.org/policy-analysis/view/therise-of-al-qaeda-in-syria). Arabisch unter www.washingtoninstitute. org/ar/policyanalysis/view/the-rise-of-al-qaeda-in-syria

Dokumente, Reden und Verlautbarungen

The Abbottabad Documents. www.ctc.usma.edu/posts/letters-from-abbotta-bad-binladin-sidelined

Abu Muhammad al-Adnani: »Al-Iqtihamat Afja'« (»Die Angriffe werden noch schlimmer sein«.) Ansprache vom 23.7.2012, angegebener Link nicht mehr verfügbar.

Derselbe: »As-Silmiya Din man?« (»Wessen Religion ist die der Friedlichkeit?) Audiobotschaft, angegebener Link nicht mehr verfügbar.

Derselbe: »Udhran Amir al-Qa'ida«. (»Verzeihung, Emir von al-Qaida!«) Audiobotschaft vom 11.5.2014, Al-Furqan Media Productions, angegebener Link nicht mehr verfügbar.

Derselbe: »Fa-dhruhum wa-ma yaftarun«. (»Verwirf sie und ihre Verleumdungen«.) Audiobotschaft, angegebener Link nicht mehr verfügbar.

Derselbe: »Lan Yadhurrukum illa Adhan,« (»Nur Schaden kann euch zum Nachteil sein«.) Transkribierte Ansprache, Al-Furqan Media Production, angegebener Link nicht mehr verfügbar.

Derselbe: »Wa-ma Asabaka min Hasanatin fa-min Allah«. (»Was dir Gutes widerfährt, kommt von Gott«.) Al-Furqan Media Production, angegebener Link nicht mehr verfügbar.

Derselbe: »Ma kana hadha Manhajuna wa-lan yakun«. (»Dies war nicht unser Weg, und er wird es nie sein«.) Angegebener Link nicht mehr verfügbar.

Derselbe: »Hadha Wa'd Allah«. (»Dies ist Gottes Versprechen«.) Al-Furqan Media Productions, angegebener Link nicht mehr verfügbar.

Ani al-Alam: »Radd ash-Shubuhat an ad-Daula al-Islamiya – Shar'iyat ad-Daula wa Sihhatuha«. (»Widerlegung der Verdächtigungen gegen den Islamischen Staat – Rechtmäßigkeit und Richtigkeit des Staates«.) Angegebener Link nicht mehr verfügbar.

»Al-Hay'at al-Islamiya bi-Suriya: Suluq Da'ish yad'u l l-Fitna wa sh-Sharr«. (»Islamische Einrichtungen in Syrien: Das Verhalten des IS führt zu Spaltung und Übel«.) Al-Arabiya Net, 22.12.2013 (http://goo.gl/m9Ok4P)

Abu Saʻd al-Amili: »Tanbih al-Anam li-ma fi t-Tafriqa min Atham wa-Ahammiyat at-Tawahhud fi Daulat al-Islam«. (»Warnung vor den Folgen der Spaltung und die Wichtigkeit der Einigkeit zum Islamischen Staat«.) Angegebener Link nicht mehr verfügbar.

AQI: »Hadhihi Aqidatuna wa-Manhajuna«. (»Dies ist unsere Überzeugung und unsere Methode«.) Angegebener Link nicht mehr verfügbar.

Abu Muhammad al-Azadi: »Ahwal al-Muʻaridhin li Daulat al-Muslimin«. (»Wie es den Gegnern des Staates der Muslime ergeht«.) Verfügbar auf https://www.dropbox.com

Abu Bakr al-Baghdadi: »Baqiya fi l-Iraq wa sh-Sham«. (»Wir bleiben in Irak und Syrien«.) Angegebener Link nicht mehr verfügbar.

Derselbe: Freitagspredigt in der Moschee von Mossul. Angegebener Link nicht mehr verfügbar.

Derselbe: »Risala ila l-Mujahidin wa l-Umma al-Islamiya fi Shahr Ramadhan«. (»Botschaft an die Dschihadkämpfer und die islamische *Umma* im Ramadan«.) Audiobotschaft von Al-Furqan Media Productions. Angegebener Link nicht mehr verfügbar.

Derselbe: »Wa-bashshir al-Muʼminin« (»Bringt den Gläubigen die frohe Nachricht«.) Audiobotschaft, Al-Furqan Media Production. Angegebener Link nicht mehr verfügbar.

Derselbe: »Wa-yaʼba Allah illa an yatimma Nuruhu«. (»Und Gottes Licht wird doch scheinen!«) Juli 2012. Audiobotschaft von Al-Furqan Media Production. Angegebener Link nicht mehr verfügbar.

Abu Umar al-Baghdadi: »Inni ala Bayyinatin min Rabbi« (»Ich trage den Beweis meines Herrn«) 13.3.2007, Al-Furqan Media Production, 2010.

Derselbe: »Hasad al-Khair«. (»Gute Ernte«). Audiobotschaft vom 11.3.2009, angegebener Link nicht mehr verfügbar.

Derselbe: »Umalaʼ Kadhibun«. (»Kollaborateure und Lügner«.) 13.5.2009, Al-Furqan Media Production, 2010.

Derselbe: »Fa-amma az-Zabad fa-yadhhab jafaʼ« (»Schaum wird verschwinden«.) Transskribierte Audiobotschaft, 4.12.2007, angegebener Link nicht mehr verfügbar.

Derselbe: »Wa-in tantahu fa-huwa Khair lakum« (»Besser ihr hört auf damit!«). Al-Furqan Media Production, 2010.

Derselbe: »Wa-qul jaʼ al-Haqqu wa-zahaq al-Batil« (»Sag: Die Wahrheit ist gekommen und das Falsche ist vergangen«.) Transkribierte Audiobotschaft, 22.12.2006, angegebener Link nicht mehr verfügbar.

Abu Sufyan as-Silmi Turki al-Banʻali: Gesammelte Schriften zum Dschihad. Angegebener Link nicht mehr verfügbar.

Abu Yusuf al-Bashir: »Al-Baiʻa thumma l-Baiʻa thumma l-Baiʻa«. (»Huldigung, Huldigung und nochmals Huldigung«.) Al-Manara al-Bayda Media Production, angegebener Link nicht mehr verfügbar.

»Bayʻat Jamaʻat at-Tauhid wa l-Jihad li Tanzim Qaʻidat al-Jihad« (»Treueeid von *at-Tauhid wal-Jihad* an AQI«). Angegebener Link nicht mehr verfügbar.

»Bayan ash-Shaikh al-Qaʼid Abu Khalid as-Suri fi Tahawwul baʻdh al-Mujahidin li Qutaʻ Turuq Sahwajiya Mukhtaraqin wa-Nushuhu lahum«.

(»Erklärung von Abu Khalid as-Suri dazu, dass manche Dschihadisten zu Wegelagerern wurden und sein Ratschlag an sie«.) http://www.muslm.org/vb/showthread.php?526745-

»Bayan bi-Sha'n Alaqat Jama'at Qa'idat al-Jihad bi-Jama'at al-Daula al-Islamiya fi al-'Iraq wa al-Sham«. (»Erklärung zum Verhältnis zwischen AQI und ISIS«). Al-Qaida (http://justpaste.it/ea9k).

»Bayan Haqiqat Alaqat al-Baghdadi bi-Amirina az-Zarqawi«. (»Die Wahrheit zum Verhältnis Baghdadis zu unserem Emir Zarqawi«.) http://www.sunnti.com/vb/showthread.php?t=15452

»Bayan Ta'sis Majlis Shura al-Mujahidin fi l-Iraq«. (»Gründungserklärung des Shura-Rats der Dschihadkämpfer im Irak«.) Angegebener Link nicht mehr verfügbar.

»Bayan Taudhihi haula ma ushi'a an I'lan Jabhat an-Nusra li-Imara Islamiya«. (»Klarstellung zu den Gerüchten um die Ausrufung eines Emirats durch die Nusra-Front«.) Al-Manara al-Baydhaa' Media Production, 12.7.2014 (http://justpaste.it/g7bl).

»Fa-tabayyanu«. (»Überzeugt euch selbst!«). Erwiderung der Nusra-Front auf die IS-Verlautbarung »Hadha Bayan li n-Nas« (»Dies ist eine Erklärung für die Menschen«), 10.2.2014 (http://justpaste.it/ed7l)

Abu Qatada al-Filastini: »Bayan Munasara li l-Mujahidin al-Murabitin fi Aknaf Bait al-Maqdis«. (»Erklärung zur Unterstützung der Dschihadkämpfer in Jerusalem«). O. O., o. J.

Derselbe: »Thiyab al-Khalifa«. (»Die Kleider des Kalifen«), http://eldorar.net/sites/default/files/klefha.pdf

Derselbe: »Risala li Ahl al-Jihad fi sh-Sham«. (»Botschaft an die Anhänger des Dschihad in Syrien«). Angegebener Link nicht mehr verfügbar.

»Ghazwat Qahr al-Tawaghit fi Sijnai Abu Ghuraib wa t-Taji«. (»Der Feldzug gegen die Tyrannen in den Gefängnissen von Abu Ghuraib und Taji«.) Mu'assasat al-I'tisam (IS), http://daawla.tumblr.com/page/18

»Hadha Bayan li n-Nas« (»Dies ist eine Erklärung für die Menschen«.) ISIS, 9.2.2014, http://justpaste.it/ecx3

»I'lan al-Harb ala Amrika«. (»Kriegserklärung an Amerika«.) Al-Qaida, Afghanistan, 1998. Keine weitere Quelle angegeben.

»Al-I'tilaf yasif Tanzim Da'ish' bi l-Irhabi aqiba Maqtal Mudir Ma'bar Hududi wa-yad'u l-Muqatilin li l-Insihab minhu«. (»Die Koalition [der syrischen Opposition] bezeichnet den IS nach der Tötung eines Grenzbeamten als terroristisch und ruft die Kämpfer dazu auf, sich vom IS abzusetzen«) 1.1.2014, Syria News (www.syrianews.com/readnews.php?sy_seq=166221).

Abu Muhammad al-Jaulani: »I'lan al-Bay'a li Tanzim al-Qa'ida wa-Bay'at az-Zawahiri«. (»Erklärung der Huldigung an al-Qaida und Zawahiri«). Angegebener Link nicht mehr verfügbar.

Derselbe: »Amir Jabhat al-Nusra Al-Fatih Abu Muhammad al-Jaulani yubashshir bi-Qiyam Imara Islamiya fi sh-Sham«. (»Der Anführer der Nusra-Front Abu Muhammad al-Jaulani verkündet ein islamisches Emirat in Syrien«.) Angegebener Link nicht mehr verfügbar.

Derselbe: »Ahl ash-Sham fadainakum bi-Arwahina«. (»Syrer, wir haben euch unsere Seelen geopfert«.) Transkribierte Ansprache, angegebener Link nicht mehr verfügbar.

Derselbe: »Liqa' al-Yaum: Al-Nusra wa-Mustaqbal Suriya«. (»Interview des Tages: Die Nusra-Front und Syriens Zukunft«.) Verfügbar auf www.al-jazeera.net

Derselbe: »Laytaka Rathaytani« (»Würdest du mich nur betrauern!«) 25.2.2014, Tonaufnahme, Mu'assasat al-Manara al-Baidha', angegebener Link nicht mehr verfügbar.

Derselbe: »Wa-Qabil al-Ayyam Khairun min Madhiha« (»Die kommenden Tage warden besser sein als die vergangenen«.) Ansprache, angegebener Link nicht mehr verfügbar.

»Khutta Istratijiya li-Ta'ziz al-Mauqif as-Siyasi li-Daulat al-'Iraq al-Islamiya« (»Strategieplan zur Stärkung der politischen Position des ISI«.) Angegebener Link nicht mehr verfügbar.

»La tasubbu Ahl ash-Sham wa-lakin subbu Zulmatahum«. (»Schinpft nicht auf die Syrer, sondern auf die Dunkelheit, die sie umgibt«.) Majlis Shura al-Mujahidin fi l-Iraq, 2.2.2014. Keine Quelle angegeben.

Abu Muhammad al-Maqdisi: »Az-Zarqawi: Munasara wa-Munasaha, Amal wa-Alam«. (»Zarqawi: Unterstützung und Ratschlag, Hoffnungen und Schmerzen«.) Angegebener Link nicht mehr verfügbar.

Derselbe: »Laisa ka-man tardha bi-Shaqq Ibniha« (»Sie lässt nicht zu, dass man ihr Kind in zwei teilt«), angegebener Link nicht mehr verfügbar.

Derselbe: »Hadha ba'dh ma 'indi wa-laisa kullahu«. (»Manches, aber nicht alles von dem, was ich zu sagen habe«.) Angegebener Link nicht mehr verfügbar.

»Mithaq Sharaf Thauri li l-Kata'ib al-Muqatila«. (»Revolutionärer Ehrenkodex der [syrischen] Kampfgruppen«.) www.youtube.com/watch?v=6xPyM3bjgGw

Abdullah al-Muhaisini: »Mubadarat al-Umma«. (»Die Initiative der *Umma*«), angegebener Link nicht mehr verfügbar.

Derselbe: »An Mubadarat al-Umma, a-la hal ballaght?« (»Zur Initiative der *Umma*: Habe ich die Botschaft übermittelt?«) Angegebener Link nicht mehr verfügbar.

Abu Hamza al-Muhajir: »Inna l-Hukm illa Lillah«. (»Gott allein steht Herrschaft zu«). Audiobotschaft. Angegebener Link nicht mehr verfügbar.

Derselbe: »Sa-yuhzam al-Jam'u wa-yuwallun ad-Dubar«. (»Die Menge wird besiegt werden und sie werden davonlaufen«). Ansprache vom 13.6.2006, angegebener Link nicht mehr verfügbar.

Abu Bakr Naji: »Idarat al-Tawahhush: Akhtar Marhala sa-tamurru biha l-Umma«. (»Die Verwaltung der Barbarei. Die kritischste Phase in der Geschichte der *Umma*«.) Angegebener Link nicht mehr verfügbar.

Nusra-Front: »Al-Kitab al-Jami' li-jami' Bayanat Jabhat an-Nusra li-Ahl ash-Sham: Min al-Bayan Raqm 1 ila l-Bayan Raqam 199«. (»Sammlung der Kommuniqués der Nusra-Front, Nr. 1-199«.) https://archive.org/details/all-jn-press

Nusra-Front: »Al-Milaff al-Jami' li-Jum'at Kulluna Jabhat al-Nusra«. (»Komplette Dokumentation des Freitags Wir alle sind die Nusra-Front«.) 21.12.2012 (http://shame210.wordpress.com/2012/12/21/%D8%A7%D9%84%D9%85%D9%84%D9%81-).

Abu Mariya al-Qahtani: »Ayyuha al-Mutaraddid«. (»O du Zögerer«.) Audiobotschaft; angegebener Link nicht mehr verfügbar.

Derselbe: »Taghridat jamaʿaha ath-Thabat« (»Tweets, gesammelt durch Beharrlichkeit«.) Angegebener Link nicht mehr verfügbar.

Derselbe: »Halla Taraktum lana Umaraʾana«. (»Würdet ihr uns bitte unsere Emire lassen?«). http://justpaste.it/fj1b

Abu Anas ash-Shami: »Ar-Radd ala Shubuhaat haula l-Jihad fi l-Iraq«. (»Erwiderung auf Unterstellungen zum Dschihad im Irak«.) Angegebener Link nicht mehr verfügbar.

Derselbe: »Yaumiyat Mujahid«. (»Tagebuch eines Dschihadkämpfers«). Angegebener Link nicht mehr verfügbar.

Abu l-Mundhir al-Shinqiti: »Nusra li Iʾlan Daulat al-Islam. Mata yafqahun Maʿna t-Taʿa?« (»Unterstützung für die Ausrufung des Staates des Islam. Wann werden sie verstehen, was Gehorsam heißt?«) https://justpaste.it/2dmr

Sami al-Uraidi: Predigt zum Ramadanende, Juli 2014, Muʾassasat al-Basira, Angegebener Link nicht mehr verfügbar.

Derselbe: »Manhajuna wa-Aqidatuna«. (»Unsere Methode und unsere Überzeugung«.) Angegebener Link nicht mehr verfügbar.

»Wa-qad uʾdhir man andhar«. (»Wer gewarnt hat, ist entschuldigt«.) Nusra-Front, 7.2.2014 (https://justpaste.it/ec4z).

Abu Musʿab az-Zarqawi: »Ibn Ahl al-Muruʾat«. (»Sohn von Leuten der Männlichkeit«.) Angegebener Link nicht mehr verfügbar.

Derselbe: »Ifadat Asir: Ya Qaum ma-li adʿukum ila l-Janna wa-tadʿuni ila n-Nar«. (»Bekenntnisse eines Gefangenen: Ich rufe euch zum Paradies, warum ruft ihr mich zur Hölle?«) Angegebener Link nicht mehr verfügbar.

Derselbe: »Ummati al-Ghaliya« (»Meine teure *Umma*«). Aus einer Redensammlung Zarqawis. Keine Quelle angegeben.

Derselbe: »A-yanqus ad-Din wa-ana hayy?« (»Ist die Religion fehlerhaft solange ich lebe?«) Angegebener Link nicht mehr verfügbar.

Derselbe: »Bayan wa-Taudhih li-ma atharahu ash-Shaikh al-Maqdisi fi Liqaʾihi maʿ Qanat al-Jazira« (»Klarstellung zu den Äußerungen von Scheich al-Maqdisi auf Al-Jazeera TV«) 12.7.2005, The Islamic Al-Buraq Network.

Derselbe: »Risala min Abi Musʿab al-Zarqawi ila sh-Shaikh Usama bin Laden« (»Brief von Abu Musʿab az-Zarqawi an Scheich Usama bin Laden«.) 15.2.2004, in: »Majmuʿ Rasaʾil az-Zarqawi« (Zarqawi-Briefesammlung, o. O., o. J.).

Derselbe: »Hal ataka Hadith ar-Rafidha?« (»Hast du von den Glaubensverweigerern [Schiiten] gehört?«) 1.6.2006, Sammlung von Reden von Abu Musʿab az-Zarqawi, Al-Buraq Network, keine weitere Quelle angegeben.

Derselbe: »Wa-ada Ahfad Ibn al-Alqami«. (»Die Enkel von Ibn al-Alqami sind zurück«.) 18.5.2005, Al-Buraq Network, keine weitere Quelle angegeben.

Derselbe: »Abu Musʿab az-Zarqawi yubashir bi-Qiyam Imara Islamiyya fi l-Iraq«. (»Abu Musʿab az-Zarqawi verkündet ein islamisches Emirat im Irak«.) Angegebener Link nicht mehr verfügbar.

Aiman az-Zawahiri: »Ibtal ad-Damj wa-Fasl al-Wilaya al-makaniya«. (»Ungültigerklärung der Fusion und Aufteilung der örtlichen Herrschaft«.) Audiobotschaft, angegebener Link nicht mehr verfügbar.

Derselbe: »Ila l-Amam ya Usud ash-Sham.« (»Vorwärts, Löwen Syriens!«) Videobotschaft vom 12.2.2012, angegebener Link nicht mehr verfügbar.

Derselbe: »Taujihat Amma lil-Amal al-Jihadi«. (»Allgemeine Anweisungen zur Dschihad-Arbeit«.) Angegebener Link nicht mehr verfügbar.

Derselbe: »Ritha' Shahid al-Fitna ash-Shaikh Abi Khalid al-Suri Rahimahu Allah«. (Nachruf auf den Märtyrer der Anfechtung Scheich Abu Khalid as-Suri, Gott habe ihn selig«.) 5.4.2014, angegebener Link nicht mehr verfügbar.

Derselbe: »Risala ila z-Zarqawi«. (»Botschaft an Zarqawi«.) 16.7.2005, verfügbar auf www.muslm.org

Derselbe: »Shahada li-Haqn ad-Dima'«. (»Ein Dokument zur Einstellung des Blutvergießens«). Audiobotschaft, angegebener Link nicht mehr verfügbar.

Derselbe: »Izz ash-Sharq Awwaluhu Dimashq«. (»Der Ruhm des Orients beginnt mit Damaskus«), 28.7.2011, Videobotschaft, angegebener Link nicht mehr verfügbar.

Derselbe: Kopierter Brief von Zawahiri an Baghdadi und Jaulani, angegebener Link nicht mehr verfügbar.

Derselbe: »Al-Waqi' bain al-Alam wa l-Amal«. (»Realität zwischen Schmerz und Hoffnung«.) Transkript eines Interviews, Mai 2014, angegebener Link nicht mehr verfügbar.

Videos des IS

»Ala Minhaj an-Nubuwwa«. (»Auf dem Weg des Propheten«.) 28.7.2014, angegebener Link nicht mehr verfügbar.

»Fa-sharrid bihim min Khalfihim«. (»Greife sie von hinten an«.) Videoserie über Kämpfe gegen die syrische Armee, angegebener Link nicht mehr verfügbar.

»Ghazwat al-Asir«. (»Feldzug des Gefangenen«.) Serie von Videos, angegebene Links nicht mehr verfügbar.

»Hamlat Fa's al-Khalil«. (»Kampagne Axt von Hebrono«.) http://3raq2589. blogspot.com/2010_04_01_archive.html

»Kasr al-Hudud«. (»Grenzen durchbrechen«.) Angegebener Link nicht mehr verfügbar.

»Lahib al-Harb«. (»Flammen des Krieges«.) Angegebener Link nicht mehr verfügbar.

»Rasa'il min Ardh al-Malahim«. (»Botschaften aus dem Land der Heldenepen«.) Angegebener Link nicht mehr verfügbar.

»Risala ila Amrika«. (»Eine Botschaft an Amerika«.) Angegebener Link nicht mehr verfügbar.

»Risala ila Hulafa' Amrika«. (»Eine Botschaft an Amerikas Verbündete«.) 13.9.2014, angegebener Link nicht mehr verfügbar.

»Salil as-Sawarim«. (»Klirren der Schwerter«.) Juli 2012, August 2012, Januar
    2013 und Mai 2014 (http://ansarkhelafa.weebly.com/15871604158716041577-
    1589160416101604-15751604158916081575158516051605.html)
»Sayyadu al-Sahwat«. (»Jäger der *Sahwat*-Milizen«.) Angegebener Link nicht
    mehr verfügbar.

Hinweise zu Aussprache und Umschrift

In Eigennamen und Termini steht das »j« für den arabischen
Buchstaben ج und wird wie in dem englischen Wort *joy*
ausgesprochen. Im Deutschen bekannte und verwendete
arabische Begriffe wie »Dschihad« (die zudem nicht kursiv
gesetzt sind) erhielten dagegen eine eingedeutschte Schreib-
weise. Der Doppelbuchstabe »kh« wird ausgesprochen wie
das deutsche »ch« in *Bach*. Ansonsten wurde die Transkription
aus dem Arabischen ohne Benutzung von Sonderzeichen so
vorgenommen, dass sie zugleich im Deutschen lesbar ist und
der originalen Aussprache nahekommt.

Abkürzungen

AQI   al-Qaida im Irak
d. Ü.   der Übersetzer
Da'ish Arabisches Akronym für den IS
FSA   Freie Syrische Armee (desertierte Regimesoldaten)
IS   Islamischer Staat
ISI   Islamischer Staat Irak
ISIS   Islamischer Staat Irak und Syrien

Der IS und seine Vorläufer

Der heutige »Islamische Staat« entwickelte sich aus einer von
Abu Mus'ab az-Zarqawi 2003 im Irak gegründeten Guerilla,

deren Name sich mehrfach änderte. Es folgen Jahresangaben mit den jeweiligen Benennungen bzw. Umbenennungen:

2003   *At-Tauhid wal-Jihad* (»Monotheismus und Dschihad«)

2006   AQI/Al-Qaida im Irak; arabisch: *Qa'idat al-Jihad fi Bilad ar-Rafidain* (»Dschihad-Basis im Zweistromland«)

2012   ISI/Islamischer Staat Irak

2013   ISIS/Islamischer Staat Irak und Syrien; arabisch: *ad-Daula al-Islamiya fi l-Iraq wash-Sham*, entsprechendes arabisches Akronym: *Da'ish*)

Ab 2014   IS/Islamischer Staat

Glossar

VON GÜNTHER ORTH

Bid'a

»Erfindung« im Sinne jeglicher Neuerung im muslimischen Verhalten, die durch die religiöse Tradition nicht gestützt werden kann, im weiteren Sinn auch jedes geistige Konzept, das nicht dem Islam entspringt.

Dschihad

Terminus der sunnitisch-islamischen Rechtstradition, der wörtlich »Bemühung« bedeutet. Je nach Ansatz ist entweder die individuelle Bemühung um einen muslimisch-frommen Lebenswandel oder der militante (auch terroristische) politische Kampf für einen Staat bzw. eine Gesellschaft gemeint, die streng nach den Vorgaben der islamischen Scharia organisiert ist. Heute wird das Wort ganz überwiegend in der zweiten Bedeutung verstanden, so auch im vorliegenden Buch.

Fatwa

Rechtsgutachten bzw. Urteil, das ein islamischer Gelehrter (bzw. »Mufti«) zu einer von anderen Gläubigen aufgebrachten Frage erstellt und ausgibt. Das Thema kann religiöser oder profaner Art sein. In der Fatwa wird Bezug auf die kanonischen Texte des Islam genommen. Das in der Fatwa enthaltene Urteil zur jeweiligen Frage wird von den Anhängern des Gelehrten als verbindlich angesehen.

Hakimiya

»Herrschaftsgewalt [Gottes]«. Ein von dem ägyptischen Vordenker der Muslimbruderschaft Sayyid Qutb geprägter Begriff, der die absolute Souveränität Gottes meint, durch die jede Form von Nationalstaat, Demokratie oder sonstiger Souveränität eines Volkes ausgeschlossen ist. Mit diesem Konzept wird vor allem bei dschihadistischen Salafisten die Pflicht zum Widerstand gegen jede Herrschaft hergeleitet, die sich nicht als islamisch bezeichnet und die nicht vollständig nach den Vorgaben der Scharia ausgerichtet ist.

Kharidschiten

»Auszügler«; historisch eine Gruppe von Muslimen, die im Konflikt zwischen den Kalifatsanwärtern Ali ibn Abi Talib und Mu'awiya beiden die Gefolgschaft verweigerten. Ihrer Argumentation gemäß war Ali zu nachgiebig, indem er im Begriff war, im Machtkampf einem Schiedsgericht zuzustimmen. Schließlich erweiterten die Kharidschiten ihre Lehre dahingehend, dass ohne Ansehen von Herkunft und Stamm jeweils »der beste aller Muslime« Kalif werden solle. Heute existieren nur noch kleine isolierte Gemeinden von Muslimen, die sich historisch auf jene Kharidschiten zurückführen lassen. Gegenwärtig wird der Begriff von Salafisten häufig undifferenziert gegen alle Muslime benutzt, die durch ihr Verhalten vermeintlich »außerhalb der Gemeinschaft stehen« oder die nicht-sunnitischer Konfession sind.

Sahwa
Pl. *Sahwat* oder *Sahawat*, wörtlich »Erwachen«. Bezeichnung für sunnitische Iraker, die meist im Rahmen ihres Stammesverbandes von der Besatzungsmacht USA zwischen 2006 und 2010 bewaffnet und bezahlt wurden, um als Milizionäre gegen AQI/ISI vorzugehen.

Salafismus
Religiöse Strömung seit dem Beginn des 20. Jahrhunderts, deren Anhänger nach dem Vorbild der frühen Muslime (*Salaf* = »die Altvorderen«) leben und so einen möglichst »unverfälschten« Islam erhalten bzw. neu schaffen möchten. Der Salafismus umfasst mehrere Zweige, die Ansätze von rein akademisch über politisch engagiert bis revolutionär-militant vertreten. Siehe dazu detailliert Mohammad Abu Rumman: »Ich bin Salafist. Selbstbild und Identität radikaler Muslime im Nahen Osten.« Verlag J. H. W. Dietz, Bonn 2015.

Scharia
Bezeichnung für das islamische Recht bzw. die Gesamtheit der Gesetze, die auf den Koran, die Überlieferungen des Propheten Muhammad und die sich ab der Frühzeit des Islam herausbildenden Traditionen sowie die Auslegungen der anerkannten islamischen Rechtsgelehrten zurückgehen.

Schiiten/Sunniten
Die beiden unterschiedlichen Hauptrichtungen des Islam. Die Schiiten stellen dabei heute ca. 10 bis 20 % der weltweiten muslimischen Bevölkerung. Der Konflikt, der zuweilen mit dem historischen Gegensatz zwischen Katholizismus und Protestantismus verglichen wird, geht auf den Streit

darüber zurück, ob das Oberhaupt der Muslime dem Haus des Propheten entstammen muss oder nicht. Die Schiiten vertreten die Position, nur ein Nachkomme des vierten Kalifen Ali, einem Cousin und Schwiegersohn des Propheten Muhammad, dürfe dieses Amt ausüben, während die Sunniten der Ansicht folgen, jeder geeignete Muslim könne die Gemeinschaft der Gläubigen führen. Die theologischen und liturgischen Unterschiede zwischen beiden Zweigen des Islam sind erheblich und vor allem auf die Verehrung zurückzuführen, die die Schiiten Ali und seiner Frau Fatima (einer Tochter des Propheten) sowie weiterer seiner Nachkommen zukommen lassen. Dazu kommt bei den Schiiten eine Endzeit-Erwartung, die irgendwann durch den »erwarteten Mahdi« eingeleitet wird. Im Gegensatz dazu wird jede Verehrung von Menschen außer dem Propheten bei den Sunniten als Häresie angesehen. Radikale Sunniten gestehen den Schiiten daher nicht den Status gläubiger Muslime zu, während die Schiiten darauf beharren, ihrerseits die wahre islamische Botschaft zu vertreten. Heute sind viele politische Konflikte in der islamischen Welt zusätzlich konfessionell aufgeladen, indem die Hauptakteure jeweils einer der beiden muslimischen Richtungen angehören (wie Saudi-Arabien und Iran) oder dieser politisch nahestehen (z. B. das Assad-Regime in Syrien, das mit dem schiitischen Iran verbündet ist, sowie andererseits ein Teil der syrischen Opposition, der gute Beziehungen zum saudischen Königshaus unterhält, dem strategischen Konkurrenten Irans in Nahost.) Im Irak sind die Sunniten in der Minderheit.

Shura

»Ratsversammlung, Beratung«. Wird von Islamisten oft als Alternative zum demokratisch gewählten Parlament aufgebracht. Die Shura kennt allerdings keine formale Wahl.

Sunna

»Gewohnheit, Tradition«. Das Wort bezeichnet sowohl die Gesamtheit der sunnitischen Muslime (im Gegensatz zu den Schiiten) als auch den überlieferten Lebenswandel des Propheten Muhammad. Insofern kommt neben dem Koran den Hadithen, den überlieferten Aussprüchen und Taten des Propheten Muhammad, eine wichtige Rolle für das Verständnis dessen, was muslimische Sunna ist, eine große Bedeutung zu.

Tauhid

Dem »Bekenntnis zum einzigen Gott« kommt im Islam eine besonders zentrale Bedeutung zu. Historisch grenzte sich die neue Religion damit gegen die Vielgötterei in Mekka und im alten Orient, aber auch gegen die christliche Trinitätslehre ab. In der Gegenwart kann das Wort *Tauhid* als »strenger Monotheismus« verstanden werden. Die meisten muslimischen Gruppen, die heute das Wort im Namen führen oder es zum Kampfmotto erheben, geben sich damit als besonders puristisch zu erkennen. Sie verwerfen implizit beispielsweise jede Heiligenverehrung, wie sie im Sufismus, aber lokal auch in anderen sunnitischen Gemeinschaften, weit verbreitet ist, sowie die Verehrung Alis bei den Schiiten.

Umma

Mit Umma (»Gemeinschaft« oder »Nation«) wird in muslimischem Zusammenhang die weltweite Glaubensgemeinschaft der Muslime bezeichnet.

Über die Autoren

Hassan Abu Hanieh
ist ein jordanischer Experte auf dem Gebiet islamistischer Gruppierungen. Er veröffentlicht hierzu regelmäßig Beiträge in den Medien und ist Autor zahlreicher Bücher.

Zuletzt erschien von ihm: »*The Islamic ›Solution‹ in Jordan: Islamists, the State, Democracy and Security*«(FES Amman 2013).

Mohammad Abu Rumman
PhD, Politikwissenschaftler, forscht am Center for Strategic Studies an der University of Jordan zu Politischem Denken und Islamischen Bewegungen. Er schreibt regelmäßig für die jordanische Tageszeitung Al-Ghad.

Im Verlag J. H. W. Dietz erschien von ihm: »*Ich bin Salafist. Selbstbild und Identität radikaler Muslime im Nahen Osten*« (2015).

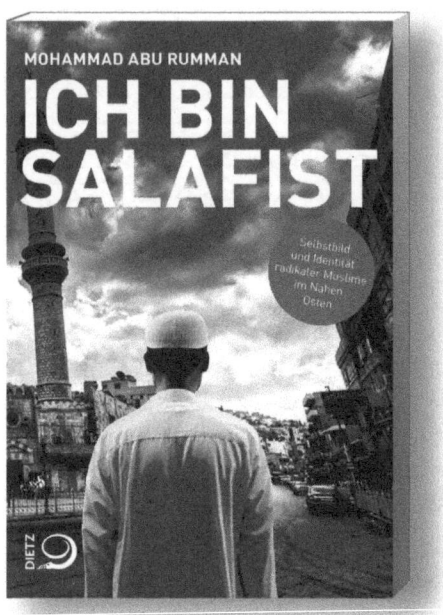

Mohammad Abu Rumman

Ich bin Salafist

Selbstbild und Identität radikaler Muslime im Nahen Osten

Aus dem Arabischen von Günther Orth
240 S. | Broschur | 19,90 Euro | ISBN 978-3-8012-0474-7

Der jordanische Soziologe Mohammad Abu Rumman untersucht in Interviews und Gesprächen Selbstbild und Lebens-
wirklichkeit junger Salafisten im Nahen Osten. Das Buch
stellt den Salafismus in den Kontext seiner positiven wie
negativen Entstehungsbedingungen und analysiert ihn aus sozio-
politischer Perspektive.

Verlag J.H.W. Dietz Nachf. – **www.dietz-verlag.de**